야담
법석
2

지금, 여기서 행복하라

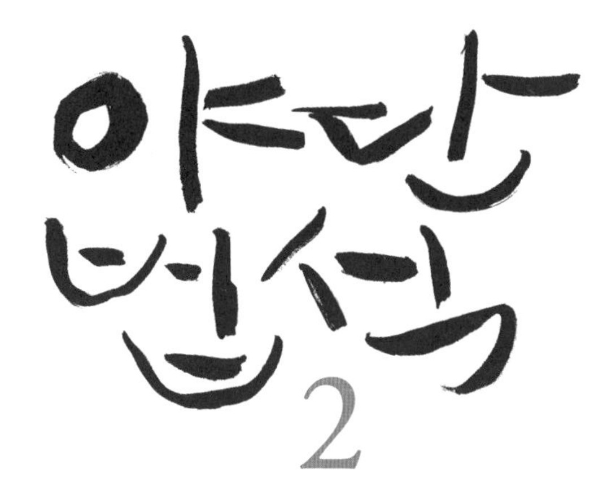

법륜 지음

정토출판

책을 열며

우리에게 지난 겨울은 어느 때보다 길고 길었던 거 같습니다. 그래도 봄은 오고 있습니다. 갈릴레이가 '그래도 지구는 돈다'고 했듯이 봄은 오고 있습니다.

겨우내 꽁꽁 얼었던 얼음이 녹아서 물이 된다는 우수와 개구리가 나온다는 경칩을 지나 이제 곧 춘분이 되면 꽃피는 봄을 느낄 수 있습니다. 지금 우리는 봄이 오는 길목에 있습니다. 이렇게 계절은 때가 되면 틀림없이 봄이 옵니다.

여러분들 마음의 봄은 어떻습니까? 계절의 봄은 왔는데 마음의 봄도 같이 왔나요? 계절은 설령 겨울이라 하더라도 우리 마음은 늘 봄날처럼 따뜻해야 합니다. 행복해야 해요. 그래서 우리의 꽁꽁 얼었던 마음이 녹아야 합니다. 괴로운 마음, 슬픈 마음, 외로운 마음, 화나고 짜증나는 마음, 초조하고 불안한 마음은 꽁꽁 얼은 마음, 굳은 마음입니다. 봄을 맞아 얼음이 녹아서 물이 되고 눈이 녹아서 비가 되듯, 꽁꽁 언 마음이 녹아서 훈훈한 마음이 되고 굳은 마음이 녹아서 말랑말랑한 마음이 되고, 무겁던 마음이 가벼워지고, 탁한 마음이 맑아지고, 어둡던 마음이 밝아지는 것이 마음의 봄이 아닐까 합니다.

그런 마음의 봄을 맞는 것을 이름하여 '행복'이라 말합니다. 사람은 누구나 다 행복할 권리가 있습니다. 남자든 여자든, 얼굴이 검든 희든, 한국 사람이든 일본 사람이든, 젊은 사람이든 늙은 사람이든, 건강한 사람이든 장애가 있는 사람이든, 가난한 집에서 태어났든, 자라면서 어떤 경험을 했든, 살아 있는 사람은 누구나 다 행복할 권리가 있고 행복할 수가 있습니다. 즉 마음의 봄을 맞을 수가 있어요. 우리는 그런 권리가 있지만 현재 그런 권리를 향유하지 못하고 있습니다. 어떻게 하면 우리가 마음의 봄을 만끽할 수 있을까요?

이 책은 제가 지난 2015년 한해 동안 많은 이들과 나눈 마음의 봄인 행복에 대해 나눈 대화록입니다. 비록 처음 꺼내놓을 때는 괴롭거나 슬프고 불안한 이야기였지만 서로 이야기를 나누다보면 울다 웃으며 어느덧 행복에 젖게 됩니다. 괴로움과 불안은 사라지고, 어둡던 얼굴이 환하게 밝아지며 편안함으로 돌아옵니다. 이것을 불교에서는 대기설법 또는 즉문즉설이라고 합니다.

즉문즉설은 의문이 있는 사람은 의문을 이야기하고, 괴로움이 있으면 그 괴로움에 대해 이야기를 나누고, 자기 이야기를 하고 싶으면 자기 이야기를 해도 좋습니다. 무슨 이야기든 그걸 주제삼아 대화하고 함께 소통하는 자리입니다. 우리가 살아가는 이야기를 먼저 하고, 그 가운데 의문이 들거나 고뇌가 되는 것을 함께 나눕니다. 이렇게 우리 이야기를 먼저 하고 왜 이런 일이 일어났는지 그 원인을 규명해 가다보면 해결의 실마리를 찾거나, 마치 꿈을 깨듯 '아무런 문제가 아니었구나' 하고 알게 됩니다. 즉 문제 삼았던 것이 알고 보니 문제가 아니라는 걸 확연히 깨닫게 되는 것입니다.

이처럼 깨달음이라는 것은 선사들의 말씀이나 책 속에 있는 것이 아니라 우리 삶 속에 있습니다. 내 삶터가 그대로 수행도량이고 우리들에게 순간순간 일어나는 시비분별이 수행 과제이며, 그 과제가 풀리는 순간 그것이 행복임을 알게 됩니다.

여기서 중요한 것은 현재 이 시점, 이곳에서 내가 어떤 선택을 할 것인가의 문제입니다. 그런데 우리는 늘 지금 '여기' 이야기가 아니라 '저곳'의 이야기를 한다는 겁니다. 오늘 하루도 제대로 못 살면서 죽어서 어디 가는지를 묻고, 지나간 옛날 이야기를 합니다. 어릴 때 이러저러해서 힘들었다며 어쩌고저쩌고 한 것은 다 지나가버린 일입니다. 과거 이야기도 미래 이야기도 저기 이야기도 아닌 지금 여기 나의 이야기가 사실은 가장 중요합니다.

내일 무슨 일이 일어날지 모르는 이 인생사에서 무슨 일이 일어나도 아무 문제가 없는 삶을 살아가는 것, 이것이 해탈이고 열반이며 행복입니다. 비가 오면 비가 오는 대로 좋고, 맑으면 맑은 대로 좋고, 추우면 추운 대로 좋고, 또 더우면 더운 대로 좋습니다. 그렇게 자유로운 삶이 행복입니다. 지금 여기 나에게 깨어 있기, 그것이 행복으로 가는 길이며 마음의 봄입니다.

2017년 봄이 오는 날

법륜

차
례

차
례

5

문제 해결은 어리석음을 깨치는 것

6

나도 이롭고 남도 이롭게

무지를 깨달아 행복의 길로

깨달음의 길로 나아가는 방법은

매우 간단하고 쉬우며

우리의 생활과 직결되어 있습니다.

지금 우리가

고뇌하고 의문을 갖는 이 삶 속에

진리의 길이 있습니다.

부처님이 숲에서 명상하고 있을 때 청년 30여 명이 헐레벌떡 뛰어오더니 방금 어떤 여자가 도망가는 걸 못 봤냐고 물었습니다. 사연을 들어보니 친한 친구들끼리 각자의 애인과 함께 나들이를 왔는데 한 친구가 애인이 없어서 유녀, 즉 기생을 1일 애인으로 삼아서 함께 왔다는 거예요. 술 마시고 노래하고 춤추고 놀다가 다들 취해서 잠들었는데, 깨어보니 지니고 있던 패물과 귀한 보석이 싹 없어지고 그 여자도 안 보인다는 거예요. 그래서 그 여자가 패물을 훔쳐 달아난 것 같은데 이 앞을 지나갔을 것 같으니 어느 쪽으로 갔는지 보셨냐는 거예요.

그때 부처님께서 "젊은이들이여, 잃어버린 재물을 찾는 게 중요합니까? 잃어버린 자기 자신을 찾는 게 중요합니까?" 이렇게 질문을 던졌어요. "그야 잃어버린 자기 자신을 찾는 게 더 중요하죠"라고 답하니까 부처님께서 "그렇다면 여기 앉으십시오"라고 해서 설법을 하셨어요.

깨달음의 길로 나아가는 방법은 이렇게 매우 쉬울 뿐 아니라 우리의 일상생활과 직결되어 있습니다. 우리가 무지를 깨달아서 행복의 세계, 자유의 세계로 나아가는 길은 어떤 이론이나 지식이 아닙니다.

아픈 뒤에 치료를 받는 것도 좋지만 미리 예방하면 훨씬 더 좋겠죠. 그런데 인생은 그게 잘 안 됩니다. 항상 우리는 일이 닥친 뒤에야 후회하고 정신 차리기를 반복합니다. 한 번만 실패하고 정신 차리기만 해도 양호한 사람입니다. '부처님, 하느님, 이것만 해결되면 제가 다시는 이러지 않겠습니다' 하고 다짐하지만 지나고 나면 언제 그랬냐는 듯 또 되풀이하잖아요.

이렇게 반복하는 것을 윤회라고 합니다. 다람쥐 쳇바퀴 돌듯 그 사이클에서 못 벗어납니다. 한두 번 실수하는 것은 괜찮아요. 실수를 통해서 '아, 이것은 나에게 나쁜 결과를 가져 오는구나. 이것은 나에게 손해구나' 하고 깨달아서 그 윤회로부터 벗어나야 합니다. 그게 해탈이에요.

불법의 이치는 '불교'라고 특별히 이름 지을 필요도 없는 보편적 진리입니다. 누구나 다 알 수 있고 행할 수 있으며, 누구에게나 다 적용됩니다. 믿음이 불교인지 기독교인지 이런 것도 상관없는 보편적 진리입니다. 게다가 그 진리는 매우 쉽습니다. 뿐만 아니라, 지금 우리가 고뇌하고 의문을 갖는 여기 삶 속에 진리의 길이 있습니다. 단순히 인생을 상담하는 걸 넘어 해탈과 열반으로 향하는 진리의 길을 찾아 봅시다.

혼자 취미생활을 즐기는 남편이 못마땅해요

남편이랑 열 살, 일곱 살 된 아이들과 살고 있습니다. 남편은 아이들도 잘 돌보고 참 좋은 사람인데 한 가지 문제점은 야구를 너무 좋아한다는 것입니다. 저도 일을 나가고 남편도 회사를 다니는데, 저는 직장을 마치고 아이들 픽업도 해야 하고 신경 쓸 일이 많아요. 무엇보다 힘든 건 남편이 야구를 하고 돌아와서 자기는 스트레스가 다 풀렸다고 하면서 해맑게 웃는 것입니다. 휴일에는 남편이 인터넷으로 야구 스윙 연습을 하는 모습을 보면 '나는 힘들어 죽겠는데' 하는 생각이 올라와서 제어가 잘 안 돼요. 또 얼마 전에는 남편이 문경 '깨달음의 장' 수련에도 흔쾌히 보내주었는데 남편의 그런 모습을 보면 '내가 깨달음의 장에 다녀오면 자기가 편해지니까 그런 것이겠지' 싶고, 오늘 강연에도 흔쾌히 보내주었는데 '내가 좋은 강연 들으면 한 달 동안 자기가 편해지니까 그런 것이겠지' 싶고요. 이런 남편을 보고 있으면 너무 여우같아요.

"지금 남편이 여우 같아요? 질문자가 여우 같아요?"(청중 박장대소)
"남편이 여우 같아요."
"제가 볼 때는 질문자가 여우 같아요. 이렇게 해주면 이걸 의심하고, 저렇게 해주면 저걸 의심하잖아요. 법문 들으러 가지 말라고 하면 '자기는 야구하러 가면서 나는 법문도 못 듣게 한다' 그러고, 법문 들으러 가라고 하면 '좋은 법문 듣고 와서 한 달 동안은 잔소리하지 말라는 뜻이지?' 이러잖아요. 질문자가 의심병이 있는 거예요. 질문자가 지금 피해의식이 심한 겁니다. 남편은 그런 의도로 말한 것이 아니에요.

그래도 남편이 일주일에 한 번 좋아하는 야구 하면서 스트레스를 풀고 오는 게 좋아요? 야구도 하러 가지 않고 집에만 있으면서 질문자한테 성질만 버럭버럭 내는 게 좋아요?"

"남편이 야구하러 가지 않고 웃으면서 집에 앉아 있으면 좋겠어요."(청중 웃음)

"야구하러 가지도 말고 집 안에서 웃으면서 앉아 있으라고요? 참 나~. 남편이 너무 잘해줘서 이런 고민이 생기는 겁니다. 저런 부인을 길들이는 방법은 밖에 가서 바람피우고 맨날 술 먹고 늦게 들어오는 겁니다. 그렇게 하면 '야구해도 뭐라 하지 않을 테니까 술만 먹지 마라', '야구는 해도 괜찮으니까 바람만 피우지 마라' 이렇게 됩니다.(청중 웃음)

인간의 욕심은 끝이 없습니다. 아무리 부부라 하더라도 내가 원하는 걸 상대가 다 해줄 수 없어요. 또 상대가 원하는 것을 내가 다 해줄 수도 없고요. 부부가 너무 서로 옭아매면 스트레스를 자꾸 받아서 가슴이 답답해져요. 그러면 집에 오는 것이 자꾸 꺼려지고 밖으로 돌게 돼요. 이것은 크게 보면 나중에 서로 정이 떨어지게 만드는 계기가 됩니다. 지금 질문자의 생각은 위험을 초래하는 생각입니다.

아무리 관계가 좋은 부부라 하더라도 개인의 생활을 좀 열어 주어야

아무리 좋은 부부라 하더라도
내가 원하는 걸 상대가 다 해줄 수 없고
상대가 원하는 것을 내가 다 해줄 수 없습니다.
그러니 서로 약간의 자유를 주고 생활할 때
두 사람의 관계가 오래 가고 좋아집니다.

합니다. 남편이 자기 취향이 있어서 개인 생활을 하기 때문에 질문자가 법문 들으러 가겠다고 해도 가라고 하고, '깨달음의 장'에 가겠다고 해도 다녀오라고 하는 겁니다. 만약에 남편이 질문자에게 딱 붙어 있는 사람이라면 깨달음의 장에도 못 가게 하고 법문 들으러 가는 것도 못하게 합니다. 그래서 서로 약간의 자유를 주고 생활을 할 때 두 사람의 관계가 훨씬 오래 가고 좋아집니다. 질문자가 지금 생각을 잘못하고 있는 겁니다. 일주일에 5일 가는 것도 아니고 일주일에 하루 가는 정도는 자기가 좋아하는 야구를 할 수 있게 열어주는 것이 좋습니다.

지금 질문자가 좀 민감하고 스트레스가 많은 것 같아 보이니까 남편은 부인이 스트레스 좀 풀고 오라고 법문도 들으러 가라고 하고 깨달음의 장도 다녀오라고 은혜를 베풀어 주는 겁니다. 그런데 그것까지도 질문자는 '내가 깨달음의 장 다녀오면 네가 편해지니까 그런 것이지?' 이렇게 생각하는데 이것을 피해의식이라고 하는 겁니다. 심보가 좀 나쁘네요.

계속 이런 방식으로 같이 지내면 상대가 굉장히 답답해합니다. 이래도 시비하고 저래도 시비하면 나중에 남편이 화를 버럭 내면서 '나보고 어떡하란 말이냐!' 이렇게 나옵니다. 착한 남자가 갑자기 악을 쓰게 되는 겁니다. 그런 꼴을 안 보려면 지금처럼 자기중심으로만 보고 생각하지 말아야 해요.

옛날에 질문자 엄마 세대에는 남자가 아이 키우는 데 신경을 거의 안 썼어요. 질문자 남편이 좀 문제가 있다고 하더라도 질문자 아버지에 비하면 아이들한테 신경을 많이 써주는 것이잖아요. '아이고, 우리 남편 고맙다. 내가 요즘 태어나길 잘했지. 엄마 세대에 태어났으면 내가 얼마나 힘들었을까' 이렇게 자꾸 긍정적으로 생각하는 연습을 해야 해요."
"감사합니다."(청중 박수)

"질문자의 얘기를 들어보니 어때요? 잘해줘도 끝이 없지요. 사람의 욕망은 끝이 없어요. 인간의 갈등은 꼭 잘해준다고 해결되는 것도 아니고 꼭 못해준다고 문제가 생기는 것도 아니에요. 서로가 적절하게 수용을 해줘야 합니다. 남편은 아내가 저렇게 민감한 성격이 있다는 것을 안다면 그것을 조금 고려해주는 것이 필요합니다.

반대로 아내는 이런 것을 조금 대범하게 받아들이는 연습을 해야 합니다. 남편이 스스로 여가 생활을 즐기니까 질문자는 오늘처럼 법문도 들으러 나와 보고, 깨달음의 장도 가보고, 명상수련도 해보는 기회들을 가질 수 있는 거예요. 남편이 못 가도록 말릴 정도로 질문자 스스로 자꾸 이런 기회를 가져서 자기 해탈을 해야 됩니다.

이렇게 남편의 그늘에서만 계속 매여 살면 어느 날 갑자기 남편이 죽거나 이혼하자고 하면 하늘이 노랗게 됩니다. 좋은 남편, 좋은 아내라는 것은 나쁘게 말하면 굉장한 위험 부담을 안고 사는 것이 됩니다. 어떤 불행이든 일어날 수 있는 가능성을 갖고 살아가는 것이 인생입니다. 여기에 늘 대비하고 살아야 합니다. 어떤 경우에도 혼자 살 수 있는 연습을 해야 됩니다. 이것은 남편이나 아내를 사랑하지 않아서가 아닙니다. 자기 인생에서 가장 중요한 것은 자신이지 아내도 남편도 부모도 형제도 자녀도 아니에요. 하나님도 부처님도 아닌 자기 자신이 가장 소중한 겁니다.

자기 자신을 소중하게 가꾸는 방법 중의 하나가 남편을 사랑하는 것입니다. 남편을 사랑하면 할수록 내가 나를 더 소중하게 가꾸는 길이 되고, 남편에게 집착을 하게 되면 그것은 곧 나를 망치는 길이 됩니다. 그래서 자기가 소중한 줄을 먼저 알아야 됩니다."

나쁜 성질을 고치고 싶어요

저는 예순한 살입니다. 지금껏 살림만 하면서 열심히 살았는데 이제는 좀 착하고 순하게 살고 싶습니다. 제가 착해지면 옆 사람도 편해지고 주변에 잘 해줄 수 있을 것 같은데, 항상 성질을 내고 나중에 '왜 그랬을까' 후회를 해요. 생각은 항상 하는데 꼭 닥치면 안 돼요.

"성질이 더러워서 그렇죠."

"예, 제가 성질이 엄청 더러워요. 이 성질을 어떻게 하면 좀 착해질까요?"

"세 살 버릇 여든까지 간다는 말 들어봤죠? 어릴 때 성질은 죽을 때까지 못 고쳐요. 생긴 대로 사세요."

"생긴 대로 살려니 옆 사람이 저 때문에 너무 괴로워 보여요. 영감이 첫째고요. 자식과 형제도 그렇죠."

"자식들은 나이 들면 독립하니까 신경 쓰지 마세요. 그래도 얻어먹을 게 있어서 엄마 옆에 붙어 있는 것이고, 자기가 힘들면 떠날 거예요. 자식도 신경 쓸 필요 없는데 형제 신경 쓸 건 또 뭐 있겠어요? 영감은 좀 문제긴 문제네요. 질문자가 성질이 더러우니 성질부릴 때 영감이 질문자를 야단치거나 폭력을 행사했을 수도 있는데 영감이 착한가 봐요."(청중

웃음)

"남들은 착하다는데 제 눈에는 안 그래요. 사는 방식이 저랑 안 맞아요."

"아니에요, 질문자는 성질이 더럽고 영감은 착한 거예요. 어떤 남자들은 성질 더러운 마누라를 때리기도 해요. 그래도 질문자는 안 맞고 살았잖아요?"

"예, 맞지는 않았습니다."

"그러면 착한 거죠. 질문자가 보기에는 영감이 착한 게 아니라 답답하고 바보 같아요?"

"예. 바보 같은 게 아니라 바보예요."(청중 웃음)

"그건 어쩔 수 없어요. 질문자가 성질이 더러우니 그 정도 영감이라도 있는 게 복이라고 생각해야죠. 성질 더러워서 시집도 못 갈 걸 가서 아이까지 낳고 사니 그 정도면 되었잖아요. 질문자 복에 만나야 얼마나 더 좋은 영감을 만나겠어요?"

"제가 7대 종부이고 부모님 모시고 한 집에서 살다 보니 겉으로는 나름대로 최선을 다해 살았어요. 그 결과 어디를 가든 제자리는 있는 것 같아요. 그런데 제가 그걸 버려야 하는데 그걸 못 떼는 거예요. 나는 내 할 거 다 했는데 자꾸 성질이 먼저 나와서…"

"내 할 거 다 했다고 질문자가 자신하니까 어디 가서 큰소리를 치죠. '나는 내 할 일을 다 했다'라고 생각하니까 성질이 나오는 겁니다."

"예, 그걸 버려야 하는데 그걸 못 버리겠어요. 그걸 버리는 방법을 좀 알고 싶어가지고요. '내가 다 했다' 하는 거요."

"다 한 게 사실이잖아요. 다 해놓고 안 했다 하면 어떡해요? 질문자가 다 했다면서요?"

"그런데 그게 아닌 것 같아요.(청중 웃음) 마음이 안 편하니까요. 나를 주장하고 다니기는 하는데 마음이 안 편해요."

"천성은 못 고친다는 말 들어봤죠? '천성이 변하는 걸 보니 죽을 때가 됐나 보다'라는 말도 들어봤죠? 질문자는 그럼 지금 죽고 싶다는 거예요?"(청중 웃음)

"아니오, 그걸 바꾸고 싶어요."

"바뀌기를 원한다는 건 죽고 싶다는 거잖아요."

"안 그래도 어제는 '내가 왜 이리 변하려고 하지, 죽으려고 그러나' 했습니다."(모두 웃음)

"그러니 제가 이야기하잖아요. 더러운 성질대로 살래요? 고치고 죽을래요?"

"더러운 성질이라도 살고 싶어요."(청중 큰 웃음)

"그래요. 그러니 그냥 사세요. 제가 들어보니 아무 문제 없어요."

"이게 어떻게 문제가 아니에요?"

"아무 문제 없어요. 스님 말을 못 믿어요? 믿지도 않으면서 묻긴 왜 물어요? 물었으니까 제가 '괜찮습니다, 그냥 사세요' 하고 대답하잖아요. 그러면 그냥 '알았습니다' 하면 되지 왜 자꾸 자기가 못됐다 그래요. 맏며느리로 와서 평생 그 고생을 했으면 그 정도 성질부리고 살 권리가 있어요. 괜찮아요.

질문자에게 한번 물어볼 테니 대답해보세요. 술 마시고 비틀거리는 걸 보고 옆에서 '너 술 취했다' 하고 말했을 때 '뭐? 내가 술 취했다고? 소주

한 병 가지고 무슨 술이 취해?' 이러는 사람이 있어요. 그런데 '너 술 취했다' 했을 때 '어, 좀 취했나? 안 그래도 소주 한 병 마셨는데 조금 알딸딸하다' 이렇게 답하는 사람이 있어요. 두 사람 중 누가 더 취했을까요?"

"전자요. 안 취했다고 하는 사람이 더 취했어요."

"그건 잘 아네요.(모두 웃음) 질문자가 성질이 더러운 것은 맞아요. 그런데 자기 성질 더러운 줄 아는 사람이니까 질문자는 술 마시고 취했다고 얘기하는 사람이에요, 안 취했다고 얘기하는 사람이에요?"

"취했다고 얘기하는 사람이요."

"예, 그러니까 사실은 덜 취한 거예요. 성질이 그 정도면 덜 더러운 편이라고요. '내 성질이 어때서! 어떤 여자든 맏며느리로 평생 살면 이 정도도 안 돼서 어떡해!' 이렇게 하는 걸 진짜 성질이 더럽다고 해요. 그런데 질문자는 '내가 성질이 좀 더러워요' 이러니까 그 정도는 그냥 살 만하다는 거예요. 스님이 일부러 격려하려고 하는 말이 아니라, '첫 말을 딱 들어보니 자기 성질 더러운 줄 알기는 아는구나. 그러니 그냥 살아도 되겠다' 이런 이야기입니다."

"그러면 스님, 맨날 이렇게 후회하고 살아도 괜찮습니까?"

"후회하지 말라니까요.(청중 웃음) 후회한다고 고쳐져요, 안 고쳐져요?"

"다시는 안 그래야지 해도 3일이 안 넘어가요."

"원래 3일 못 넘어가니까 작심삼일이라고 하잖아요. 괜찮아요. '다시는 안 그래야지' 그걸 하지 말라니까요.(청중 웃음) '다시는 안 그래야지' 하니까 오히려 또 하게 되고 또 하게 돼요. 안 고쳐진다는 걸 알아버리면 다시는 안 하겠다는 말을 안 하잖아요. 그러니 성질 한번 벌컥 내버리면

'아이고, 미안합니다. 내 성질이 더러워서요' 이렇게 하세요. '맨날 말만 그러지!' 하면 '아이고, 성질이 더러운 걸 어떡해요? 죄송합니다' 이렇게 말하고, '다음부터 안 할게요' 이런 소리는 하지 말란 말이에요. 어차피 그 약속은 못 지키니까요. 그러니 늘 아이들에게도 '미안하다, 엄마가 성질이 더러워서 그렇다,' 남편에게도 '여보, 성질 더러운 나와 살아줘서 고맙습니다' 이렇게 하면 아무 문제가 없어요."

"그런데 스님, 저는 제 스스로는 성질이 못되고 더럽다는 것을 잘 알거든요. 그런데 다른 사람이나 가족이 '성질이 더러워서 그렇다' 하면 또 성질이 나요. '내 성질이 뭐가 더럽냐?' 이러거든요."(청중 웃음)

"저도 제 성질이 좀 더러운 줄 알지만 남이 더럽다고 말하면 기분 나빠요.(모두 웃음) 우리나라 대통령이 마음에 안 든다고 욕하다가도 일본 사람이 동조해서 같이 욕을 하면 기분 나빠요. 원래 그래요. 내가 하면 괜찮은데 남이 하면 싫어요. 질문자만 그런 게 아니라 천하 사람이 다 그래요."

"스님, 그러면 제가 정상입니까?"

"지극히 정상이에요.(청중 웃음) 그러니 오늘부터 정상이라는 자신감을 갖고 사세요. 성질이 나면 버럭 내고, 대신에 누가 뭐라고 하면 '죄송합니다' 해야 해요. '죄송합니다, 내가 성질이 더러워서 그렇습니다'라고 하고, '아이고, 성질 더러운 줄 알긴 아네' 하면 '그러니까 소크라테스 정도 수준은 됩니다' 이렇게 대답하세요. 소크라테스가 '너 자신을 알라'고 했어요. 질문자는 자기 성질 더러운 줄 아니까 자기 자신을 알잖아요. 소크라테스는 세계 4대 성인 중 한 사람이에요. 질문자는 지금 누구 수준은 된다고요?"

"소크라테스 수준이요."(질문자가 기뻐하며 크게 웃음)

"예, 굉장합니다.(청중 박수) 나이 들어서는 성질을 못 고쳐요. 젊을 때 물었으면 고칠 수 있게 조언을 해드렸을지 모르겠지만 지금은 안 돼요. 환갑 정도면 살 만큼 살았어요. 내일 죽어도 되는 나이인데 하루하루 더 사는 걸 감사하게 생각하세요. 옛날에는 예순 넘으면 죽어도 되었어요. 질문자도 예순 넘었기 때문에 죽어도 되는데 안 죽고 사니까 감사하세요. 무슨 일이 있어도 '살아있는 것만도 감사하다. 이건 덤이다' 이렇게 생각하면 간섭도 좀 덜하게 돼요."

"그런데 제가 성질만 부리면 마음이 안 좋아서요. 그것만 딱 고치면 좋겠는데…"

"일본 수상 아무개도, 북한의 김 아무개도 그 성질만 고치면 얼마나 좋겠어요? 그러면 동아시아 전체가 얼마나 조용하겠어요? 성질은 못 고쳐요. 괜찮아요. 아무 문제 없어요. 절에 다녀요, 교회 다녀요?"

"아무 데도 안 다닙니다."

"그러면 조상님께 감사 기도를 하세요. '조상님, 감사합니다. 환갑이 되도록 큰 분란 없이 살게 해주셔서 감사합니다' 이렇게요. 영감이 나와 살아주는 것도 고맙고, 애들도 잘 커줘서 고마워요. 이렇게 자꾸 '고맙다, 고맙다' 하면 성질이 조금 죽어요. 문제 제기 하지 말고, 무조건 이것도 고맙고 저것도 고맙다고 하세요."

"문제 제기를 안 하려니 살림에 너무 많이 손해가 나요."

"예순이 되었으니 이제 죽어도 아쉬울 게 없다고 생각하고 사세요. 살림도 살아있어야 필요한 거지, 죽어버리면 살림이 뭐 중요해요? 어느 정도로 고맙다는 마음을 가져야 하냐면 나가다가 넘어져서 한쪽 다리가 부러졌다 해도 '스님 법문 듣고 재수가 없어 다리가 부러졌네' 이러는 대신 안 부러진 다리를 붙들고 '오늘 법문 안 들었으면 두 다리 다 부러질 뻔했는데 한쪽 다리만 부러져서 다행이다. 감사합니다' 이럴 정도가 되어야 해요.(청중 웃음) 그 정도로 '고맙다, 고맙다' 하고 살면 성질이 조금 가라앉아요. 그 정도 성질은 누구나 다 가지고 있으니 괜찮아요."

"예, 스님. 고맙습니다."

항암 치료 받는 언니를 도울 수 없어 답답해요

언니가 항암 치료를 받고 있습니다. 너무 갑작스레 닥친 일이어서 아픈 언니를 위해서 제가 무엇을 해야 할지 모르겠습니다. 걱정만 하고 있는 제가 한심하기도 하고, 동생으로서 해줄 수 있는 게 아무것도 없다는 것이 너무 답답하고 힘이 듭니다. 무엇이 언니를 위하는 길인가요?

"동생인 질문자만 아무것도 해줄 수 없는 것이 아니고, 자식도 해줄 수 없고, 남편도 해줄 수 없고, 부모도 해줄 수가 없어요. 남의 인생을 위해 내가 해줄 수 있는 것이 사실은 아무것도 없습니다. 그런데 우리는 인생살이에서 두 가지 착각을 하고 있어요.

첫째, 남이 원하는 것을 내가 다 해줄 수가 있다고 생각하는 겁니다. 남이 원하는 것을 내가 다 해줄 수가 없습니다. 그런데 내가 해줄 수 없는 것을 다 해줄 수 있다고 착각을 하면 못해 준 것에 대해 자꾸 죄책감을 느끼게 돼요.

스님이 된 사람 중에 이런 사람이 있어요. 스님이 된 후에도 부모님이 출가를 반대하면서 자꾸 결혼하라고 얘기합니다. 이때 '부모 마음도 하나 편안하게 해주지 못하면서 무슨 중생을 구제하겠다는 거냐'고 고리를 걸면서 반대합니다. 이럴 때 대부분 속아 넘어갑니다. 불법佛法을 안다는 것은 '어차피 내가 세상 사람들이 원하는 것을 다 해줄 수 없다'는 사실을 아는 것입니다. 그러니 못해 주는 것으로 죄책감을 가질 필요가 없습니다. 인생은 늘 이것과 저것 사이에서 선택을 해야 될 때가 있는데 그 선택에 따른 책임만 질 줄 알면 됩니다.

가끔 출가한 스님들의 부모가 절에 찾아와서 '절에서 나와라. 안 나오면 내가 죽겠다. 네 앞에서 나 죽는 꼬락서니 볼래?' 하면서 협박합니다. 이렇게 걸고 들어오면 대부분 넘어갑니다. 그러나 그렇게 부모가 죽겠다고 반대해도 출가한 사람은 집으로 돌아가지 않습니다. 설사 부모님이 돌아가신다 해도 집으로 돌아가지 않습니다. 만약 부모님이 돌아가시면 장례를 치러드리면 됩니다. 따지고 사정하는 건 부모의 마음이고 나는 내 길을 가야 합니다. 자식이 부모를 해치는 것이 아니라면 아무리 부모라 하더라도 자식의 인생을 제 마음대로 할 수가 없는 것입니다. 부모가 원하는 대로만 살면 그것이 어떻게 내 인생이라고 할 수 있겠어요? 부모의 노예이지요. 남이 원하는 요구를 다 못 들어준다고 죄책감을 갖는 것은 아무에게도 도움이 안 됩니다.

둘째, 사람들은 자기가 원하는 대로 안 이루어진다고 괴로워합니다. 자식이 결혼을 안 한다고 괴로워하고, 돈 많이 못 번다고 괴로워하고, 시험에 떨어졌다고 괴로워합니다. 그러나 내가 원하는 모든 것이 다 이루어질 수가 없습니다. 다 이루어질 수 없는데 다 이루어질 수 있다고 착각을 하기 때문에 원하는 것이 이루어지지 않는다고 괴로워하는 겁니다. 원하는 것이 이루어지면 다행이고 안 이루어지면 그만두면 됩니다. 그래도 이루고 싶으면 다시 도전하면 될 뿐이지 괴로워할 일은 아닙니다. 그런데 우리는 자기가 원하는 것이 안 이루어졌다고 괴로워하는데 이것은 어리석은 행동입니다.

제가 대학생들을 지도할 때의 일입니다. 4학년 학생이 학교에서 데모를 하다가 경찰에 잡혀 가서 구치소를 가게 되었는데 그 어머니가 매일 같이 절에 찾아와서 부처님께 제발 우리 아들 빨리 나오게 해달라고 기도를 했어요. 3개월 후에 아들이 재판을 받고 집행유예로 나오자 그 어머니가 매일 기도한 공덕으로 부처님 가피를 입었다고 좋아했어요. 그런데 그 아들이 3개월 만에 교통사고가 나서 죽었어요. 그러자 어머니가 '내가 아들을 죽인 것이다' 하면서 울었어요. 이 액난을 피하려고 감옥에 들어간 것을 기도해서 억지로 자기가 끄집어내었으니 결국 자기가 죽였다는 것이죠. 이렇게 우리는 한치 앞을 볼 줄 몰라요. 지금 벌어진 일이 좋은 일인지 나쁜 일인지 알 수가 없잖아요. 이것을 인생지사 새옹지마라고 하죠.

그런데 우리는 자기 마음대로 되면 좋다고 난리를 피우고, 조금만 자기 마음대로 안 되면 괴롭다고 난리를 피웁니다. 이래서 우리는 인생을 늘 희로애락에 젖어서 괴로워하며 삽니다. 그러니 어떤 일이 나쁜 일인지 좋은 일인지는 조금 더 두고 보아야 합니다.

옛날 시골에서 머슴들이 초당방에 모여 노름할 때도 '초장 끗발 개 끗발'이란 말이 있잖아요. 초장에 끗발이 오른다고 다 좋다고 할 수 없어요. 좀 더 길게 봐야 하는데 그걸 못 보니까 우리 인생이 늘 즐거웠다가 괴로웠다가 하는 거예요. 그러니 남이 원하는 걸 내가 다 해줄 수도 없고 내가 원하는 것도 다 이루어질 수 없다, 이 두 가지만 안다면 괴로워할 일이 없어요. 남이 원하는 것은 해줄 수 있는 것은 해주고, 해줄 수 없는 것은 '죄송합니다' 하면 돼요. 또 바라는 대로 되면 좋고, 안 되면 그만이고, 그래도 되길 원하면 더 해보면 되고, 그래도 안 되면 그만두면 되고, 그래도 또 더해보고 싶으면 더 하면 돼요.

언니가 항암치료를 받고 있다고 했지요. 내가 원하는 게 뭐예요? 언니의 암이 낫길 바라지요? 그런데 그게 내가 원한다고 낫고, 원하지 않는다고 안 낫는 게 아니에요. 아베 총리가 일본에서 자꾸 망언을 하니까 저런 인간은 죽었으면 좋겠다고 바라는 사람들이 있어요. 그런다고 안 죽어요. 내가 사랑하는 부모는 오래 살기를 바라겠죠. 그런다고 오래 사는 게 아니에요. 그건 내가 원한다고 되고 안 원한다고 안 되는 게 아니에요. 그렇기에 특히 수명과 관계된 것은 내가 관여할 일이 아닌데 내가 자꾸 관여하려고 하는 거예요. 마치 내가 뭘 하면 어떻게 될 것 같이 생각해요. 또, 남편이든 부모든 아내든 자식이든 평소에는 내 말을 잘 듣다가도 자기가 다급할 때는 남의 말을 안 들어요. 자기 마음대로 하죠. 인간 성질이 본래 그래요."

"네, 저희 언니도 그런 것 같습니다."

"항암 치료를 받는 중이라는 것은 목숨이 경각에 달린 문제잖아요. 아무리 급한 문제라 해도 목숨이 달린 문제보다 더 급한 문제는 없겠죠. 그러니 옆에서 뭐라고 권해도 잘 안 들어요. 이런 성질을 알아야 해요. 내 말대로만 하면 잘 될 것 같은데 왜 그렇게 하지 않느냐고 하지만 그것은 마음의 성질 자체가 이럴 때는 남의 말을 잘 안 듣게 되어 있어요.

그렇기 때문에 내가 원하는 대로 언니가 약을 먹든 치료를 받든, 낫도록 하겠다는 것은 언니를 위한 것 같지만 사실은 나를 위한 거예요. 언니와는 아무 관계가 없는 자기 만족이에요.

예를 들면 어머니가 일하면서 자꾸 아프다고 '아야 아야' 하니까 그게 듣기 싫어서 일하지 말라고 하는 것이지 부모를 생각해서 그러는 게 아닌 것과 같아요. 그러니까 '일하려면 아프다 소리 하지 말아요'라고 하잖아요. 이건 다 내 문제예요. 진정으로 부모를 생각한다면 부모가 일을 하려 하면 호미를 찾아드리고, 부모가 아프다 하면 주물러드리고, 도와줄 수 있으면 도와주고, 그게 듣기 싫으면 조용히 떠나면 돼요. '엄마, 나 바쁜 일이 있어요' 하고 어디 가버리면 되지, 부모님 성질 바꾸겠다고 이래라 저래라 하면 갈등밖에 안 일어납니다.

부모님이 혼자 일하시는 게 안쓰러우면 주말에 가서 거들어주고 그게 어려우면 주말에 부모님 집에 안 가면 돼요. 그런데 안 가려니 불효 같고, 가서 거들려니 힘들죠. 어머니가 이런 일을 안 했으면 좋겠다, 농사 안 지었으면 좋겠다고 하는 거예요. 이게 다 자기 필요 때문에 생기는 문제예요. 굉장히 효자 같지만 아니에요.

질문자도 언니를 굉장히 걱정하는 것처럼 보이지만 실제로는 아니에요. 그게 다 내가 원하는 대로 언니가 이러저러하게 되었으면 좋겠다는 내 욕구란 뜻이에요. 이렇게 이야기하니 기분 나빠요? (대중 웃음)

아픈 사람은 내가 아니라 언니잖아요. 언니를 위해 내가 아무것도 해줄 수 없다는 걸 알아야 해요. 그나마 조금이라도 해줄 수 있다면 언니가 원하는 것을 해주면 돼요. 이야기 나누고 싶다 하면 이야기 나누면 되고, 그저 밥 한 끼 같이 먹고 싶다면 같이 먹으면 되고, 병원비가 부족하니 조금 보태줬으면 좋겠다고 하면 병원비를 보태주면 됩니다. 병원비를 100만 원 부탁했는데 내 형편이 안 되면 50만 원 주면 되고 50만 원도 어려우면 30만 원만 주면 돼요. 원하는 만큼 못 줄 때는 '언니야, 미안하다' 하면 됩니다. '주면서 미안할 게 뭐 있나, 내가 인사 받아야지'라고 생각할 수도 있지만 언니가 원하는 만큼 못 줬으니까 미안하다고 하는 거예요. 원하는 대로 다 해줄 수 없기 때문에 내가 할 수 있는 만큼만 해주면 돼요. 오라고 해도 갈 수 있으면 가고, 못 가면 '아이고, 언니야 미안하다' 이러고 안 가면 돼요. 갈 수 있으면 가면 되지 그걸 가지고 부담을 느낄 필요도 없고 또 내 식대로 하려 들어도 안 됩니다. 다만 언니 하자는 대로 하면 돼요.

그리고 병은 의사가 치료하지 내가 치료할 수 있는 게 아니잖아요. 치료비가 필요하다면 내가 치료비를 조금 도우면 돼요. 어려워 보이면 내 형편 안에서 돕고, 말벗이 없어 보이면 가서 말 좀 나눠주면 되고, 가끔 밥 한번씩 같이 먹으면 돼요.

밥도 내가 먹고 싶어서 사면 안 돼요. 언니가 먹고 싶을 때 사야 돼요. 예를 들면 선방에 공양 올리는 신도들을 보면 자기가 냉면 좋아하면 선방에서 공부하는 스님들도 여름철에 냉면을 한번 먹어야 한다고 냉면 공양하러 갑니다. 다들 자기가 좋아하는 것을 사 들고 가요. 자기가 빵을 좋아하면 어디 유명한 빵집에서 빵을 사 가고, 수박을 좋아하면 수박을 사 가요. 생각해보세요. 여러분이 선물을 살 때 누가 좋아하는 걸 사나요?

항상 첫 시작이 중요합니다.
하루의 첫 시작을 항상
'오늘도 살았네! 감사합니다' 하고
기분좋게 시작하세요.

이렇게 인간 자체가 전부 자기 중심으로 생각하고 행동해요. 그게 나쁘다는 건 아니에요. 자기가 밥을 먹고 싶으면 괜히 바쁜 사람 붙잡고 '밥을 챙겨 먹어야지' 이러면서 사람을 끌고 밥 먹으러 가고, 자기가 이야기 나누고 싶으면 또 가서 이야기를 한다는 거예요. 이렇게 나를 중심으로 하는 것은 언니에게 아무런 도움이 안 돼요.

언니가 원하는 걸 해주는 게 내가 줄 수 있는 최고로 좋은 도움입니다. 언니가 아무것도 원하지 않으면 아무것도 안 해주는 게 언니를 위하는 길이란 말이에요. 우리가 남을 위한다지만 사실은 다 자기가 원하는 것을 할 뿐입니다. 그러니 너무 언니 걱정하지 말고 편안히 사세요. 언니가 전화해서 도움을 요청하면 그때 가서 해주시고요."

"네, 감사합니다."

이성에게 인기를 끄는 법

지금 스물아홉 살인데 결혼 전에 더 많은 여자 친구를 만나보고 싶습니다. 이성에게 인기를 끌 수 있는 방법을 알려주세요.

"질문을 들으니까 좀 느끼하지 않아요? 얼굴은 멀쩡하게 생겨서 왜 그렇게 느끼한 소리를 하고 있어요? 여자들에게 인기가 너무 많으면 행복할까요? 아니면 골치가 아플까요?"

(청중) "골치 아파요."

"여자들에게 인기가 많다고 꼭 좋은 것이 아니에요. 불행을 자초하는 것입니다. '인기를 많이 끌어야 되겠다'라고 생각하면, 그렇게 되어도 문제이고 그렇게 안 되어도 문제가 됩니다. 인기가 없으면 원하는 대로 안 되니 그것도 괴로움이죠. 그럼 인기가 있으면 문제가 해결될까요? 그렇지 않아요. 많은 여자들의 등쌀에 못 견뎌요.

왕이 행복할 것 같지요? 왕은 후궁을 여러 명 둘 수 있으니까 여러분들이 보기에는 좋을 것 같지만 사실은 그렇지 않습니다. 왜냐하면 매일 같은 사람과 잠을 잘 때는 별로 할 말이 없어서 잠을 잘 잘 수 있습니다. (청중 웃음)

그런데 후궁 입장에서는 왕이 자신의 침실에 오는 기회가 몇 달에 한 번 올 수도 있고, 1년에 한 번 올 가능성도 있잖아요. 그때 잘 보이거나 말을 잘 해야 왕에게서 자신이 필요로 하는 것을 얻을 수 있잖아요. 다른 후궁을 시기하는 얘기를 하든, 자기 요구를 말하든, 뭐라도 자꾸 이야기 하려고 하기 때문에 왕은 머리가 아파지는 겁니다. 그러니 왕이 잠을 잘 수 있을까요?

왕이 아들이 많으면 좋을 것 같지요? 그러나 그들 중 한 명만 왕이 될 수 있어요. 인도 역사를 보면 큰 나라의 왕이 되려면 자기 형제를 보통 수십 명 많게는 백 명을 죽여야 되었답니다. 왕의 입장에서 볼 때는 자신의 아들들이 서로 죽이는 모습을 봐야 되니 얼마나 괴롭겠어요. 설령 왕이 되었다고 해도 반드시 좋다고 할 수 없는 이유가 자신의 형제들을 수십 명 죽였잖아요. 왕이 부인을 여러 명 두니까 이런 일이 생길 수밖에 없는 겁니다. 그래서 여자가 많은 것이 별로 좋은 게 아닙니다."

"스님, 알아들었습니다. 감사합니다."

"인기를 끌겠다는 생각이 없으면 나를 쳐다보는 사람이 없어도 별로 고민이 안 됩니다. 또 인기를 끌겠다는 생각이 없는데 사람들이 좋아하면 그것대로 괜찮은 겁니다. 그런데, 인기를 끌겠다는 의도가 있으면 인기가 생기면 선택을 해야 되잖아요. 그러지 않으면 여러 명과 이중 살림을 해야 된단 말이죠. 이중 살림을 하는 건 엄청난 고통입니다. 낮에는 이 여자를 만나고, 밤에는 저 여자를 만나고, 요일별로 다른 여자를 만나야 되고, 그렇게 하기가 쉬울까요?

대부분의 사람들은 결혼해서 한 남자 한 여자도 감당을 못해서 계속 서로 싸웁니다. 그런데 왜 둘씩 셋씩 가지려고 해요? 그러면 굉장히 힘들어요. 제가 보기에는 없는 것이 제일 나은 것 같아요.(청중 박장대소)

인기를 끌겠다는 생각을 놓아버리면 오히려 사람들을 만날 때 심리적으로 부담을 안 가지고 편안하게 만날 수 있습니다. 실제로 그 사람이 나를 좋아하고 안 하고는 그 사람이 결정합니다. 오늘 제가 강의를 하는데 '내 강의를 듣고 사람들이 강의 잘한다는 얘기를 했으면 좋겠다'는 생각을 하면 강의가 자꾸 부담이 됩니다. 내가 이런 생각을 한다고 여러분들이 저 보고 강의 잘했다고 칭찬을 해주지는 않습니다.

강의를 잘했는지, 못했는지, 좋았는지, 나빴는지는 나와는 아무 관계없이 오직 여러분들의 몫이에요. 그것을 내가 조절하려고 하면 안 돼요. 그것은 온전히 여러분들의 몫이기 때문에 나는 내 일만 하면 되는 거예요. 좋아하는 것도 여러분 몫이고, 싫어하는 것도 여러분 몫이에요. 왜냐하면 우리 모두에게는 좋아하고 싫어할 각자의 자유가 있기 때문입니다.

질문자는 지금 다른 여성분들의 자유를 뺏어서 자기가 조절하려고 하고 있습니다. 질문자는 요즘 SF영화에 나오는 것처럼 모든 사람에게 칩을 집어넣어서 모두 나를 좋아하도록 만들고 싶어 하는 독재자의 소질을 갖고 있어요. 다른 사람이 나를 좋아했으면 좋겠다는 건 굉장히 평범한 요구 같지만 그것이 바로 독재 근성입니다.

그들이 나를 좋아하고 싫어하는 것은 그들의 문제라고 여기고 놓아버려야 합니다. 싫어하는 것도 그들의 문제이지만 좋아하는 것도 그들의 문제입니다. 그들이 나를 좋아한다고 내가 괜찮은 사람이라고 착각하는데 나중에 보면 다 거품이 됩니다. 연예인들 대부분이 그렇게 착각하기 때문에 인기가 떨어지면 자살하거나 정신 질환을 앓게 되는 경우가 생기는 겁니다.

그래서 다른 사람이 나를 좋다고 해도 그냥 웃으셔야 해요. 다른 사람이 나를 미워한다고 그걸 갖고 나는 못난 사람이라고 생각하면 열등의식을 갖게 됩니다. 그렇게 보는 건 그들의 문제입니다. 내 문제가 아닙니다.

그런데 질문자의 얼굴을 보면 이렇게 고민 안 해도 인기는 좀 있을 것 같죠? 가만히 있어도 인기가 있을 것 같은데, 거기다가 인기 끌려고 노력까지 하면 이제는 느끼해집니다.(청중 웃음)

그러니 오늘부터 그 생각을 버리세요. 남의 눈치 보지 말고 자기 나름대로 살면 저절로 많은 여성들이 관심을 갖습니다. 이때의 관심은 골치 아파지는 관심이 아니고 굉장히 긍정적인 관심입니다. 그런데 관심을 끌기 위해서 노력하면 첫째, 자기 뜻대로 세상이 안 되고, 둘째, 남의 마음을 자기가 조절하겠다는 것이니 부담이 되고, 셋째, 그렇게 해서 성공을 했다 하더라도 나중에 더 큰 문제가 발생하게 됩니다. 그러니 남의 눈에 놀아나지 말고 자기 나름대로의 인생을 살아가면 좋겠습니다."

"스님, 잘 알았습니다. 감사합니다."

실연의 충격과 불신을 극복하고 싶어요

올해 초, 2년 전에 만난 여자 친구와 헤어졌습니다. 처음부터 서로를 너무 원하여 결혼을 약속했지만 여자 친구가 다른 남자를 만나게 된 것을 알게 되었습니다. 큰 충격을 받았지만 상대와 함께 하고 싶은 마음에 안 좋은 기억들을 모두 지우고 다시 시작했는데, 작년에 또 다른 남자를 만나 올해 초 저를 떠나갔습니다. 그래서 마음을 비우고 '행복하게 잘 지내라'는 문자를 보냈지만, 다시 그녀에게 '네가 특별해서 못 잊겠다'는 문자를 받고선 또다시 충격에 빠졌습니다. 현재 그녀에게는 남자 친구가 있는데, 그 충격 이후로 상대방을 믿지 못하는 트라우마가 생겼습니다. 다시 새로운 연인이 찾아온다면 어떻게 해야 이 트라우마를 극복하고 상대방을 믿을 수 있을까요?

"왜 그렇게 바보 같은 소리를 하고 있어요?"(청중 웃음)

"죄송해요."

"여기 청중 가운데 남자 친구나 여자 친구 없는 사람 손 들어보세요(많은 청년들이 손을 듦) 굉장히 많죠? 질문자는 그래도 여자 친구가 한 번 있어 봤잖아요. 그러니 여기 있는 사람들 절반보다도 나은 사람이에요. 또 이런저런 이유로 헤어져서 그 친구에게 '잘 살아라' 그랬더니 '그래도 나는 너를 못 잊겠어'라고 했다는데, 얼마나 좋아요? '그래도 난 너를 못 잊겠어' 이 소리가 듣기 좋아요? '그래 난 네가 싫어' 이 소리가 듣기 좋아요? 헤어졌지만 그래도 못 잊겠다는데 그게 뭐가 문제에요?"(청중 웃음)

"문제가 아닌 것 같습니다."

"좋은 것을 지금 나쁜 것으로 생각하고 있으니까 제가 '야, 이 바보야'라고 말하는 겁니다. 그러니까 첫째, '내가 이 나이에 그래도 좋아하는 여자를 한 번 만나봤다' 이렇게 그 여자 친구에게 감사해야 하고요. 둘째, 그 여자도 나를 좋아했지만 더 좋은 남자가 생긴 걸 어떡해요? 그 여자의 마음이 그쪽으로 가는 걸 어떡해요?

그래서 질문자가 전화를 해서 '그 남자와 잘 살아라. 이제 잊자' 이렇게 얘기하니까 처음에는 '그래' 했지만 막상 떠난다고 생각하니까 갑자기 아쉬운 생각이 든 겁니다. 그래서 '난 널 못 잊겠어'라고 한 겁니다. 여기에 무슨 문제가 있어요?"

"제가 문제인 것 같네요."(청중 웃음)

"오늘 만나서 '난 너와 평생 함께 하겠어'라고 했다면 이 말은 거짓말이 아니고 오늘 마음이 그렇다는 겁니다. 그런데 내일 다른 남자를 보니까 더 좋은 걸 어떡하느냐는 겁니다. 그러면 이것은 배신이냐? 아닙니다. 인간의 마음이 그렇게 일어나는 걸 어떡해요? 그럼 그 여자는 어제 거짓말을 한 거예요? 아니에요. 어제 마음이 그랬다는 겁니다.

그러니 이런 경험을 한 번 했으면 '아, 사람 마음이라는 것이 누구를 좋아하면 계속 좋아하는 것이 아니구나. 이럴 때는 마음이 이렇게 일어나고, 저럴 때는 저렇게 일어나는구나' 하고 배울 수 있어야 합니다. 나는 그 여자를 오늘도 좋아하고, 내일도 좋아하고, 모레도 좋아하는 경우이지만, 그 여자는 어제는 나를 좋아했는데 오늘은 다른 남자를 좋아하는 것으로 마음이 바뀐 경우입니다.

그러니 이제는 새로운 여자를 만나더라도 '못 믿겠다' 이러지 말고, '오늘은 나를 좋아하지만 내일은 다른 남자를 좋아할 수도 있다'는 변화 가능성을 열어두라는 겁니다. '못 믿는다'는 것과 그 여자의 자유를 존중해 주는 것과는 다릅니다. 그 여자의 자유를 존중해 주면 자기는 멋있는 남자가 돼요? 쫀쫀한 남자가 돼요?"

"멋있는 남자가 되죠."

"그래요. 멋있는 남자가 되세요. 처음에는 이런 경험이 없어서 쫀쫀한 남자가 되었는데, 한번 경험을 했으니까 '이제는 바보 같은 행동을 해서는 안 되겠다. 조금 폭넓은 사람, 멋있는 남자가 되어야겠다'라고 생각하면 됩니다. 다음에 여자를 만날 때는 '나는 너를 좋아하지만, 너는 나를 좋아할 수도 있고, 좋아하지 않을 수도 있다' 이런 가능성을 열어두라는 것입니다. 그럼으로써 그가 다른 남자를 좋아하더라도 그걸 가지고 배신했다고 생각하고 나도 배신하는 그런 속좁은 사람 되지 말고 '그럴 수 있다'고 하는 이해심 깊은 멋있는 남자가 되세요.

요즘은 여자들이 어떤 남자를 좋아해요? 좋다고 껌딱지 붙듯이 붙어다니는 남자를 좋아할까요? 아닙니다. 처음에는 그런 남자가 좋은데 조금 지나면 그런 남자에게서는 속박을 느껴서 나중에 귀찮아져요. 좋아하는 사람끼리 상대를 귀찮게 하거나 상대를 속박하는 것은 행복과는 거리가 멀어요. 좋아함이 속박이 되지 않도록 해야 합니다. 그런 차원에서 질문자 보고 바보라고 얘기했던 거예요. 미안해요."

"괜찮습니다."

"그런 말 정도는 알아들을 수 있는 인물이라는 것을 제가 알고 얘기한 거예요. 그러니 실패가 상처가 되지 않고 경험이 되도록 해야 합니다. 다음에 한 번 더 경험해 보고, 두 번 더 경험해 보고, 세 번 더 경험해 보면 '아, 여자들 마음이 이렇구나. 그러니 내가 이렇게 해야 되겠다' 이렇게 사람 사귀는 방법을 터득하게 됩니다. 한 다섯 번쯤 연습을 해보면 연애 전문가가 될 수 있어요.

그런데 계속 나만을 좋아하는 여자가 있으면 다섯 번 연습할 수 있는 기회가 없어지잖아요. 이렇게 빨리빨리 떨어져줘야 연습을 더 많이 할 수 있단 말이에요. 그렇다고 내가 연습하기 위해 상대를 버리면 나쁜 사람이 되잖아요. 그런데 상대가 알아서 빨리빨리 떨어져 주니 얼마나 좋아요. 하나도 손해날 것이 없어요. 그러니 그걸 가지고 상처입지 않았으면 해요."

"감사합니다."

시각장애인이어서
결혼 상대를 찾기 힘듭니다

시각장애 1급을 가진 서른아홉 살 노총각 교사입니다. 마음공부를 하고 있지만 갈등, 욕심에서 벗어나지 못하고 힘든 과정을 겪고 있습니다. 초등학교 때의 꿈이었던 교사도 되었고, 어느 정도 생활이 안정되어 혼자 잘 살고 장애도 큰 문제가 되지 않습니다. 그런데 주변사람들이 장애인은 혼자 살기 어렵다고 하고, 혼자 보내는 시간이 많아지면서 내 자신도 결혼을 해야만 삶이 풍요로워지겠다는 생각이 들었습니다. 그러나 결혼 상대를 찾으려고 할 때 시각장애인이라는 것 때문에 거부를 많이 당합니다. 그러면 자존심이 너무 상합니다. 국제결혼까지도 생각할 정도이지만 아직은 제 마음이 갈팡질팡합니다. 어떻게 해야 할까요?

"듣는 사람도 마음이 짠하네요. 질문자는 시각장애를 갖고 있는데, 눈이 잘 보이는 사람의 입장에서는 당신과의 삶이 불편할까요, 그렇지 않을까요? 불편할 겁니다. 누구나 더 잘살고 싶어서 결혼을 하는데 굳이 왜 불편을 감수하려고 하겠어요? 상식적으로 생각했을 때 보통 사람들이라면 무엇 때문에 자기 자신을 희생하려고 하겠어요?"

"시각장애인과 결혼하면 어떻겠는지 말씀하시는 것 같은데, 저는 시각장애인과는 결혼하고 싶지 않습니다.”

“그렇다면 저는 차라리 질문자가 시각장애, 청각장애, 지체장애까지 있는 사람과 결혼하면 좋겠다 싶어요. 보통 사람들을 부처님 같을 것이라고 생각하면 안 됩니다. 그래서 중생이라고 표현을 하기도 하고 죄 많은 사람이라고까지 부르잖아요. 요즈음은 교회와 절마저도 돈, 돈 하는 세상입니다. 내가 시각장애인이지만 돈이 많다면 상대는 당연히 돈을 보고 결혼하겠지요. 결혼해서는 당신 몰래 돈을 빼돌리려고 하겠죠. 그럼 당신은 부인을 의심하게 되고 결국 인생이 불행하게 되는 것입니다.

내가 덕을 보려면 그만큼 손실이 따르고 그만큼 대가를 치러야 합니다. 내가 원하는 대로 세상 일이 다 될 수는 없습니다. 어떤 한 부분을 내려놓아야만 됩니다.

시각장애이기 때문에 불행한 것이 아니고, 내가 욕심을 내어 내 능력 밖의 것을 요구하기 때문에 스스로 열등의식을 갖는 것입니다. 제가 지난주에 만난 광주시 시각장애인협회 회장님은 내가 옆에서 봤을 때 전혀 장애인이라고 보기 어려울 정도로 구김이 없이, 거침없는 생활을 하는 분이었습니다. 그분은 항상 저의 법문을 들으며 욕심을 버리고 마음을 가볍고 밝게 가지라는 말을 새기신다고 합니다. 점자책도 아닌 스마트 폰으로 법문을 다 듣고 있다고 합니다. 이런 분들처럼 우리 인생에서 장애는 열등한 것이 아니라 다만 불편할 뿐입니다. 그러니 다리를 못 쓰면 휠체어 타면 되고, 손이 없으면 의수를 하면 됩니다.

자기 스스로 욕심을 내면 스스로 열등해집니다. 당신은 열등한 존재가 아닙니다. 혼자 사는 것이 힘들어서 결혼해야지 하는 것은 내가 배우자로부터 도움을 좀 받겠다는 것이잖아요. 나는 그 배우자에게 어떤 도움을 줄 수 있죠? 같이 생활하려면 서로 도움이 되어야 하잖아요. 그런데 대부분 사람들이 결혼할 때 나는 도움을 받고 싶다고 하면서 상대에게 도움을 주겠다는 마음을 내는 사람은 거의 없습니다. 그러니 결혼생활에 갈등이 생길 수밖에 없지요. 지금 질문자는 생각을 바꿔야 합니다.

시각장애인과는 무조건 결혼을 안 한다 하는 것은 자기가 오히려 시각장애인을 차별하는 것입니다. 내가 힘드니 도움을 좀 받을 수 있는 사람을 찾지 말고, 나는 이제 살만해졌으니까 상대에게 도움을 좀 주면서 살자 이런 마음으로 임해 보세요. 외국인이냐 한국인이냐, 장애가 있는 사람이냐 없는 사람이냐 이런 것도 따지지 마시고요. 상대를 만나면 내 조건을 얘기하고 서로 도울 수 있는 사람을 찾아야지, 나만 도움을 받겠다는 생각은 욕심입니다. 내가 덕을 본다면 상대는 손해를 보는 거잖아요.

그래서 선을 볼 때는 누구나 다 자기보다 더 나은 사람을 구하게 됩니다. 그래서 결혼을 성사시키려면 상대를 조금씩은 속이게 되어 있습니다. 그 결과로 결혼하면 반드시 불화가 생길 수밖에 없습니다. 그러니 속아서 결혼한 사람일수록 상대에게 감사해야 합니다. 속지 않았으면 결혼을 못했을 것이니까요. 우리의 욕심 때문에, 속이지 않으면 결혼은 잘 성립이 안 됩니다.

그러니 질문자는 생각을 바꾸어서 나는 털끝만큼도 열등한 것이 없다고 여기고 자긍심을 가져야 됩니다. 욕심을 내니까 오히려 내 존재가 열등해지고, 스스로 자학하게 되고, 한탄이 생기는 것입니다. 항상 밝게 자신감을 갖고 생활을 해 보세요. 혼자 살아도 상관없고 결혼해도 괜찮습니다."

"예, 감사합니다."

운명적인 사랑을 하고 싶어요

저는 열여덟 살 때부터 지금까지 운명적인 사랑을 꿈꾸고 있습니다.

"지금 몇 살이에요?"

"스물네 살이에요. 6년을 기다렸어요. 그런데 아무리 기다려도 안 나타나요."

"누구를 기다려요?"

"정말 소중한 사람이요. 운명 같은 사랑을, 정말 사랑하는 사람, 도장처럼 가슴에 콱 박히는 사람을요."

"그러니까 백마 탄 왕자를 기다린다는 말이네요?"

"조건은 아닌데요, 너무 너무 사랑해서 같이 아침에 눈뜨고 잠들 때까지 감동적인 사람이요. (웃음)"

"꿈 깨세요. 그런 사람 없어요. 어린아이들처럼 동화 속의 환상을 갖고 있네요."

"엄마가 그런 감격적인 사랑은 없다고 했는데 정말 없는 걸까요?"

"그런 사람 없어요. 그런데 만에 하나 있다면 뭘까요? 쥐약이에요. 예를 들면 지금 제 나이가 예순셋인데 아주 젊고 예쁘고 교양 있고 누가 봐도 공주 같은 사람이 나타나서 사랑을 고백한다면 그게 뭘까요? 운명적 사랑일까요, 꽃뱀일까요? 그건 꽃뱀이에요. 그러니까 자기에게 그런 사람이 안 나타나는 게 불행이 아니라 다행이에요. 혹시라도 나타나면 그건 오히려 불행의 큰 원인이 돼요. 그러니 앞으로 설령 나타나더라도 제비인 줄 아세요."

"가슴이 아파요. 있을 거예요. 영화에서 보면 있잖아요."

"그건 영화, 소설, 동화에 있는 얘기예요. 저는 괴로워 죽겠다고 하는 사람에게 희망을 주기 위해서 '힘내세요, 괜찮아요, 희망을 가지세요'라고 이야기하는 사람입니다. 그런데 희망을 갖고 있는 사람에게 '꿈 깨라'라고 할 때는 너무 터무니없어서 그렇게 말하는 겁니다. 이런 말해서 미안해요. 너무 안타까워서 그래요."

"그럼 아무나 만나요?"

"아니지요. 왜 아무나 만나요. 마음에 드는 사람을 만나야지요. 그런데 질문자가 원하는 것처럼 마음에 꼭 드는 사람을 만나기는 어렵다는 거예요. 이게 마음에 들면 다른 게 마음에 안 드는 사람을 만날 수는 있어요. 마음에 꼭 드는 사람이 아니더라도 사귀면서 서로 맞추어 가면 돼요. 그런데 질문자가 생각하는 꿈같은 사람이 나타나기를 원하면 좀 많이 기다려야 해요. 한 100년 쯤. 그래도 쉽지 않아요. 나처럼 살기 쉬워요. 그런데 혹시라도 기회가 생겨 연애하고 결혼한다면 100퍼센트 실패해요.

실제로 인생살이가 그렇지 않아요. 조선시대에는 남자 얼굴도 모르고 결혼했잖아요. 시집가면 죽는다고 생각했어요. 그래서 시집갈 때 울고불고 그랬어요. 그래서 결혼하는 딸에게 이렇게 교육시켰어요. 3년은 눈감고 살아라. 봐도 본 게 아니다. 3년은 귀 막고 살아라. 어떤 말을 들어도 들은 게 아니다. 3년은 입 막고 살아라. 하고 싶은 말 하지 말고 살아라. 그렇게 9년을 죽어 살면 행복이 온다고 교육했어요. 그래서 행복하게 살았습니다. 기대가 크면 실망이 크고 기대가 작으면 만족이 큰 법입니다.

요즘은 결혼 준비하다가 파혼하기도 하고, 신혼여행 갔다가 싸워서 결혼 한 달 만에 이혼하기도 해요. 10쌍 중 1쌍은 3년 안에 헤어져요. 이렇게 되는 건 결혼에 대해 지나친 환상을 갖고 있어서 그래요. 질문자는 마음에 꼭 드는 사람 만날 것이라는 생각은 버려야 해요. 매일 아침 절을 하면서 '이 세상에 내 마음에 꼭 드는 사람은 아무도 없습니다. 맞추며 살겠습니다' 이렇게 기도하세요."

"감사합니다."

'이 세상에
내 마음에 꼭 드는 사람은 아무도 없습니다.
맞추며 살겠습니다'
이렇게 기도하세요.

술을 끊고 싶지만 끊을 수가 없습니다

저는 대학교에 입학해서 술을 처음 접했는데, 술을 많이 마시는 기계공학부에 들어와 술을 배우다 보니까 1년 내에 주량도 많이 늘고 술을 즐기게 됐습니다. 어느 샌가 고민이 있거나 사람들을 만날 땐 무조건 술을 마시게 된 것을 2학년 때부터 깨닫게 되었습니다. 적당히 마시는 게 아니라 너무 많이 마셔서 기억이 잘 안 나고 다음날에도 항상 취기가 돌 정도입니다. 오후 6시까지 숙취에 시달리다가 7시에 술이 깨면 또 마시러 갔습니다.(청중 웃음)

매일 이렇게 반복됩니다. 자기 의지로 딱 끊으면 되지 않느냐고 하지만 제가 동아리나 학교생활을 활발히 하다 보니 끊기가 어렵습니다. 그러다 보니 술 때문에 학업에도 지장이 있고, 항상 술이 매개가 되다 보니까 술 없이는 사람도 못 만나고 후배와 이야기도 안 됩니다. 술자리에 참석만 하고 안 마실 수도 있지만, 안 취했을 때는 조용하다가 많이 취해야 좀 이야기를 하는 술버릇이 들어서 안 마시기가 어렵습니다. 술을 안 마시고도 이런 생활을 이어갈 수 있을지 고민이어서 질문드립니다.

"술을 안 마시고도 재미있는 생활을 이어갈 수 있습니다."(청중 웃음)

"저도 정말 안 마시고 싶은데 정말 습관이 무서운 게…."

"안 마시고 싶으면 안 마시면 돼요."

"어디 있느냐고 절 찾는 전화가 하루에도 수십 통이 와요. 심지어 집 비밀번호까지 알아서 자고 있을 때 찾아옵니다."

"자고 있을 때 전화가 와서 '어딨냐?' 하면 '자고 있다'고 하면 되잖아요."

"심지어 어떤 친구는 집에 찾아와서 문을 열어보기도 하고, 제가 자고 있으면 불러대니까 안 나갈 수가 없어요."

"그래도 안 나가면 돼요. 꼭 술자리에 가야 된다면 술을 받되 입에만 대고 옷에 주르륵 흘려버리면 돼요."(청중 웃음)

"그런데 제 친구가 술을 삼키나 안 삼키나 목에 손을 대고 확인해요. 친구들이 모두 그런 친구들이어서 빠져나갈 수가 없어요. 건강 문제도 정말 고민입니다. 얼마 전 건강검진을 하니 스물두 살에 간경화 수준의 수치가 나오더라고요. 그래서 위험하다고 술을 마시지 말라는데 끊을 수가 없는 환경이에요. 너무 철없는 질문인가요? 저는 정말 힘들거든요."

"질문자가 계속 주장하듯이 정말 술을 마실 수밖에 없다면 마실 때 '술이나 실컷 마시고 죽자' 이러고 마셔요. 스물두 살 젊은 나이에 벌써 간경화가 있다는 건 곧 죽을 때가 다 됐다는 소리잖아요. 계속 술을 먹으면 간경화가 더 악화되고 그러면 곧 죽는 거죠. 안 죽으면 평생 골골대며 살든지요. 어떡해요? 할 수 없죠."

"저는 아직 스물두 살인데…."

"스물두 살이면 그래도 많이 살았잖아요(청중 웃음) 조금 더 오래 살려면 술을 안 마셔야 하고, 마시고 싶으면 술을 마시고 일찍 죽으면 돼요. 달리 길이 없어요. 돈을 빌렸으면 갚아야 하고, 갚기 싫으면 아무리 궁해도 안 빌려야죠. 달리 다른 길이란 없어요.

그런데 절이나 교회에서는 보통 거짓말을 많이 해요. 하나님이나 부처님한테 잘 빌면 돈을 빌리고 안 갚아도 된다고 하죠. 그건 다 거짓말입니다. 복도 안 지어놓고 '빌면 복 받는다'고 해서 비는 거예요. 저축 안 했는데 어떻게 목돈을 타겠어요? 또 죄 지어놓고 벌 안 받는다고도 해요. 누구나 다 죄 지어놓고도 벌은 받기 싫고, 복은 안 지어놓고도 복은 받고 싶지만, 그건 이치에 안 맞아요. 요즘 절이나 교회에서 이렇게 허황된 소리를 많이들 합니다. 그래서 교회나 절에 젊은이들이 안 가지요. 교회나 절에 안 가는 젊은이들은 진짜 똑똑한 사람들이에요.(모두 웃음)

그런데 부처님과 예수님은 원래 그런 허황된 소리를 하신 분들이 아니에요. 오히려 이런 허황된 사람들을 모아놓고 '야, 이놈들아. 복을 안 지었는데 어떻게 복을 받니? 복 받고 싶으면 복 지어라. 복 짓기 싫으면 복 받을 생각을 하지 마라. 벌 받기 싫으면 죄 짓지 말고, 죄를 지었으면 벌을 마땅히 받아라.' 이렇게 가르쳤어요. 콩 심은 데 콩 나고 팥 심은 데 팥 나는 이것이 인연과보의 자연 이치란 말이에요.

그렇기 때문에 여기에는 아무런 다른 대안이 없어요. 질문자가 술을 많이 마시고 간경화가 심해져서 젊은 나이에 죽든지, 죽기 싫으면 아무리 마시고 싶어도 안 마시고, 옆에서 마시자 해도 안 마시든지요.

마시고 싶다거나 옆에서 누가 마시자고 강권했다는 이야기는 할 필요가 없어요. 누가 권했든, 내가 마시고 싶었든, 마시면 간경화가 되고 더 심하면 죽는 거예요. 그래서 죽으면 죽을 때 웃으면서 '아이고, 그래도 술 하나는 실컷 마셔봤다' 하고 죽으면 돼요.(청중 웃음)

돈을 빌렸으면 갚아야지요. 그것처럼 죽기 싫으면 마시고 싶어도 마시지 말아야 하고, 옆에서 마시자 해도 마시지 말아야 하고, 입에 넣어도 뱉어버려야 하고, 목구멍에 손을 대도 뿌리치고 뱉어버려야죠. 질문자처럼 그렇게 마실 이유만 자꾸 찾으면 아무 문제도 해결되지 않아요. 이유를 댈 필요가 없어요. 마시자고 하는 친구를 나무랄 필요도 없어요. 그 친구는 마시고 싶으니까 마시자고 하는 것일 뿐이에요.

저도 젊었을 때 친구들이 자꾸 술 마시자고 했어요. 저는 술을 그렇게 많이 못 마시니까 어떻게 이 문제를 풀었냐 하면, 술을 안 마시는 대신에 제가 술값을 내줬어요.(청중 웃음과 박수)

술도 안 마시고 술값도 안 내면 다음부터는 술자리에 오지 말라고 하잖아요. 그런데 술은 안 마셔도 술값을 내주면 어때요? 처음에는 술 안 마신다고 뭐라고 하다가 술값을 내주니까 항상 부릅니다.(청중 웃음) 항상 불러주고, 저는 술을 안 마셔도 아무 문제가 안 되고, 친구들도 저와 술 마시는 걸 너무나 좋아해요. 술 마시다 취하면 술 안 마신 제가 다 데려다주고 뒤처리도 해주니까요. 그리고 부모님이 전화해서 뭐라고 하면 항상 저랑 있다고 해요. 제가 술 안 마시는 줄 그 부모님이 아시니까요. 심지어 술집에 있는데도 '지금 누구랑 있어요' 하면 다 안심하고 믿어줘요. 그러니 친구관계도 유지하고 술도 안 마실 수 있었어요. 담배도 항상 주머니에 넣어 다니다가 누가 피우려 하면 탁 꺼내서 불 켜서 붙여줬어요. 그러니 그것도 아무 문제가 안 되었어요.(청중 웃음)

술을 마시는 것 자체를 무조건 나쁘다고 할 수 없어요. 계율에는 술 마시는 것 자체를 금하는 게 아니라, '마시고 취하지 말라'고 되어 있습니다. 사람이든 축생이든 생명은 누구나 다 살고자 하는 욕구가 있어요. 어떤 위험이 있다면 자기 방어를 해야 해요. 그러나 내 살고자 하는 욕구가 남을 죽이거나 때리는 쪽으로 가면 안 됩니다. 이것이 자유의 한계예요. 내가 이익을 보거나 돈을 벌기 위해 무엇이든 할 자유는 있지만 그렇다고 남에게 손해를 끼칠 자유는 없습니다. 즉 남의 물건을 빼앗거나 훔치지는 말아야 합니다. 내가 즐거움을 누릴 자유는 있지만 남을 괴롭힐 자유는 없어요. 그래서 성추행이나 성폭행은 하지 말아야 합니다. 내가 말할 자유는 있지만, 그 자유의 한계는 욕설하거나 거짓말하거나 사기치지 않는 것입니다. 즉 말로도 남을 괴롭히지 말라는 거예요.

그것처럼 술 마실 자유가 있어요. 그러나 그 한계가 '취하지 말라'입니다. 취하면 우선 육체의 건강을 해칩니다. 또 취하면 싸우기 쉽고, 뭘 훔치기도 쉽고, 성추행하기도 쉽습니다. 취하면 욕설하기 쉬워요. 술 마시고 취하는 게 작은 잘못인 것 같지만 술에 취하면 앞에 있는 계율을 다 어길 위험이 있어요.

그러니 안 마시는 게 제일 좋습니다. 그렇다고 아예 마시지 말라고까지는 하지 않아요. 그런데 우리가 무엇을 먹거나 마시는 것은 건강을 위해서잖아요. 먹거나 마셔서 자기 몸을 해친다는 건 바보 같은 짓입니다. 질문자가 지금 자기 건강을 해치는 행위는 어떤 변명을 해도 옳지 않습니다. 남을 때렸으면 '죄송합니다' 하고 사과를 해야죠. 그것처럼 술 마시는 이유를 대기 시작하면 끝이 없어요.

친구들이 술을 권하지 않으면 해결될 거라고 하는 것은 남 핑계 대는 것이고 남의 인생에 간섭하는 거예요. 마시자고 하는 것은 그 친구의 요구일 뿐이에요. 마시고 안 마시고는 내가 결정하는 거예요. 그리고 술을 마셔야만 친구가 되고 대화가 되는 것 같지만 안 마시고도 얼마든지 대화할 수 있습니다. 또 마시더라도 질문자 스스로 몸이 약간 안 좋거나 정신적으로 좀 흔들린다고 느껴지면 딱 그만 마셔야 합니다. 몇 번 시험해봐서 내 주량이 몇 잔인지 정해놓고 지키세요. 안 마시면 제일 좋지만 마시더라도 주량이 다 차면 바로 술잔을 내려놓고 자기 통제를 해야지, 질문자처럼 살면 안 돼요.

이런 생활이 계속되면 앞으로 결혼하면 아내가 평생 남편 술 마시는 것 때문에 힘들어해요. 항상 '어디서 교통사고 나지 않을까?' '어느 전봇대 밑에 쓰러져 있지는 않을까?' 내내 걱정하죠. 그러면 질문자는 잔소리한다고 또 술 마시고 행패를 부려요. 그러면 아내가 아기를 키우면서 남편 때문에 괴로워하고, 그러면 엄마의 아픔과 안타까움이 아이에게 전이돼서 아이가 정신적으로 불안정해져요. 그 아이가 자라면 질문자처럼 또 술 마시고 행패 부립니다."(질문자와 청중 모두 크게 웃음)

"이러다가 결혼 못하게 되는 건가요?"

"이게 계속 반복되면 자기 미래가 어떻게 될지 영상을 보듯 환하게 보여야 술을 딱 끊을수 있어요. 질문자의 이야기를 들어보니 심리적으로 조금 억압되어 있습니다. 어릴 때 무슨 이유인지는 모르겠지만 심리가 좀 억압되었어요. 그래서 술을 마시고 취하면 말이 많아져요. 평소 말이 없던 사람이 술을 마시면 말이 많아지고, 했던 말 또 하는 것은 심리가 조금 억압되어 있다고 볼 수 있습니다. 그러니 자기 점검을 자세히 해보세요. 내담자 중에는 '술만 안 마시면 우리 남편은 너무 좋은 사람인데, 술만 마시면 주정을 하고 행패를 부려서 너무 힘들어요'라고 하소연하는 부인들이 많습니다. 질문자의 아버지도 술 드시고 취해서 주정하는 경우가 많았을 겁니다. 그러니 이제 이런 집안 내력을 질문자는 끊어줘야 합니다.

우선은 자기 건강을 해치니 질문자에게 해로워요. 둘째로 가족과 주변에 많은 나쁜 영향을 주게 됩니다. 그리고 자식들에게도 전이가 됩니다. 그러니 그 문제를 두고 지금처럼 '이러저러해서 잘 안 됩니다' 하고 변명하는 이야기를 하면 안 돼요."

"그러면 제가 이 자리에서 술을 안 마시겠다고 딱 약속을 하겠습니다."

(청중 감탄, 박수)

"그런데, '술 안 마신다!' 이렇게 결론을 내면 오히려 지키기가 어려워요. 첫째는 '가능하면 안 마신다. 마시더라도 딱 두 잔만 마시고 무조건 끊는다' 이렇게 생각하세요. 그런데 술로부터 정말로 자유로워지는 것은 안 마시는 것이 아니라, 가능하면 안 마시지만 인연이 되면 또 마실 수도 있는데 두 잔에 끝내겠다면 딱 두 잔에 끝내버리는 겁니다. 주위의 상황이나 조건이 어려우면 이렇게 하면 돼요. 딱 두 잔 마시고, 눈치 봐서 더 먹일 것 같으면 '잠깐 화장실 좀 다녀올게' 하고 일어나서 술값 내고 가버리면 돼요. (청중 웃음)

처음에는 '네가 친구냐? 의리 없이 그러기냐!' 이러지만 한두 번 하다 보면 달라져요. 세상은 다 자기 하기 나름이어서, 계속 그렇게 하면 다른 사람도 거기에 맞추어 동조를 해줘요. 어떤 한 가지를 정해서 하면 처음에는 그걸 갖고 불평하거나 욕을 하지만 시간이 흐르면 다들 적응합니다. 자기가 원칙을 정해서 조금만 계속해서 지키면 술 안 마신다고 친구가 떨어져나가는 일도 없고, 술 조금밖에 안 마신다고 친구가 안 되는 일도 없습니다.

다만 지금까지 많이 마시다가 갑자기 안 마시면 처음에 저항이 좀 있습니다. '이 자식, 네가 스님이냐? 네가 부처 됐냐? 갑자기 왜 이래?' 이러면서 온갖 소릴 하고 억지로 잡아서 술을 들이붓습니다. 그럴 때 성질내지 말고 '알았다. 그런데 저거 뭐지?' 이러면서 살짝 옷에 부어버려요. (청중 웃음) 그렇게 네댓 번, 열 번 자꾸 하면 '쟤는 안 되겠다', '저 놈은 술 주지 마라' 이렇게 됩니다. 누가 모르고 주더라도 '걔는 술을 주지 마라. 안 마신다' 이렇게 저절로 교통정리가 됩니다.

자기 삶을 자기가 딱 정해서 살면 그 다음부터는 세상이 거기에 맞춰집니다. 질문자도 자기의 길을 자기가 정해서 가야 해요. 술 좀 마시는 건 괜찮습니다만 제가 질문자의 이야기를 들어보고 안 되겠다 싶은 것은 첫째, 벌써 건강을 해치고 있다는 거예요. 둘째, 정신을 잃을 정도까지 가면 안 돼요. 셋째, 무슨 소리를 했는지 모른다는 건 굉장히 위험한 거예요. 부모님과 같이 살아요? 자취해요?"

"자취하고 있습니다."

"그러니까 그렇죠. 어머니가 그걸 알면 얼마나 걱정하시겠어요?"

"예, 지금 걱정이 많으십니다."

"그러니까요. 자식으로 태어나서 부모에게 효도는 못 해도 이런 걸로 걱정 끼치는 건 좋은 게 아니잖아요. 마음 정리가 됐어요? 아니면 계속 핑계 댈래요?"

"확 정리했습니다."(청중 박수)

"술이 엄청 마시고 싶으면 저한테 오세요. 제가 도와드리겠습니다.(청중 웃음) 제가 딱 보고 더 이상 못 마시도록 해줄 테니 친구가 권한다고 같이 마시지 말고요. 그렇게 딱 자기중심을 잡아야 해요."

2

행복은 결과가 아니라 과정

우리가 원하는 것은

다 이루어질 수도 없고

또 이루어진다고 해서

반드시 좋은 것도 아닙니다.

그렇기 때문에

우리는 그저 최선을 다할 뿐입니다.

우리는 인생을 살면서 늘 결과를 중요시합니다. 그러나 사실은 인생은 결과가 아니라 과정입니다.

먼 결과만 너무 생각하다가 당장 오늘 교통사고 나서 죽는다면 인생이 얼마나 억울하겠어요? 하루하루 순간순간이 내 인생입니다. 그래서 인생은 자수와 같다고 합니다. 한 땀 한 땀이 모여서 수가 되듯이 순간순간이 모여서 우리 인생이 됩니다.

『화엄경』에 이런 말씀이 있어요. "보살에게 있어서 정토란 이미 완성되어 있는 세계가 아니라 완성을 향해서 보살이 활동하는 국토다."

여기서 '보살菩薩'은 보리살타의 줄임말로 범어 '보디사트바'를 한자로 표기한 것입니다. '보디'는 '깨달음,' '사트바'는 '중생'이라는 뜻으로, 보디사트바는 깨달은 중생이에요. 중생은 중생인데 깨달은 중생이고 깨닫기는 깨달았는데 아직은 중생이라는 이중성을 갖고 있다는 말이예요. 쉽게 이야기하면 깨달음을 향해서 나아가는, 즉 부처를 향해 나아가는 사람이라는 의미입니다. '정토淨土'는 이상세계입니다.

예를 든다면 결혼을 해서 행복하다는 것은 집 사고 애 낳고 키워서 성공한 결과만을 의미하지 않습니다. 단칸 셋방에 사는 신혼부부가 결혼기

념일에 호텔 가서 10만원 주고 외식할 걸 5만원 주고 장봐서 요리해 먹고 남은 5만원은 미래를 위해 저축한다면 얼핏 보기엔 좀 궁하게 느껴질지 모르지만 나중에 돌아보면 어려운 신혼살림에 절약하며 함께 노력했던 그 시절이 참 행복하게 느껴집니다. 여러분들도 어릴 때 힘들었고 중고등학교 때 공부한다고 또 힘들었다고 하지만 다시 돌아보면 그래도 그때가 행복했다고들 하잖아죠?

인생 행복은 어떤 결과가 아니라 과정입니다. 그러니 보살에게 있어서의 정토는 이미 완성된 국토가 아니라 완성을 향해서 그가 활동하는 국토입니다. 여러분들이 어떤 꿈이 있다면 그 꿈을 실현하기 위해서 지금 노력하며 살아가고 있는 그 순간순간이 바로 꿈의 성취나 다름없는 것입니다. 그러니 과정을 즐기고 소중하게 여겨야 합니다.

남편이
제 의견을 듣지 않아요

저는 남편과 작은 식당을 10년째 운영하고 있습니다. 그런데 제가 새로운 메뉴나 식당 홍보에 대해 의견을 낼 때마다 남편이 항상 '그건 안 돼'라는 말을 먼저 합니다. 어떤 이유를 들어서든 계속 안 된다고 해서 새로운 변화를 시도해보고 싶은 마음이 많았지만 거의 해보지 못했습니다. 처음에는 맞서 싸워도 보았지만 이제는 제가 점점 포기하다 보니 남편에게 불만이 쌓여 사소한 일에도 화를 내게 됩니다.

어떨 때는 아이들이 보지 않는 곳에서 물건을 집어던질 정도로 화를 주체하기 어렵고, 화가 날 때 아이들이 옆에 오면 아이들에게도 화를 냅니다. 스님 법문을 들어보면 남편에게 참회기도를 하라는 말씀을 많이 하시더라고요. 다른 분들의 상황은 이해가 되는데, 제 상황에서는 어떻게 참회기도를 해야 하는지 모르겠기에 여쭙습니다.

"남편이 문제가 있다고 생각해요? 질문자가 문제가 있다고 생각해요? 솔직하게 말해보세요."

"둘 다 문제가 있다고 생각합니다."

"질문자의 문제는 뭐예요? 남편의 문제는 뭐고요?"

"저는 제 주장을 많이 하려는 게 문제인 것 같고, 남편은 제 주장을 꺾으려 하는 게 문제인 것 같습니다."(청중 웃음)

"남편이 문제가 있다고 여기는데 질문자가 참회를 한들 어떻게 참회가 되겠어요? 참회한답시고 절하다가 '왜 내가 참회를 해야 돼? 남편이 문제지' 하면서 염주를 집어던지게 될 텐데요."(청중 웃음)

"어떻게 참회해야 할지는 모르겠지만 그냥 '세세생생 지은 내 죄를 참회합니다' 하고 30일 동안 아침에 기도하긴 했어요."

"그렇게 엉뚱하게 기도하면 아무 소용이 없어요. 억지로 하면 반발심만 생깁니다. 죄 안 지은 걸 지었다, 내가 잘못 안 한 걸 잘못했다, 이렇게 하면 나중에 염주 집어던지는 건 물론이고 그렇게 가르친 스님까지 미워하게 돼요.

무조건 내가 잘못했다고 하는 것이 참회가 아닙니다. 인천 사람이 서울 가는 길을 묻기에 동쪽으로 가라 했는데, 그걸 본 춘천 사람이 나도 서울 간답시고 동쪽으로 가면 바다에 빠져 죽어요.(청중 웃음) 참회는 그렇게 무턱대고 흉내 내는 게 아니에요. 인천 사람이 서울 가려면 동쪽으로 가야 하지만 춘천 사람은 정반대인 서쪽으로 가야 하잖아요. 그러므로 그렇게 선불리 기도하면 안 돼요.

우선 물어볼게요. 하루 이틀도 아니고 지난 10년 동안 남편이 내 의견을 받아들이지 않고 장사를 했는데 가게가 망했어요? 안 망했어요?"

"아직 망하지는 않았어요."(청중 웃음)

"망하지는 않았지만 질문자에게는 자기 의견대로 했으면 가게가 더 잘됐겠다는 생각이 있을 거예요. 그런데 남편은 자기 생각대로 했기 때문에 안 망했다고 생각할 겁니다. '수많은 가게가 장사를 접는 가운데서도 우리가 이나마 안정되게 사는 것은 내가 고집해서 이렇게 꾸려온 덕분이다'라는 생각이 있어요. 그런데 질문자 생각대로 해서 잘 됐을지, 망했을지, 남편 생각대로 해서 발전을 못한 것인지, 안 망하고 유지된 것인지는 지금 누구도 알 수 없어요. 누가 옳은지 객관적으로 증명할 길이 없잖아요.

그러니 이 문제만을 놓고 볼 때 남편 입장에서는 그래도 자기 생각대로 해서 아내를 말렸기 때문에 이만큼 유지한다고 생각할 확률이 높아요. 남편하고 살아보지도 않고, 가게를 10년간 지켜보지도 않은 스님이 어떻게 그렇게 잘 아느냐고 할지도 모르지만, 오늘 집에 가서 술상을 잘 차려 대접하면서 남편이 취기가 돌 때 슬쩍 말을 붙여보세요.

'여보, 나는 그 동안 내 식대로 했으면 가게가 잘 되었을 거라는 생각밖에 안 해서 당신한테 화도 많이 내고 당신을 미워도 했는데, 오늘 스님하고 대화하다 보니 내 생각대로 했으면 오히려 망했을 수도 있겠다는 생각이 처음으로 들었어요. 나는 변화를 추구하고 당신은 안전을 추구했는데 지금 가게가 안전한 것은 모두 당신 덕택인 것 같아요.'

이렇게 반성하는 자세로 말을 한번 붙여보세요. 꼭 '내가 뭘 잘못했다'는 게 아니라, '내가 당신 마음을 몰라줬다'는 뜻에서 이렇게 이야기해보세요. 그러면 '그걸 이제야 알았냐? 당신은 스님 말은 들으면서 내 말은 아무리 해도 안 듣더라.' 십중팔구 이렇게 나올 겁니다.

남편이 가게의 발전을 반대하거나 가게가 망하기를 바랄 리가 없잖아요. 그런데도 질문자를 말린다는 것은 남편의 성격이나 가치관이 모험보다 안전을 더 중요시한다는 뜻입니다. 그런데 질문자는 이미 장사를 하고 있으니 당연히 안전하리라는 것을 전제로 두고 변화와 도전을 중요시하는 편입니다. 질문자가 나쁜 건 아니에요. 그러니 참회할 이유는 없습니다.

이 세상에서는 안정과 변화가 모두 필요해요. 안정을 중요시하는 쪽을 보수, 좀 바꿔보자는 쪽을 진보라고 합니다. 한쪽이 옳고 다른 쪽이 그른 게 아니에요. 안정 위에 변화를 추구해야 합니다. 안정만 고집하면 사회가 정체되고, 변화만 주장하면 사회가 혼란에 빠지게 됩니다. 다 그런 것은 아니지만 나이든 사람은 대체로 안정을 추구하고, 젊은 사람은 변화를 선호하는 편입니다. 바닷가에 사는 사람은 대체로 변화를 추구하고, 내륙에 사는 사람은 안정을 추구하는 성향이 큰 편입니다. 가진 게 좀 있는 사람은 안정을 추구하고, 가진 게 없거나 아직도 더 가지고 싶은 사람은 변화를 추구합니다. 왜나하면 어차피 지금도 부족하기는 매한가지니까 이리 되든 저리 되든 한번 도전해보자고 생각하거든요.

질문자는 변화를 추구하고 남편은 안정을 추구합니다. 아마 남편과 내가 자라난 환경이 많이 달랐을 거예요. 이럴 때 둘이 갈등을 일으키면 변화를 추구하는 쪽이 안달하게 됩니다. 안정을 추구하는 쪽은 대부분 힘을 가지고 있으니까 상대편이 뭐라고 해도 신경을 안 씁니다. 그래서 변화를 추구해야 된다고 애쓰다가 안 되면 좌절하고 화도 내게 되죠.

그런데 이렇게 하면 요란하기만 하지 실제 변화가 거의 없어요. 질문자가 화를 내고 남편과 아이들에게 성질을 부리는 것은 질문자가 원하는 변화를 추구하는 것과는 관계가 없어요. 변화를 추구할 수 없으니까 스트레스를 받아서 화가 나는 심정은 이해됩니다. 그러나 그렇게 해서는 식당에 변화를 가져오기는커녕, 오히려 아내가 하자는 대로 하면 식당이 망할 것이라는 남편의 불신을 더욱 강화시킬 뿐입니다. 물건을 집어던진다는 것은 자기 성질대로 안 되면 미쳐 날뛴다는 이야기잖아요. 그런 사람에게 어떻게 식당을 맡기겠어요?

방법은 두 가지입니다. 하나는 남편 말을 따라도 지난 10년간 식당이 망하지 않고 유지되었으니 앞으로 남편 말을 따르면 10년은 더 유지될 거예요. 이 사람은 안정을 중시하는 사람이니까 질문자가 원하는 만큼 변화는 못 시켜도 안정은 장담할 수 있잖아요. 새로운 안을 낼 때는 항상 안정을 기본으로 해서 변화를 추구해야 해요. 그러니 남편의 반대에는 안정을 중요시한다는 좋은 점이 있다는 사실을 이해하고 '그럴 수 있겠다' 하고 받아들이는 게 필요합니다. 질문자의 의견이 안 받아들여져도 나쁜 게 아니라는 점을 알면, 지금처럼 미쳐 날뛰는 행동은 그만둬야 해요.

질문자의 화는 남편의 고마운 역할에 대한 이해 부족으로 생겨난 것입니다. 질문자가 뭘 해보려는 게 잘못된 게 아니라, 남편의 역할을 질문자가 이해하지 못해서 남편을 나쁘게 생각하는 게 잘못됐다는 겁니다. 이제 뭘 참회해야 하는지 이해하시겠지요? 잘못이 서로 반반씩이라고 생각하면서 참회를 하면 절을 하다가도 '나만 잘못했냐? 너도 잘못했잖아'라는 생각이 들어서 참회가 안 돼요.

둘째, 변화를 추구하지 못하게 한다면 남편을 미워할 일은 아닙니다. 어차피 지난 10년간 변화하지 않았고 앞으로도 변화하기 어렵다면 싸우면서 변화 안 하는 것보다 안 싸우면서 변화 안 하는 게 더 낫잖아요. (청중 웃음) 질문자는 변화도 못 시키면서 싸움만 일으켰으니 어리석다고 할 수밖에요. 지혜로운 사람은 싸우지 않고 그냥 살든지, 싸우지 않고도 변화를 이루어냅니다. 나도 좋고 너도 좋은 최상책은 싸우지 않고 변화시키는 것이에요. 그런데 중책은 그대로 유지하더라도 싸우지는 않는 것이고, 하책은 싸우면서 그대로 유지하는 것입니다. 그건 아무 쓸모없는 짓이에요. 질문자는 지금까지 쓸모없는 짓을 해온 셈입니다.

남편 말을 들어서 지금까지 안 망하고 잘 해왔으니 고맙게 생각하고, 이제 내가 어떤 시도를 해도 남편이 항상 안정은 담보해주겠거니 하고 고맙게 생각하세요. '남편은 사실 고마운 사람인데 내가 잘못 생각했구나' 이렇게 생각해야 내가 지금 뭘 반성해야 할지 알 수 있어요. 자기가 뭘 잘못했는지도 모르면서 무조건 내가 잘못했다고 하면 그게 나한테 진정으로 받아들여지지 않잖아요.

변화를 시도하는 방법은 두 가지입니다.

우선 조금씩, 편안하게 시도해 보세요. 메뉴가 열 가지 있다면 한꺼번에 세 가지를 바꾸자고 하지 말고 하나만 시험삼아 해보자고 제안하는 겁니다. 기간도 한 달이든 석 달이든 정해서 그만큼만 해보고 별로 손님이 안 늘어나면 그만두겠다고 약속하거나, 주문이 많아지면 질문자가 시험 메뉴 요리를 맡겠다거나 하는 식으로요. 안정에 위험을 주지 않는 선에서 실험적인 방법을 제시하면 남편이 생각하기에 조금 무모하다 싶더라도 그 정도로는 가게가 어려워지지 않겠다 싶어서 허락해줄 겁니다. 그렇게 점진적으로 접근하는 게 좋아요. 하나도 안 된다는데 한꺼번에 세 개를 바꾸려 들면 안 돼요. 그러니 처음에는 하나만, 그것도 기한을 정해

두고 제안하세요. 재료 양도 하루 몇 인분만 준비해서 팔겠다고 제안하고, 바깥에 홍보하지 말고 식당 안에 '특별 메뉴'라고만 붙여놓고 시험 삼아 해보는 거예요. 그래야 실패해도 부담이 적어요. 괜히 떠벌려서 했다가 실패하면 '내 말 안 듣고 까불더니 그것 봐라!' 이런 소리 듣습니다.(청중 웃음)

그렇게 실험적으로 해보고, 하나가 성공했다고 해서 '그것 봐라, 되지? 내 말대로 하면 다 됐을 텐데 당신 때문에 못 했잖아' 이러고 성급히 일을 벌이면 안 돼요. '실험해보도록 허용해줘서 고마워. 당신 협력 덕분에 잘 됐네' 이렇게 칭찬해주고, 정식 메뉴로 올리고 좀 지날 때까지 기다렸다가 '여보, 이런 것도 한 번 실험해 볼까?' 하고 다음 안을 내야죠.

지난 10년 동안 이렇게 했다면 벌써 메뉴를 다 바꾸고도 남았을 거예요.(청중 웃음) 싸울 필요도 없고 애들한테 성질낼 필요도 없었는데 질문자가 어리석어서 바보같이 한 거예요. 그러니 '내가 어리석어서 괜히 분란을 일으켰습니다. 당신 마음을 몰랐습니다' 이렇게 참회를 해야 해요. 남편이 적도 아닌데 왜 내 인생을 방해하겠어요?

또 하나는 질문자가 가끔 의견을 내서 시험 삼아 해보자고 제안하고, 그것마저 못하게 하면 질문자가 하고 싶은 요리를 집에서 그냥 만들어 식탁에 올리세요.(청중 웃음) 만들겠다고 미리 말하면 또 수작 부린다고 생각할 테니까 그냥 요리해서 내놓고 남편이 '이거 맛있네' 하면 '그래? 그럼 우리 가게에서 잠깐 해볼까?' 이렇게 접근해 보세요."

"감사합니다."

어떻게 해야
어머니와 사이가 좋아질까요

서른두 살 주부입니다. 부모님이 중매결혼을 하셨는데 아버지가 처음부터 나가 사셔서 어머니 혼자 저희 남매를 키우셨어요. 그러면 제가 어머니랑 좀 잘 지내야 할 텐데 그렇지 못해 고민입니다. 늘 어머니와 많이 부딪혔고, 아이를 낳아 키우는 지금도 어머니랑 사이가 좋지 않아 고민입니다. 남편도 저도 다혈질이라 남편과도 많이 부딪히는데 제가 좀 더 문제인 것 같아요. 제가 어떻게 마음을 열어서 어머니, 남편과 사이가 좋아질 수 있을지 여쭤보고 싶습니다.

"사이가 좋긴 어렵겠습니다. 옛날식으로 말하면 궁합이 서로 안 맞아요. 부모님 두 분이 같이 못 살 정도의 갈등 관계를 유지했잖아요. 배우자도 수용하지 못할 정도로 강한 성격의 소유자인 엄마에게서 태어나 자랐기 때문에 질문자의 성격도 다른 사람들을 수용해주면서 함께 살기가 어려운 성격이에요. 그러니 애초에 어머니와의 관계도 좋게 되기 어렵습니다. 어머니의 경우도 남편과도 안 맞았는데 아이와 잘 맞을 리가 없고, 질문자는 그런 어머니의 성격을 물려받았기 때문에 어머니와도 관계가 좋기는 어려워요. 나를 낳아 길러준 어머니와도 관계를 원만하게 풀기 힘든 성격인데 남의 집에서 자란 남편과 관계를 좋게 풀기는 애초에 힘들어요. 그러니 그런 야무진 꿈을 꾸지 말고 포기하세요."(청중 웃음)

"어머니가 저랑 잘 지내기를 원하시거든요."

"잘 지내고 싶지만 잘 지내지지가 않아요. 제일 잘 지내는 방법은 서로 같이 안 사는 거예요."(청중 웃음)

"저는 그러고 싶지만 어머니가 손녀 보러 일주일에 한 번씩 오시는데 만나기만 하면 싸워요. 거리를 두면 좀 친해질 것 같은데 어머니는 그걸 못 견뎌 하십니다."

"다른 좋은 방법이 없어요. 그렇게 살면 그 사이에서 자라는 아이도 영향을 받아요. 엄마와 할머니가 싸우고, 엄마와 아빠가 싸우는 가운데서 자랐기 때문에, 그 아이도 자라면 질문자의 성격처럼 질문자와도 안 맞고 남자친구와도 안 맞아 싸우게 될 거예요. 이건 콩 심은 데 콩 나고 팥 심은 데 팥 나는 격이에요. 달리 방법이 없어요.

그런데 해결할 방법이 영 없진 않습니다. 어머니와 잘 지내고 싶다는 생각을 버리면 돼요. 어머니와는 애초에 성격이 서로 맞지 않기 때문에, 물고 차고 싸우지 않는 것만 해도 다행이라고 생각하세요. 이보다 더 좋아지기를 바라거나 개선하려 하지 말고 지금에 만족하라는 뜻입니다. '어머니와 싸우지 않게 해주세요'라고 기도하면 그 기도는 영험이 없습니다. 그런데 '부처님, 이만하길 다행입니다' 하고 기도하면 어때요? 세상에는 어머니와 칼부림하며 싸우는 사람도 있는데 질문자는 그 정도는 아니잖아요. 소소한 갈등이지 철천지 원수가 되는 갈등은 아니니 다행이잖아요. 그러니 어머니하고 부딪힐 때 '아이고, 이만하길 다행이다. 어릴 때

같았으면 두들겨 맞았을 텐데, 우리 엄마 이제 많이 늙으셨네. 어머니, 감사합니다' 하면서 좋게 생각해 보세요. 더 좋아지려고 애쓰면 오히려 불만이 생기지만 이만하길 다행이라 생각하면 감사한 마음이 생겨요. 그러니 어머니한테 감사하는 마음을 내세요.

남편한테도 '아이고, 성질 더러운 나랑 살아주는 것만 해도 고맙습니다. 세상 어느 남자가 나랑 살아주겠어요' 이렇게 마음을 내세요. 관계를 더 개선하려 들지 말고 이렇게 부부관계를 감사히 여기세요. 부모님은 부부가 헤어졌지만, 질문자는 좀 싸우긴 해도 아직 헤어지진 않았으니 얼마나 고마운 일이에요. 헤어지지 않은 것은 내 덕분일까요, 남편 덕분일까요?"

"둘 다 덕분인 것 같아요."

"그렇게 생각하면 문제 해결이 안 되는데…. 누구 덕분에 안 헤어지게 되었다고요?"(청중 웃음)

"남편 덕분에요."

"그래요. 힌트를 꼭 줘야 답을 찾아요? (웃음) 남편 덕이라고 생각해야 문제가 해결돼요. 남편이 부처님 같다는 뜻이 아니라, 둘 다 비슷하지만 그래도 비교해보면 남편이 질문자보다 조금이나마 마음이 더 너그럽다는 뜻입니다. 남편이 아버지와 같은 사람이었다면 벌써 헤어졌을 텐데, 남편은 아버지보다는 훨씬 나은 사람이에요. 부처님 같은 사람 만나면 좋지만 질문자는 그런 사람 만날 복은 안 돼요. 둘 다 문제가 있지만 그래도 남편이 조금 더 너그럽다 생각하고, 나랑 살아줘서 고맙다는 마음을 내세요.

어머니에게는 '어머니가 늙어서 좀 나아지셨네' 이렇게 고맙게 생각하고, 남편에게도 '당신이라도 이렇게 살아주니 고맙습니다' 이렇게 고맙게 생각하세요. 이걸 긍정적 사고라고 해요. 내가 이런 마음을 내면 남편이 어떻든 어머니가 어떻든 아이에게는 나쁜 영향을 안 주게 돼요. 아이는 제 어머니를 닮거든요. 질문자가 긍정적 사고를 하면 질문자의 아이는 이런 환경에서 자라도 질문자보다 훨씬 좋은 성격으로 자라요. 다소 까칠한 구석이 있더라도 질문자보다는 훨씬 좋아져요.

그러니 오늘부터 어머니에게 감사기도를 하세요. 부모님이 헤어졌을 때 어머니는 그래도 아버지처럼 질문자를 버리지 않고 내 곁에 남아서 학교도 보내주고 공부도 시켜줬잖아요. 질문자가 원하는 만큼은 못 해주었지만 이 세상에 질문자를 키워준 것은 어머니뿐이니 고마워할 일이에요. 그런데 어머니를 미워하면 고마워해야 할 일을 원수로 갚는 거예요. 그러니 '돌봐주셔서 감사합니다' 하고 어머니에게 감사기도를 하고, 남편에게도 '당신이라서 그래도 날 데리고 살아주니 감사합니다' 이렇게 기도하세요. 가끔 소소한 갈등을 일으켜도 이렇게 마음을 금방 돌이켜서 감사하면 질문자가 원하는 대로 관계가 좋아질 겁니다. 그렇게 하지 않고 관계를 개선할 방법만 찾으려고 애쓰면 관계는 오히려 더 나빠질 거예요."

"잘 알아들었습니다. 정말 감사드립니다."

"지금 이야기하는 마음의 원리를 좀 이해하시겠어요? 어머니와 좋아지는 방법, 남편과 좋아지는 방법을 찾으려 들면 관계는 도리어 악화됩니다. 그러나 지금이 좋은 줄 알고 감사할 줄 알면 개선되는 쪽으로 가요. 마음이 움직이는 이런 법칙을 모르기 때문에 잘하려는 노력이 오히려 관계를 계속 악화시키는 결과를 불러옵니다. 그래서 수행은 현재를 인정하고 긍정적으로 받아들이는 데서 출발해야 돼요. 우리가 아무리 멀리 보고 가더라도 내가 발을 딛고 있는 여기를 인정하고 여기서부터 출발해야 돼요. 그런데 현실을 무시한 채 좋은 남자 만나길 바라고 어머니와 좋은 관계 맺기를 바란다면 그건 꿈을 꾸는 거예요. 그러면 아무 문제도 해결할 수가 없어요.

그렇다고 '현실이 이렇지. 사는 게 원래 그래' 이렇게 현실에 안주하면 안 돼요. 현실을 인정하되 현실로부터 출발해서 미래에 희망을 가지고 한 발 한 발 나아가야 합니다."

남편과 양육권 다툼을 하고 있습니다

저는 호주인 남편과 결혼한 지 8년 되었는데 남편이 이혼을 원해 지금은 한 집에서 별거를 하고 있는 워킹맘입니다. 지금 저에게 가장 절실한 문제는 아이 양육권입니다. 남편도 아이를 원하고 저도 아이를 원합니다. 호주에서는 변호사가 말하기를 8:2로 양육권을 나누는 것이 좋다고 하더라고요. 평일은 한 사람이 주말은 다른 한 사람이 돌보는 것이 가장 이상적이라고 해요. 남편도 더 많은 시간을 원하고 저도 더 많은 시간을 원하다 보니까 아직 서로 합의가 안 된 상황입니다.

"서로 아이를 돌보겠다고 하는 것은 좋은 일이에요. 서로 안 돌보겠다고 하는 것이 문제이지요. 서로 돌보겠다고 하는 것은 아주 좋은 일이에요."

"남편은 아이에게 정말 좋은 아빠예요. 아이도 아빠를 더 좋아하고요. 그런데 저는 호주에 저 혼자밖에 없는 상황이고 아이까지 없으면 여기에서 사는 의미가 없을 것 같아요. 그렇다고 아이를 여기에 두고 저만 한국으로 가는 것도 아닌 것 같고요. 호주는 한국과는 상황이 달라서 이혼을 했지만 아직은 한 집에서 별거하면서 아이를 돌볼 수 있는 상황이에요. 하지만 제가 집을 얻어서 밖으로 나가기로 했거든요. 변호사는 아이를 데리고 나가야 한다고 하는데 아이를 데리고 나가고 싶지만 저도 일을 하고 있는 상황이어서 아이를 계속 돌볼 수 없는 상황입니다. 주위에서는 직장 다니면서 가끔씩 아이를 보면 되지 않느냐고 해요. 둘째 아이도 2년 전에 하늘나라로 보낸 상황에서 어떻게 해야 할지 모르겠습니다."

"이미 질문 속에 답이 다 나와 있네요. 아이를 서로 안 돌보겠다고 할 때는 문제인데 서로 돌보겠다고 하니까 이것은 좋은 일이잖아요. 서로 아이를 사랑하는 것이니까요. 그래서 첫째, 큰 문제가 없고요. 둘째, 질문자는 지금 나가서 살아야 하는데 직장을 다녀야 하니까 아이를 전적으로 돌볼 처지가 안 되잖아요."

"그렇지 않고요. 시부모님이 낮에는 아이를 봐줄 수 있어서 저는 밤에만 아이를 돌보면 됩니다."

"어쨌든 아이를 일주일 내내 돌볼 형편은 못되잖아요. 시부모님 도움을 얻든 아무튼 남의 도움을 얻어야 되는 형편이잖아요. 그러니 질문자의 처지와 지금 주어진 조건이 딱 맞잖아요. 본인이 전적으로 돌볼 형편이 안 되는데 남편도 돌보지 않겠다고 하면 심각한 문제가 되지만 지금 남편이 가능한 자기가 더 많이 돌보겠다고 하잖아요. 서로 경쟁을 하다 보니까 결론이 아직 안 났는데, 질문자는 지금 객관적으로 돌볼 형편이 안 되잖아요. 그러니 아이를 집에 두고 남편에게 좀 많이 돌보라고 양보하는 척 해주면 되잖아요. 양보를 하고 나는 또 내 일을 하면 되고요.

그리고 시어머니 입장에서는 아이를 아들 집에 두고 돌보는 것이 나을까요? 이혼한 며느리가 이사를 가서 셋방에서 사는데 거기 가서 아이를 돌보는 것이 나을까요?"

"시어머니는 남편 집에 아이를 두는 것이 편하겠지요."

"그렇게 하면 되잖아요. 그리고 아이를 위해서 엄마가 있어야 해요? 엄마를 위해서 아이가 있어야 해요?"

"아이를 위해서 엄마가 있어야죠."

"그런데 질문자는 지금 본인을 위해서 아이가 있길 원하잖아요. 그것은 엄마의 자세가 아니에요. 아이의 엄마로서 문제를 제기하는 것이 아니고 질문자가 지금 호주에서 살기 외로워 아이라도 한 명 있어야 의지하면서 살 수 있다고 하는 것이잖아요. 이런 사고방식은 굉장히 잘못된 거예요. 엄마라면 내가 죽더라도 아이를 위해서 기꺼이 죽을 수 있어야 합니다. 아이를 못 봐서 아무리 가슴이 아프더라도 이곳에서 자라는 것이 아이에게 더 낫다면 내 아쉬움을 내려놓고 혀를 꽉 깨물고 돌아설 수 있어야 엄마의 자격이 있는 겁니다.

남편도 문제가 아니고, 서로 돌보겠다는 것도 문제가 아니고, 질문자가 지금 엄마의 자세가 안 되어 있기 때문에 문제가 생긴 겁니다. 엄마의 자세가 된다면 남편이 아이를 돌보겠다고 하면 남편에게 감사해 하면서 '제가 지금 형편이 안 되는데 당신이 이렇게 아이를 돌봐주겠다니까 감사합니다. 시어머니께서도 돌봐주셔서 고맙습니다. 저도 일 하면서 틈나는 대로 찾아와서 아이를 돌보겠습니다. 원래는 엄마가 돌봐야 하는데 저는 호주 태생이 아닌 이민 온 사람이니까 당신이 주로 돌보고 제가 보조 역할을 할게요.' 이렇게 얘기해서 아이를 남편이 돌보게 하세요. 또 시어머니가 돌본다고 하니까 잘된 일이잖아요. 그러니 질문자는 틈나는 대로 와서 돌보는 쪽으로 하면 좋겠습니다.

그리고 외로워서 힘들면 조그만 아이한테 의지하지 말고 큼지막한 남자에게 의지하세요. 왜 조그만 아이한테 의지하려고 그래요? 외로운 문제는 큼지막한 남자를 하나 구해서 해결하세요.(청중 웃음)

아이는 소유물이 아니기 때문에 아이가 좋다고 하면 엄마와 떨어지게 되더라도 남편에게 두는 것이 엄마입니다. 엄마가 희생을 해야 됩니다. 엄마가 자기 욕심을 채우려고 하면 아이가 희생이 됩니다. 엄마 아빠가 서로 데려 가려고 싸우면 아이가 찢어져야 되잖아요. 엄마가 양보하세요.

솔로몬의 지혜 아시죠? 아이 하나를 두고 서로 자기가 엄마라고 주장할 때 솔로몬이 '그럼 반반씩 나누어서 가지라'고 하니까 생모가 포기했잖아요. 정말 아이를 사랑한다면 아이 문제를 갖고 싸우는 것은 엄마가 아니에요. 남편은 싸울 수 있어요. 그러나 질문자는 엄마이기 때문에 아이 갖고 싸우면 안 됩니다. 그리고 남편이 나와는 맞지 않지만 그래도 아이의 아빠 아닙니까? 그러니 항상 아이의 아빠를 존중해줘야 아이가 훌륭해집니다.

그리고 질문자가 어떻게 살 것인가 하는 것을 자꾸 아이와 결부시키지 마세요. 외로우면 다른 남자 하나 구해서 살면 되지요. 변호사들은 양육권 문제를 자꾸 권익으로 따지는데 권익으로 따지면 변호사의 말이 맞을지 몰라도 인간 세상은 그런 권익만으로는 해결이 될 수 없습니다."

"감사합니다."

착하게 살아왔는데
왠지 마음이 불편해요

저는 41세 평범한 주부입니다. 별 어려움 없이 지내왔으나 친정어머니에게 많이 의지하고 자랐습니다. 어머니를 거스르는 행동을 하지 않으려고 힘이 들 만큼 최선을 다해 살았습니다. 시집와서도 마찬가지고요. 그런데 아이들이 크고 보니 제가 시댁식구, 친정식구, 남편의 눈치를 너무 많이 본다는 것을 알았습니다. 그러나 이제 와서 제 마음대로 하려고 해도 뭔가 뒤가 켕기고 멈칫합니다. 지금까지 저는 다른 사람과는 조금의 문제도 일으키지 않고 살려고 했습니다. 그것이 저에게 큰 짐이었나 봅니다. 딱히 힘든 일이 없는데도 자꾸 마음이 불편합니다. 하고 싶은 일이 있고 다른 사람에게도 피해를 주지 않는다면 가족의 반대를 무릅쓰고라도 하는 게 옳을까요? 그리고 그렇게 하면 불편한 마음이 좀 나아질까요?

"제가 답변하기 전에 여러분께 한 번 물어보겠습니다. 주변과 갈등이 생기더라도 자기 하고 싶은 것 한번 해 보는 게 좋겠다는 사람 손들어 보세요. 아니면 부모와 남편에게 순종하면서 사는 게 좋겠다는 사람 손들어보세요."(대다수 전자에 손듦)

“주위에 의지가 될 만한 사람들과 이야기해 보니 제 마음대로 살라고 권유하지만 저에게 중요한 사람인 어머니, 시어머니, 남편의 뜻을 거스른다는 것이 제 마음에 와 닿지 않습니다. 힘들어서 지금 기도를 하고 있지만 이유도 모르는 채 계속 불안한 것이 기도가 부족해서인지, 마음공부가 부족해서인지 모르겠어요.”

“질문자는 착하지만 지혜롭지는 못합니다. 두 가지 예를 들어볼게요. 산에 가서 토끼나 노루의 새끼를 한 마리 잡았습니다. 집에 데리고 와서 아직 어리니까 먹이를 줘서 오랫동안 직접 키웠습니다. 다 크자, 이제 산에 가서 스스로 살라고 놓아주었는데 산으로 돌아갈까요, 아니면 다시 집으로 돌아올까요?”

“집으로 돌아옵니다.”

“왜 다시 돌아올까요?”

“짐승들이 무서워서, 어떻게 살아야 하는지 몰라서요.”

“이 짐승은 우리에 갇혀 있으면 답답하니까 나가고 싶기도 하고, 나가면 먹이를 구하기 어려우니까 다시 집으로 돌아옵니다. 이렇게 가둬 놓으면 나가려고 하고, 내보내면 또 돌아옵니다. 질문자도 이와 꼭 같습니다.

왜 그럴까요? 산에 사는 짐승의 새끼가 너무 가여워서 좋은 맘으로 돌봐줬는데 결과적으로 짐승의 야생성을 잃어버리게 한 겁니다. 만약 어미가 이렇게 새끼를 보살피면 야생성이 존재할 수 없습니다. 이것은 실제로는 제대로 도와주는 게 아닌 겁니다. 외국 공원에 가 보면 야생 동물에게 먹이를 주지 못하게 합니다. 야생성을 잃어버리기 때문이죠. 야생성을 잃어버린다는 것은 결국 그 짐승을 죽음으로 몰아가는 것입니다.

미국이 원주민인 인디언에게 인디언 보호구역을 설정하고 태어나서 죽을 때까지 생활비를 전부 지원해줬는데, 이것이 오히려 인디언들을 더욱 쇠락하게 만드는 이유가 되고 있습니다. 일은 안 하고 계속 술만 먹게 되면서 자립심이 점점 더 없어지게 되었습니다. 일부 학자는 옛날에 미국이 인디언을 학살한 것보다 더 나쁘다고 비판하고 있습니다.

아이를 낳으면 세 살까지는 엄마가 100퍼센트 보살펴줘야 합니다. 만약에 이때 엄마가 직장 다닌다고 제대로 보살펴주지 못하면 아이들은 육체적, 정신적으로 성장에 장애가 생깁니다. 그런데 우리나라에서는 부모들이 직장 다니느라 어릴 때 제대로 잘 보살피지 않아서 청소년의 우울증 비율이 굉장히 높습니다.

그리고 세 살 이후 초등학교까지는 70퍼센트 돌봐주고 나머지는 스스로 하게 해 주고, 중학생이 되면 50퍼센트 정도 도와주고, 고등학생이 되면 30퍼센트만 도와주고, 스무 살이 넘으면 아무것도 해 주지 말아야 합니다. 그렇게 해야 자립심을 키워서 스스로 살아가게 됩니다. 이게 진정한 사랑입니다.

아이가 어릴 때는 따뜻하게 보살펴주는 게 사랑이고, 커서는 냉정하게 정을 끊어 주는 게 사랑입니다. 어릴 때 보살피지 않는 것은 내팽개치는 외면이고, 커서 보살피는 것은 집착하는 과잉보호입니다. 그래서 우리 나라 아이들은 어릴 때 부모로부터 외면당해서 상처받고, 커서는 부모가 집착해서 자립심을 잃어버립니다. 부모가 과잉보호함으로써 결국 자식이 자립하지 못해 부모는 자식에 대해 무거운 짐을 지게 되고, 자식은 부모

아이가 어릴 때는 따뜻하게 보살펴주는 게 사랑이고,

커서는 냉정하게 정을 끊어 주는 게 사랑입니다.

어릴 때 보살피지 않는 것은 외면이고,

커서 보살피는 것은 사랑이 아니라 집착입니다.

에 의지하여 노예로 살아야 합니다.

봄날 제비를 보세요. 알을 까고 새끼가 나오면 어미가 벌레를 물고와서 새끼 입에 작은 벌레를 하나씩 넣어 줍니다. 그래서 새끼들이 골고루 자랍니다. 새끼들이 좀 더 자라서 검은 털이 나기 시작하면 어미가 벌레도 굵은 것을 잡아오고, 새끼 입에 바로 넣어 주지 않고 둥지가에 벌레를 물고 가만히 있습니다. 그러면 새끼들이 먹이를 달라고 아우성입니다. 하지만 어미가 주지 않고 있으면 새끼들이 날개짓을 해서 어미 입에서 뺏어 먹습니다. 많이 뺏어 먹는 새끼는 빨리 자라고 못 뺏어 먹는 새끼는 늦게 자랍니다. 그래서 시간이 지나면 새끼들이 큰 새가 되어 3일에서 일주일까지 각기 다른 날에 밖으로 날아갑니다.

새끼 제비가 어미의 입에 물고 있는 벌레를 뺏는 것은 사냥하는 훈련을 하는 겁니다. 그리고 새끼들이 벌레를 뺏기 위해 몸부림치면서 날개에 힘이 생깁니다. 간혹 이 와중에 한두 마리가 둥지에서 떨어져 죽기도 합니다. 그렇다 하더라도 새끼가 자립을 할 수 있게 해줍니다. 날아가 버린 새끼는 다시는 어미 뒤를 따라다니지 않고 어미도 새끼를 보호하겠다며 따라다니지 않습니다. 그래서 동물의 세계에서는 어미와 새끼 사이에 부담되거나 원수 되는 경우가 없습니다.

그런데 가장 영특한 동물인 인간만이 부모와 자식이 원수가 되고 다 큰 자식이 부모의 간섭과 억압 속에 살아야 하는 이런 일이 생깁니다. 왜 그럴까요? 이것은 바로 엄마가 자식을 낳으면 목숨을 걸고라도 보살펴야 하는데 아이보다 자기 직장, 자기 출세, 자기 인생을 더 중요시여겨 어린 아이를 제대로 보살피지 않아서, 아이들이 엄마의 사랑을 충분히 받지 못해 늘 사랑에 껄떡거리고 욕구 불만으로 살아가기 때문입니다. 또 커서까지 과잉보호를 받으면 자기를 제대로 추스르며 살아가지 못합니다. 이것이 인간사회의 고뇌입니다. 옛날에는 열다섯 살 정도만 되어도 자기 힘으로 먹고 살았는데 지금은 유학을 마치고 서른 살이 되어도 자기 힘으로 잘 살아가지 못합니다. 이것은 우리 삶의 방식이 잘못되었기 때문입니다.

그러니 선택은 두 가지입니다. 이번 생은 이미 야생성을 잃어버렸기 때문에 의지하며 살까, 자주적으로 살까를 고민하지 말고 그냥 애완동물로 귀여움 받으며 사는 방법이 있습니다. 엄마, 남편, 시어머니의 애완용 동물로 눈치 보며 사는 겁니다. 자기가 자기 인생의 입장을 정해버리면 괴롭지 않습니다. 그런데 다른 사람 쳐다보면서 나도 저렇게 내 마음대로하고 살았으면 하니 고민이 되고 힘이 듭니다. 착하다는 소리를 듣고 싶으면 순종하고 살면 됩니다. 이렇게 사는 것이 절대 나쁜 것은 아닙니다. 다만 자기가 선택하는 겁니다. 또 하나는 자기가 길들여진 짐승도 아니고 노예도 아니라고 생각하면 남편의 사랑을 포기하는 한이 있더라도 모험을 해야 합니다. 나쁜 사람이라는 소리를 듣는 것마저도 두려워하지 말아야 합니다. 아이들이 사춘기 때 부모 말을 안 듣기 시작해야 자립이 되는 겁니다. 이것은 아이가 어른이 되는 길입니다. 아이들이 사춘기 때 부모의 말을 안 듣는 것은 너무나 자연스러운 것입니다. 부모 말 잘 들으면 부모의 노예가 되는 것입니다.

불교는 내가 내 인생의 주인 되는 것이 핵심입니다. 그런데 여러분들은 신의 종이 되어서 이생에서는 잘 먹고 잘 살다가 내생에는 천국에 가겠다고 합니다. 신의 종임을 자처하고 있습니다. 질문자는 지금 나를 보고 스님처럼 살겠다고 천국에서 나오고 싶다고 하는데 천국에서 나오면 지옥으로 갈지도 몰라요. 저는 지옥에 가더라도 주인으로 사는 것을 더 선호합니다. 좋은 환경에서 종으로 살겠는가, 아니면 나쁜 환경이라도 주인으로 살겠는가. 이제는 선택해야 합니다. 주인으로도 살고 싶고 좋은 환경에서도 살고 싶다는 것은 욕심입니다. 한 쪽은 포기할 각오를 해야 합니다.

내가 주인으로 살려고 하면 그 동안 나의 주인노릇 했던 것들이 반대하겠죠. 그것을 두려워하면 주인이 되지 못합니다. 또한 내가 주인으로 살려면 지금까지 종으로 길들여진 삶의 습관을 벗어나야 하기 때문에 나쁜 사람이라는 소리를 듣기도 하는 등 많은 갈등이 일어나는 어려움이 있습니다.

여러분도 아이들이 말을 잘 안 들으면 집을 나가라고 하고 밥 안 준다고 하기도 하죠. 사춘기의 아이들이 스스로 주인이 되려고 할 때, 먼저 그동안 아이들의 주인이었던 부모들이 아이들이 주인으로 가려는 행동을 막으려고 합니다.

인간관계는 원래 평등한 관계입니다. 그래서 계율에 첫째, 남을 때리지 마라. 둘째, 남의 물건을 훔치거나 빼앗지 마라. 셋째, 성추행 하지 마라. 넷째, 거짓말을 하지 마라. 다섯째, 술을 마시고 취하지 말라고 하는 것입니다. 이 다섯 가지 계율만 잘 지켜도 세상이 많이 좋아집니다. 요즘 학교 폭력의 대다수가 다른 학생의 돈을 뺏고, 때리고, 욕설하고, 성추행하는 것입니다. 공부는 잘할지 몰라도 인간이 되는 가장 기초적인 윤리를 안 가르치기 때문에 세상이 시끄러운 것입니다.

질문자가 주인으로 살려고 할 때 다섯 가지 계율에 어긋나지만 않으면 남 눈치 볼 필요가 없습니다. 뿐만 아니라 나도 남편이나 자식이 다섯 가지 계율을 어기지 않으면 남의 인생에 간섭하지 말아야 합니다. 남의 눈치도 보지 말고 서로 간섭도 하지 않으면 서로가 자유롭게 잘 살 수 있습니다.

그런데 질문자는 지금 착하다는 말에 중독되어 있습니다. 칭찬의 노예로 살아가는 조건이 잘 갖추어져 있는데 그것을 버리기는 어렵습니다. 그런데 부처님은 왕위와 부모, 아내, 자식을 버리고 자유의 길을 찾아나섰습니다. 불교는 내가 내 인생의 주인 되는, 해탈과 열반이 인생의 목적이기 때문에 질문자의 삶의 자세는 불교하고는 조금 안 맞아요.

다시 얘기하지만 인생은 본인의 선택입니다. 질문자는 지금 어떤 인생을 살고 싶은가? 안온하지만 우리에 갇힌 노예의 삶을 살 것인가? 아니면 여러 가지 어려움이 있지만 자유인의 삶을 살 것인가? 이 길은 오직 자신의 선택입니다."

"네, 잘 알았습니다. 감사합니다."

시험 스트레스가 극심합니다

저의 고민은 자꾸 '자살하겠다'는 말을 쓰는 겁니다. 저희 학교는 중간고사가 두 번, 기말고사가 두 번, 또 과목별로도 시험이 정말 많아요. 시험 스트레스 때문에 한 친구가 '교실에서 뛰어 내리겠다' 그랬는데 교수님께서 농담으로 '7층에서 뛰어내려야 즉사할 수 있다'고 말씀하셨어요. 그 뒤로 시험만 못 보면 장난으로 '우리 손잡고 7층 갈까?' 그런 식이 되었는데 장난이 반복되니까 이제는 습관적으로 '자살해야겠다' 계속 말하고, '아, 짜증나' 그런 말을 계속 하게 됩니다. 그런데 이건 부정적인 말이잖아요. 그래서 이런 습관은 별로 안 좋은 것 같아서 긍정적인 얘기를 해보려고 짜증노트를 쓰기 시작했어요. 그런데도 계속 부정적인 말을 하게 되는 거예요. 어떻게 하면 부정적인 말을 덜할 수 있을까요?

"죽으면 부정적인 말을 안 하게 되지요. 부정적인 말을 하는 것도 다 살아있으니까 할 수 있는 것이죠. 그러니 부정적인 말을 하는 것도 긍정적으로 봐야 됩니다. 아픈 것도 살아있으니까 아프지요. 죽으면 아프지도 않지요.

그러니까 제일 긍정적인 것은 여러분들이 지금 살아있다는 것을 자각하는 것입니다. 살아있으니까 아프기도 하고, 살아있으니까 헤어지기도 하고, 살아있으니까 부모님 모시기도 하지요. 죽으면 아무것도 못해요. 가장 긍정적인 것은 내가 살아있다는 것을 자기가 자각하는 거예요. 그러니까 질문자는 아침에 일어나서 딱 눈뜨자마자 이렇게 세 번 외쳐 봐요. '아이고 살았네, 오늘도 살았네, 감사합니다.' 그렇게 하면 조금 바뀔 거예요. 한번 따라 해 봐요."

"아이고 살았네, 오늘도 살았네. 감사합니다."(즐겁게 웃음)

"말해보니까 기분이 좋아요? 기분이 나빠요?"

"좋아요."

"이렇게 긍정적인 마음을 가지면 내 기분도 좋아지지만 기분이 좋으면 몸에서 호르몬 등 여러 가지 좋은 물질이 분비가 돼요. 그러니 아침에 눈 뜨자마자 '아이고 살았네, 오늘도 살았네, 부처님 감사합니다, 하느님 감사합니다' 이렇게 하세요. 부처님 믿으면 부처님 감사합니다 하고, 하느님을 믿으면 하느님 감사합니다 하면 됩니다. 조상님을 믿으면 조상님 감사합니다 하면 됩니다.

어느 날 질문자가 버스를 타고 여행 가다가 교통사고가 나서 버스가 뒤집어졌어요. 깨어나 보니 질문자는 팔 하나만 부러져 있었고 주위를 둘러보니 모두 다 죽고 혼자 살아남았어요. 팔이 하나 부러졌지만 재수가 참 좋구나 하고 느껴지죠.

산다는 것은 이렇게 늘 재수가 좋은 거예요. 우리의 인생은 이렇게 팔이 하나 부러져도 재수가 좋은 기적이 매일 매일 일어나고 있어요. 밤에 눈을 감았는데 아침에 눈을 못 뜨면 죽은 거예요. 그래서 아침에 눈 뜰 때 이렇게 외쳐보세요.

'아이고, 오늘도 살았네!'

이렇게 매일 아침 살아있음에 감사한 마음으로 하루를 시작하면 다른 소소한 일은 별로 중요하지 않아요. 살아있다는 기적 앞에서 돈 몇 푼 벌거나 잃었거나 하는 것이 뭐가 그리 중요하겠어요? 이렇게 기도하는 것이 부처님 관세음보살님 찾는 것보다 더 영험이 있어요. 아침에 일어나서 눈 뜨자마다 '아이고, 오늘도 살았네! 감사합니다' 하고 기분 좋게 하루를 시작해 보세요. 그러지 않고 아침에 일어날 때 온갖 인상을 쓰고 하루를 시작하니까 예쁜 얼굴에 자꾸 주름살만 지는 겁니다.

항상 첫 시작이 중요합니다. 하루의 첫 시작을 항상 '오늘도 살았네! 감사합니다' 하고 기분좋게 시작을 하면 여러분들의 인생에 부처님의 가피가 내릴 것입니다. 꼭 명심하세요."

"네, 잘 알았습니다."

시어머니의 요구를 거절해도 될까요

저는 시댁을 좋게 생각하는 기도를 하고 싶어요. 시부모님이 저한테 거는 기대감이 높아요. 저는 아이가 넷이 있어요. 시어머니에게는 아직 결혼하지 않은 서른일곱 살인 딸이 있는데, 정신 연령이 일곱 살이에요. 시어머니는 당신이 죽고 나면 자기 딸의 보호자가 필요한데 그 일을 저희 부부에게 넘기려고 하세요.

"시어머니가 몇 살이에요?"

"이제 환갑 지났어요."

"한국인 여성의 평균 수명으로 계산하면 시어머니가 앞으로 몇 년 더 사실까요?"

"한 20년 더 사시겠죠. 너무 많이 남은 것 같아요."

"죽은 뒤에 딸을 맡긴다고 했으니까 앞으로 20년 동안은 안 맡길 것 아니에요? 그러니 20년 뒤의 일을 지금 걱정할 필요가 없지요."

"그런데 시어머니는 저희가 허락만 하면 언제든지 같이 사시려는 마음을 자꾸 내비치시거든요."

"그러면 같이 안 살면 되지요."(청중 웃음)

"그런데 남편은 부모님이 원하니까 그렇게 해주고 싶어 해요."

"그건 안 된다고 얘기하면 되지요."

"안 된다고 얘기하니까 제가 너무 미안한 거예요. 그래도 시어머니는 제가 좋아하는 사람의 부모이고, 시누이는 제가 좋아하는 사람의 여동생인데요."

"그럼, 같이 살면 되지요."

"그럼, 제가 너무 힘들잖아요?"

"그럼 안 된다고 얘기하면 되잖아요. 남편은 자기 부모와 여동생을 데리고 살고 싶어 하겠지만 그것은 남편의 요구죠. 내가 어떻게 남편의 요구를 다 들어줄 수 있어요? 만약에 남편이 밖에 나가서 첩을 세 명이나 두고 싶은 요구가 있다고 하면 그런 것도 질문자가 들어줄 거예요?"

"그렇게 하면 안 되지요."

"그 얘기나 이 얘기나 무슨 차이가 있어요?"(청중 웃음)

"그런데 남편의 남동생도 있는데 한 달 전에 이혼을 했어요. 저희 집에 자꾸 들어오려고 합니다."

"이제 남 얘기 그만 하고요. 싫으면 안 된다고 얘기하면 된다니까요. '내가 너하고 결혼했지 동생하고 결혼한 것도 아니고, 네 엄마하고 결혼한 것도 아니다. 네가 가서 엄마를 돌보든지, 네 동생을 돌보든지 하는 건 좋다. 그러나 우리집에 들어오는 것은 안 된다' 이렇게 얘기하면 됩니다."

"이미 그렇게 얘기는 했어요. 그런데 얘기하고 나니까 너무 미안한 거예요."

"미안해할 필요 없어요."

"미안해하지 않아도 될까요?"

"네, 미안해하지 않아도 돼요."

"그런데 저는 미안한데요."

"미안하면 데려와서 같이 살면 돼요."(청중 배꼽 잡으며 웃고 박수)

"길 가는 사람도 불쌍하면 데려와서 같이 사는데, 시동생과 시누이, 시어머니를 데려와서 같이 못 살 이유가 없지요. 질문자가 원하면 데려와서 같이 살면 돼요. 그런데 질문자가 원하지 않으면 데려와서 살아야 할 의무는 없기 때문에 거절해도 괜찮아요."

"저한테 자꾸 요구하는 느낌을 받으니까 남편과 거리를 두게 돼요."

"남편한테는 잘해주세요. 남편의 요구는 요구인 것이고, 내가 싫으면 '여보, 그거는 안돼요'라고 얘기하고 그 외 다른 건 또 잘해주세요. 또 그 얘기 하면 '여보, 그거는 안돼요' 하고 또 다른 건 잘해주면 됩니다."

"아하, 그러네요."(청중 웃음)

"이제 그 방법을 알았어요?"

"네, 저는 그 말을 하는 게 너무 힘들었습니다."

"괜찮아요. 백 번 말해도 '여보, 그건 안돼요'라고 말하고 다른 건 잘해주세요. 남편을 미워하지 말고요. '내가 백 번 말했는데 또 말해요?' 이러면 안돼요. 가족들과 같이 살고 싶은 건 남편의 의견이고, 안 된다는 건 내 의견이니까요. 죄송하다고 말할 필요 없어요. 이것은 내가 잘못한 것이 아니기 때문입니다. 남편이 어떤 얘기를 해도 '여보, 그건 안돼요. 나는 우리 가정의 행복을 지켜야 할 책임이 있어요' 이렇게 말하면 됩니다."

"시부모님이 자꾸 불편함을 표시하면 어떡하죠?"

"불편함을 표시하든 말든 무슨 상관이에요? 불평을 좀 들으면 되지요. 그런 불평 좀 안 들으려고 시어머니와 같이 살다가 서로 원수 되는 게 낫겠어요? 아니면 짜증내는 소리만 좀 듣고 말래요? 질문자가 저한테 묻고자 하는 심리는 시어머니도 짜증 안내고, 남편도 싫어하지 않고, 시어머니도 안 모시고 그렇게 살 수 있는 길이 없느냐 하는 거죠? 그런 길은 없어요."(청중 웃음과 박수)

"남편과 대화를 하면 늘 허전하고 외롭습니다. 그럴 땐 어떡하죠?"

"내가 아이를 키울 때 우울한 마음으로 키우는 게 아이한테 좋을까요, 즐겁게 키우는 게 아이한테 좋을까요? 엄마가 이 남자와 사느냐, 저 남자와 사느냐는 별로 중요하지 않아요. 핵심은 아이에게는 엄마가 행복한 것이 중요해요. 엄마가 행복하게 살면 아빠가 없어도 아이에게 나쁜 영향이 없어요. 아빠가 죽었다고 울고불고 하면 아빠가 죽어서 아이에게 나쁜 영향을 주는 것이 아니라 엄마가 울고불고 하기 때문에 아이에게 나쁜 영향을 줍니다. 아빠가 죽고 다른 남자와 연애를 해도 엄마가 웃으면서 살면, 또 혼자 살아도 웃으면서 살면 아이는 건강하게 잘 자랍니다. 지금 질문자의 문제는 본인이 우울하다는 것입니다. 남편이 그런 요구를 자꾸 하니까 질문자가 지금 허전한 겁니다. 남편의 요구를 다 들어주지 못하니까요.

그러니 질문자는 입장을 분명히 하세요. 우리 가정을 지키는 것은 내가 해야 할 일이지만, 남편은 또 자기 형제를 돌봐야 할 책임이 있겠지요. 그러나 두 가지를 섞을 필요는 없어요. 남편이 그런 것은 남편의 일이고, 나는 내 자식을 돌보는 것이 내 일이니까 남편이 돈 번 것 중에 나눠줄

아이에게는 엄마가 행복한 것이 중요해요.

엄마가 행복하면 아빠가 없어도 아이는 나쁜 영향을 받지 않습니다.

엄마가 혼자 살아도 웃으면서 살면 아이는 건강하게 잘 자랍니다.

수 있으면 돈을 좀 포기하면 돼요. 자기 번 돈을 자기 엄마한테 주는 것은 내가 상관할 필요가 없잖아요. 자기 동생한테 주는 돈도 내가 상관할 필요가 없겠지요. 그렇게 간섭하지 않으면 괜찮아요. 그러니 '같이 사는 것은 안 됩니다. 돈을 주는 것은 알아서 하세요' 이렇게 해야 합니다. 길 가는 사람한테도 보시하고 절에도 보시하는데 자기 가족한테 보시 좀 하면 어때요?

이렇게 삶의 가닥이 분명하면 아무 문제가 안돼요. 시어머니가 좀 싫어해도 웃으면서 '안녕하세요' 하고요. '너는 나와 같이 사는 게 그렇게 싫으니?' 물으면 '저는 어머니와 같이 사는 것보다는 남편과 아이들과 같이 사는 것이 훨씬 더 좋아요' 이렇게 얘기하면 됩니다. 사실대로 말하면 됩니다. '남편은 어머니 모시고 사는 게 좋겠지만 저는 부부 둘이 사는 게 더 좋아요' 이렇게 얘기하세요."

"시어머니 눈이 아주 부리부리하거든요."

"부리부리하면 어때요? 부리부리하면 자기 눈이 부리부리하지 나하고 무슨 상관이에요? (청중 웃음) 여자로 태어난 것이 죄가 아니에요. 자기중심을 딱 잡고 살면 돼요."

"감사합니다."

아버지를 원망하는 마음을 떨칠 수가 없습니다

맞벌이 부부인 저는 초등학생인 딸이 둘 있고, 친정 부모님과 같이 살고 있습니다. 성장하면서 아버지가 굉장히 무섭고 싫다는 생각을 많이 했는데 올해 들어서는 '부모가 돼서 자식에게 어떻게 그럴 수 있나' 이렇게 생각이 바뀌면서 아버지가 더 싫어졌어요. 거기다가 아버지 때문에 제 성격이 분노와 화, 짜증이 많아져서 괴롭다고 여겨지니 원망스러운 마음이 들어 힘들어요. 감사기도, 참회기도를 하려고 해도 화만 나고 '자식한테 어떻게 이럴 수 있나' 싶으니까 마음에 상처가 되고요. 부모를 좋게 생각해야 제 자존감이 높아지고 괴롭지 않을 텐데 그게 안 되니까 너무 힘들어요.

"아버지가 어떻게 하는데요?"
"옛날에는 화내고 혼내고 욕하고 그랬죠."
"지금은요?"
"지금은 서로 말을 안 하니까…."
"그럼 따로 살면 되잖아요."
"따로 살 수도 있어요. 그런데 아버지 때문에 내 성격이 이렇게 되었다는 생각을 하니까 너무 원망스러워요. 그 원망을 떨쳐버리기가 힘들더라고요."

"그러면 그 생각을 안 하면 되잖아요."(청중 웃음)

"자꾸 생각이 나는 걸 어떻게 해요?"

"술을 자꾸 마시니까 건강이 안 좋아진다고 하면 술을 안 마시면 되고, 담배를 피우니까 폐가 안 좋아진다고 하면 담배를 안 피우면 되듯이, 그 생각을 자꾸 해서 괴로우면 그 생각을 안 하면 되잖아요. 질문자는 그게 재미있으니까 자꾸 하는 거예요. 약간의 고통이 있어야 쾌감을 느끼는 마조히즘이 있는 것 같아요. 그 영화를 보고 괴롭다면 그 영화를 안 보면 돼요. 아버지가 지금 화내는 것도 아닌데 옛날에 야단맞았던 기억을 지금 혼자서 영화처럼 계속 틀어서 보고 있는 거예요. 기억을 한다는 건 영상을 트는 거예요. 이제 그만 틀면 됩니다. 봐서 슬프다면 안 봐야죠. 그런데 자꾸 틀어놓고 보면서 또 울고, 저한테 와서 '그것만 보면 슬픈데요' 이러고 있어요. '그러면 보지 마라' 하니까 '보고 싶은데 어떡해요' 이러니까 저도 '그럼 봐라' 이러죠.(청중 웃음)

나도 모르게 자꾸 생각이 난다면 이 생각이 딱 들 때, 그러니까 영화가 저절로 틀어질 때 '아, 이러면 또 괴로워지겠구나' 하고 알아차려서 영화를 꺼야죠. 내가 켜려고 해서 켜는 게 아니라 자동으로 켜진다 해도 보는 즉시 꺼버리면 되죠."

"그러면 아버지를 원망하는 마음은 어떻게 바꿔야 할까요?"

"영상을 꺼버리는데 원망할 게 뭐 있어요? 그걸 볼 때 원망하는 마음이 일어나는 것이지, 아버지 생각을 안 하는데 왜 원망이 일어요? 그걸 굳이 보니까 화가 나는 거죠. 생각한다는 것은 영화를 틀어서 본다는 거예요. 보니까 화가 나고 원망이 생기는데, 그걸 아예 틀지 말라는 거예요. '내가 틀고 싶어서 트는 게 아니라 저절로 틀어지는데 어떡해요?' 그러는데, 틀어지는 즉시 딱 끄라는 거예요. 트는 건 내 마음대로 못 해도 즉시 끄는 건 할 수 있잖아요. 고개 딱 흔들어버리고 밖에 나가서 100미터 달리기를 하든지 108배 절을 하든지 해서 그걸 끊어야 한다는 말이에요. 그런데 절하면서도 그걸 또 틀어서 보겠죠, 뭐.(청중 웃음)

죽고 죽이는 영화도 재미있다고 자꾸 보는 사람들이 있듯이, 울면서도 또 보고 울면서도 또 보잖아요. 이미 지나가버린 과거의 영상을 틀어놓고 자기가 자기를 괴롭히는 거예요. 아버지가 괴롭히는 게 아니에요. 아버지는 옛날에 나를 괴롭혔다면, 그 영상을 지금 계속 틀어서 자기를 괴롭히는 것은 다른 누구도 아닌 자기 자신이에요. 그러니까 영상을 끄세요. 자동으로 틀어지면 '어!' 하고 고개를 확 돌려버려서 생각을 바꾸세요. 벌떡 일어나든지 다른 걸 생각하든지 해서 생각을 바꾸면 돼요. 어렵지 않습니다.

그런데 이렇게 자동으로 틀어질 때 화면을 끄는 방법은 영화 테이프를 그대로 두는 것과 같아요. 가능하면 테이프를 지워버리는 게 더 좋겠죠. 그러면 안 틀어질 거 아니에요? 테이프를 지우는 방법은 우선 아버지를 이해하는 거예요. 나를 야단칠 때 아버지는 몇 살쯤 되었을까요?"

"30대 중반이요."

"질문자는 지금 나이가 몇이에요?"

"마흔다섯 살이요."

"그럼 질문자보다 열 살이나 어린 남자잖아요.(청중 큰 웃음) 서른다섯 살의 아버지는 내가 어릴 때 보면 어른 같지만 커서 보면 불완전한 존재예요. 질문자 어머니는 어때요? 어머니가 아버지한테 고분고분했어요? 어머니가 고집이 좀 셌어요?"

"어머니는 굉장히 인자하신 편이세요."

"인자한데 어떻게 아버지가 화를 내겠어요.(청중 큰 웃음) 여자가 착해도 말을 할 때 상냥하게 '네, 여보!' 하지 않고 입 꾹 다문 채 대답을 안 하면 남편이 답답해서 성질이 나요.(청중 웃음) 질문자도 애 키워보면 그렇잖아요. 아이를 야단쳤을 때 대들어도 화가 나지만, 엄마가 뭐라 하는데도 아무런 대꾸를 않고 방에 팩 들어가 버리면 더 성질나잖아요. 그런 것처럼 서른다섯 살 때의 아버지는 아직 인격도 덜 성숙했고 사업도 잘 안 되고 부인도 말 안 듣고 해서 자기 성질을 부린 것뿐이지, 질문자를 일부러 괴롭히려고 그런 건 아니에요. 질문자가 거기에 상처를 입은 거예요. 이제 다 컸으니 이해가 될 거예요.

그러니까 '아이고, 아버지도 결혼해서 그 나이에 참 힘들었겠구나' 하고 생각하면 별 거 아니에요. 어리다는 건 어리석다는 이야기거든요. 내가 어렸을 때 이해하지 못해서 상처 입는 건 어쩔 수 없어요. 그런데 이젠 다 컸으니 '아버지도 그때 참 힘들었겠다. 얼마나 힘들었으면 그렇게 고래고래 고함을 질렀을까' 하고 이해하는 게 첫 번째 방법입니다.

다음은 감사하는 거예요. 그럼에도 불구하고 나를 버리지 않고 키워준 건 고맙잖아요. 법륜 스님은 질문자에게 화는 안 냈지만 질문자를 키워주지도 않았잖아요.(질문자 웃음)

아버지는 화를 버럭버럭 내긴 했어도 재워주고 먹여주고 키워줬잖아나를 키워주고 밥 먹여준 사람은 부모밖에 없습니다.

내가 아프면 병원에 데려가고 걱정해 주는 사람 역시 부모입니다.

그러니 지금 내 마음에 들지 않더라도

'그럼에도 불구하고 나를 키워주셔서 고맙습니다' 하고,

감사 기도를 해보세요.

요. 옛날 며느리들도 그래요. 맏며느리는 부모를 모시고 살지만 나머지 며느리는 명절 때만 오잖아요. 명절 때만 와서 하루 있다 가니까 시어머니한테 잘 해줘요. 그런데 시어머니는 이걸 몰라요. 그래서 둘째, 셋째 며느리는 착하게 여기고 맏며느리는 욕합니다. 사실은 일상적으로 돌봐주는 사람이 제일 효자예요.

그러니 남을 내 마음에 들게 고치려 들지 말고 '그래, 내가 원하는 대로 100퍼센트는 안 되지만 나를 키워주고 밥 먹여준 사람은 부모밖에 없잖아. 내가 아파서 병원 가면 걱정해주는 사람은 부모밖에 없지' 이렇게 생각하세요. 내가 여기까지 오도록 키워준 사람이 성질은 좀 버럭거릴지언정 부모밖에 없단 말이에요. 법륜 스님은 겉으론 좋아보여도 질문자가 자라는 데 털끝 하나 보태준 게 없는데, 왜 그걸 다 해준 아버지는 미워하고 해준 것도 없는 법륜 스님은 좋아해요? (청중 웃음과 박수)

영화 테이프를 지우는 방법은 이렇게 두 가지입니다. 하나는 그때의 아버지 나이를 생각하면서 '아버지가 그때 참 힘들었나 보다' 하고 아버지를 이해하는 것이고, 또 하나는 '그럼에도 불구하고 이렇게 나를 키워주셔서 고맙다' 하고 감사하게 여기는 것입니다. 물론 화도 안 내고 잘 해줬다면 더 좋았겠지요. 그러나 이 세상이 내 원하는 대로 다 안 되잖아요. 내 원하는 만큼은 아니지만 그래도 나를 도와준 사람은 부모밖에 없잖아요. 이렇게 긍정적으로 생각하는 게 필요합니다. 지금 질문자는 아버지를 부정적으로 생각하고 있어요. 그래도 부모님이 살아 계시니 다행이라고 생각해야죠. 돌아가시고 나면 뭘 어떻게 해드리고 싶어도 해드릴 수가 없잖아요. 살아있으니까 그래도 뭔가 해드릴 수 있어요.

그러니 부모님 계신 것을 고맙게 생각하세요. 돌아가시면 또 후회합니다. 사람 심리가 희한해요. 있을 때는 '없었으면 좋겠다' 하지만 없으면 또 후회가 됩니다. 그래서 불효자가 많이 운다고 하는 거예요. 그러니 죽은 뒤에 울지 말고, 살아있을 때 고맙게 여기세요. 최소한 미워는 하지 말아야죠. 저는 효도하란 이야기는 안 합니다. 그러나 미워하지는 마세요. 부모가 나를 먹여주고 재워주고 키워줬지 나한테 손해 끼친 게 없으니까요. 야단친 건 '야단은 쳤지만 그래도 먹여줬다'고 생각해야 해요. 질문자는 야단치고 먹여주는 사람이 나아요? 야단은 안 쳐도 굶어 죽어도 도와주지 않는 사람이 나아요? (청중 웃음)

그러니 긍정적으로 생각하세요. 절을 하면서 '아, 아버지도 힘들었겠다' 하고 이해하는 것이 하나이고 '그래도 나를 이렇게 키워주셨다' 하고 감사하는 것이 둘입니다. 이렇게 기도하면 좋아져요. 그런데도 자꾸 나쁜 생각이 나면 생각날 때마다 빨리빨리 전원을 끄세요. 리모컨을 하나 사 줄까요?" (스님 웃음)

"네, 고맙습니다."

주말에 소파에만 누워 있는 남편이 미워요

남편과 7년간 연애를 하고 결혼한 지 7년이 되었는데, 요즘 남편을 보면 게으르다는 생각이 많이 들어요. 아이들이 일곱 살, 네 살이다 보니 넘치는 에너지를 주체할 수 없어서 주말에는 집에 있지 못하고 밖으로 나가야 해요. 그런데 남편이 소파와 한 몸이 되어 리모컨만 잡고 있으니까 이런 남편을 매주 보는 게 좀 힘들어요. 나가자고 하면 서로 싸우게 돼요. 몇 번은 나가주지만, 매번 나가자고 이야기하는 저도 힘들고요. 스스로 나서서 같이 가자고 한 적이 한 번도 없어요.

"피곤한데 어떻게 그래요."(청중 웃음)

"그 마음도 알겠는데 아이들과 같이 나가서 활동하는 것도 좋잖아요. 제가 나가는 걸 좀 좋아해서 그런지도 모르겠지만. 아이들도 나가자고 하고요."

"그러면 본인이 아이들과 밖에 나가서 놀면 되잖아요? 애들하고 나가서 놀면 좋겠다는 건 누구 생각이에요?"

"제 생각이요."

"그래요. 그건 질문자 생각이지 남편 생각은 아니잖아요."

"남편과 대화도 많이 해보긴 했는데…."

"대화의 목표가 상대의 의견을 받아들이는 게 아니잖아요. 내 의견을 상대에게 설득시키려 끌고 가려 드는 건 대화가 아니죠. 독재 근성이 있으시네요."(청중 웃음)

"게으른 남편이 조금 바뀌었으면 해서요."

"남편이 게으른 게 아니에요. 남편이 평일에는 직장에 나가잖아요. 주말에는 좀 쉬고 싶을 뿐이에요."

"하루만 쉬면 되잖아요."

"하루만 쉬면 된다는 건 누구 생각이에요? 남편은 3일 쉬고 싶은데 이틀밖에 못 쉬어서 피곤한 거예요. 그런데 그 시간을 빼앗겠다니까 짜증을 내죠. 애들이 뛰어놀면 놀도록 놓아두고, 데리고 나가고 싶으면 질문자가 데리고 나가면 되잖아요. 안 그래도 5일 동안 직장 다니느라 피곤한 남편한테 왜 귀찮게 그래요? 애들은 밖에 내보내서 '너희들끼리 놀아라' 하고 남편 누워 있으면 차도 끓여다주고 커피도 끓여다주고 먹을 것도 갖다 주면 얼마나 좋아하겠어요. 그래야 남편 입장에서는 결혼한 재미가 있을 거 아니에요."(질문자 웃음)

"처음에는 그렇게 했는데 자꾸 그러다 보니까 습관적으로 당연시하는 경향이 없잖아 있어서요."

"그렇게 자꾸 잔소리하면 남편이 밖으로 나돌아요. 밖에서는 돈만 주면 왕처럼 대우해 주거든요. 어깨도 주물러 주고 맛있는 것도 갖다 주고 친절하게 해주잖아요. 남편이 밖으로 돌면서 골치 썩이지 않고 주말에 집에 와서 소파에 누워 있는 게 얼마나 큰 행복인지 모르고 있어요. 다른 사람들 이야기 한번 들어봐요. 매일 골프 치러 간다, 등산 간다, 친구 만나서 논다고 하잖아요. 그런데 내 남편은 주말에 딱 집에 들어앉아 있으니 좋잖아요. 그런데도 이러면 저게 문제고 저러면 이게 문제고 끝이 없어요. 저는 이런 이야기 들을 때마다 '옛날에 내가 어쩌다 결혼이라도 했으면 어떻게 됐을까' 싶어요. 절벽에 떨어질 뻔하다가 살아난 기분이에요, 하하하.(청중 웃음)

그러니 남편은 아무 잘못이 없어요. 주중에 자기 직장 생활 충실히 하고 주말에 누워서 TV 좀 보는 게 어때서요? 그렇다고 월요일 아침에 직장에 안 나가는 것도 아니잖아요."

"그런 너그러운 마음을 가져야 하는데, 한두 번이 아니니까 볼 때마다 화가 치밀어요."

"화가 치미는 건 재앙을 자초하는 거예요. 엄마가 그렇게 화를 내면 아이들에게 나쁜 영향을 주고, 엄마로 인해 아이들도 멀쩡히 직장 잘 다니는 아빠를 나쁘게 보게 됩니다."

"그럼 제가 나쁜 거예요?"

"그걸 이제 알았어요?"(청중 웃음)

"네."

"남편이 누워 있는데 옆에서 마누라가 계속 잔소리하면 남편이 화가 나겠지요. 그러면 처음에는 성질을 내다가, 심하면 물건을 집어던지다가, 그 다음엔 집을 나가버려요. 질문자는 지금 남편을 집 밖으로 쫓아내고 있는 거예요. 이제 나갈 때가 거의 다 되어갑니다.(청중 웃음)

그러면 나중에 또 후회해요. 호강에 받쳐서 요강 깨는 격이에요. 남자들한테 한번 물어보세요. 여기 남자들 중 제 말이 말도 안 된다고 생각하는 분은 손들어보세요.(청중 웃음) 그러니 질문자는 나쁜 생각은 아니지만 자기 생각밖에 할 줄 몰라요. 이런 아내와 살면 남편 속이 좀 답답해져요. 답답하니까 화를 내는 거예요."

"그러면 저 스스로 풀어야 하는 거예요?"

"푸는 게 아니라 고맙게 생각하면 됩니다."

"고마운 마음이 별로 안 드는데요. 직장생활 해주는 것은 고맙지만 그래도 한창 크는 아이들을 위해서도 시간을 내야…."

"아이들은 질문자가 키우면 되죠."

"아빠의 역할도 필요하잖아요."

"물론 아빠가 더 놀아주면 좋죠. 그러나 그건 의무로 요구할 수 있는 것은 아니에요. 애가 공부를 하면 좋은 일이지만 안 한다고 야단쳐서는 안 되는 것처럼 아빠가 애들과 놀아주는 것은 좋은 일이지만 안 놀아준다고 아빠가 나쁜 사람인 것은 아니에요. 나쁜 사람이 아닌데 질문자가 화를 내니 상대방이 스트레스를 받죠. 하루 종일 누워 있다 하더라도 누워 있는 게 뭐가 나빠요?"

"가끔 꼴 보기 싫을 때가 있어요."(청중 웃음)

"그건 질문자의 성질이 더러운 거죠.(청중 웃음) 얼마나 성질이 더러우면 다른 사람 누워 있는 것도 꼴 보기 싫다고 하겠어요? 앉아 있는 것도 보기 싫고 TV 보는 것도 보기 싫다고 하잖아요. 그 사람은 그냥 주말에 피곤하고 힘드니까 누워서 TV나 좀 보고, 잠이나 좀 자고, 맛있는 거 있으면 좀 먹고 싶은 거예요. 그러니 첫째, 잔소리 하지 마세요. 둘째, 가만

내버려두세요. 셋째, 먹을 거나 좀 갖다 주세요. 남편이 원하는 대로 해주세요."(청중 웃음)

"원하는 대로 다 해주면 이제 아이들과 같이 나가는 횟수가 잦아질까요?"(청중 웃음)

"또 계산하네요. 그게 무슨 사랑이에요? 장사꾼이지. 그냥 남편이 원하는 대로 사랑으로 베풀어주세요. 아이들은 질문자가 알아서 키우고요."(청중 웃음)

"저 혼자서 키우라고요?"

"남편 없으면 어떡할래요? 남편이 죽고 없으면 질문자가 돈도 벌고 애도 키워야 될 거 아니에요? 그런 꼴 나려고 해요?"

"아니요."

"그래서 제가 그런 마음은 재앙을 자초한다고 이야기하는데 계속 못 알아듣고 있네요."

"알겠습니다."

"별로 아는 것 같지 않아요.(청중 웃음) 겉으론 '그런가' 하지만 속으로는 '그래도 그렇지, 애들 데리고 좀 나가면 좋잖아!' 이렇게 생각하잖아요. 그러면 못 고칩니다. 질문자의 생각을 딱 바꿔야 해요. 남편이 주말에 충분히 쉬도록 배려해 주세요. 나가고 싶으면 내가 나가면 돼요.

서로의 생각이 다른 거예요. 남자는 '5일간 열심히 일하고 왔으니까 주말에는 제발 나 좀 건드리지 마라, 좀 쉬었으면 좋겠다' 하고 생각합니다. 반대로 여자는 5일간 계속 집에만 있었으니까 '당신이 직장 안 나가는 주말에는 가족들 데리고 드라이브도 시켜주고 뭘 좀 해라' 이래서 싸워

물론 아빠가 더 놀아주면 좋죠.

그러나 그건 의무로 요구할 수 있는 것은 아니에요.

애가 공부를 하면 좋은 일이지만 안 한다고 야단쳐서는 안 되는 것처럼

아빠가 애들과 놀아주는 것은 좋은 일이지만

안 놀아준다고 아빠가 나쁜 사람인 것은 아니에요.

요. 남자가 먼저 '여보, 5일 동안 집에만 있어서 답답하지?' 하고 차를 태워주면 좋죠. 그런데 질문자 복에 그런 남자를 못 만났잖아요. 자기 꼴을 좀 알아야죠. 7년 사귈 때 그런 사람인 줄 몰랐어요?"(청중 웃음)

"아뇨, 달라졌어요. 처음엔 안 그랬는데."

"7년이나 사귀면서도 그걸 못 봤으니 질문자 잘못이에요. 그리고 또 아내라면 5일 동안 일하고 고생한 남편이 아이들을 데리고 나가려고 해도 '여보, 내버려두고 당신은 쉬어. 5일 동안 열심히 일했는데 또 무슨 일이야. 쉬어, 쉬어' 이렇게 해주세요. 상대를 좀 위해줘야 사랑이지, 내가 원하는 걸 해달라고 조르다가 그거 안 해준다고 미워하는 게 무슨 사랑이에요. 그렇게 장사꾼처럼 머리 굴리지 말아요. '이렇게 해주면 나 데리고 나갈까요?' 이게 무슨 소리예요? 주산 알은 그만 튕기고 그냥 해줘요."

"네, 감사합니다."(청중 박수)

"주말에 소파에 누워서 TV 좀 보는 게 뭐가 문제라고 그걸 갖고 성질을 내고 그래요?(청중 웃음) 아이가 공부 안 하는 게 뭐가 문제예요? 자기가 공부 안 하겠다잖아요. 별 것 아닌 것을 가지고 자기 생각대로 문제를 삼아서 자꾸 분란을 일으키니 인생이 복잡한 거예요. 결혼할 때는 싸우려고 결혼한 게 아니라 행복하려고 결혼했잖아요. 그런데 자기 마음대로 하는 게 행복이라고 생각하잖아요. 혼자서는 몰라도 둘이 사는데 어떻게 그게 되겠어요? 하나는 불 끄고 자자는데 하나는 할 일 있다고 하고, 하나는 TV 보자는데 하나는 책보자고 하고, 하나는 김치찌개 먹자는데 하나는 두부찌개 먹자는 게 인생이에요. 내가 맞추면 전혀 문제가 없어요.

그러나 반드시 맞춰야 되는 건 아닙니다. 김치찌개 먹자고 해도 '아니야, 두부찌개 먹자' 하고 한번 세워 봐도 돼요. 따라오면 다행이고, 안 따라오면 '너는 김치찌개 먹고 나는 두부찌개 먹자' 이렇게 나눠 먹어도 됩니다.(청중 웃음) 그게 꼭 정해져 있는 게 아니에요. 한 명은 '짜장면 먹으러 가자' 하고, 한 명은 '비빔밥 먹으러 가자' 하면 여러 가지 방법이 있어요. 짜장면 먹고 싶어도 상대방한테 맞춰서 비빔밥 먹으러 가든지, '비빔밥은 내일 먹자' 하고 짜장면 먹으러 가든지, '너는 비빔밥 먹고 나는 짜장면 먹은 뒤 이따 저 앞 찻집에서 만나' 이렇게 해도 되잖아요.(청중 웃음)

연애나 결혼을 해서 밥을 따로 먹으면 왜 안 돼요? 왜 둘이 꼭 같이 가서 같은 밥을 먹어야 해요? 따로 먹고 다시 보면 되죠. 부부니까 이러저러해야 한다는 생각 때문에 부부 사이가 자꾸 나빠지는 거예요. 서로를 옥죄잖아요. 소파에 누워 있는 게 도대체 무슨 문제예요? 자기 할 일 다 하고 주말에 들어와서 앉아 있든 누워 있든 엎드려 있든 그게 질문자와 무슨 상관인데요?"(청중 웃음)

"네, 알겠습니다."

남편이
술을 너무 좋아해요

결혼한 지 30년 가까이 됐습니다. 남편이 술을 너무 좋아해서 고민이에요. 30년 동안 술을 안 마신 날이 1년에 4~5일밖에 안 될 정도로 매일 술을 마십니다. 그 때문에 스트레스를 많이 받지만 해결 방법을 못 찾았고, 제 나이도 쉰넷이다 보니 건강상으로도 힘듭니다. 그래서 답답합니다.

"남편 술 끊는 방법이라도 일러줄까 싶어서요? (모두 웃음) 매일 술 마시는 사람더러 술 끊게 해주는 비법을 제가 안다면 그런 회사를 차려서 떼돈을 벌었겠죠. 그런 비법은 없어요. 질문자는 종교가 뭐예요?"

"성당을 좀 다니다가 냉담하고 있어요."

"하느님을 찾든 천주님을 찾든 부처님을 찾든, 질문자가 기도를 한다면 마음을 이렇게 가져야 합니다. 술 안 마시는 날이 1년에 4~5일이라고 했죠? 그러면 '하느님, 우리 남편 하루도 빠지지 않고 술 마시게 해 주세요' 이렇게 기도해야 해요. 지금 4~5일이 빠져서 문제가 생기는 거예요. (청중 웃음)

그 4~5일을 다 채우도록 기도하고, 그렇게 마음을 쓰세요. 혹시 오늘 저녁에는 안 마시고 들어올까 봐 조마조마해야 합니다. 내 기도가 들어지려면 남편이 매일 술을 마시고 들어와야 해요. 안 마시고 들어오면 기도가 성취되지 않은 거예요. 예를 들어 올해 말에 계산해보니 3일이 빠졌다면 질문자의 기도가 성취되지 않은 것이니 더 열심히 기도해야 해요.(청중 웃음)

108배로 안 되면 200배를 하세요. 남편이 하루도 안 빠지고 술 마시고 오는 걸 목표로 잡아서 1년 365일을 다 채웠다면 기도가 성취된 거예요. '스님 말씀대로 기도를 했더니 3년 만에 우리 남편이 100퍼센트를 다 채웠습니다.' 이렇게 되면 저한테 천만 원을 보시하고픈 마음이 들 거예요. 왜 그럴까요? 그쯤 되면 질문자가 남편이 술 마시는 것으로부터 자유로워집니다. 남편이 술 마시는 게 아무런 문제가 안 돼요."

"그런데 지금 문제인 게, 그렇게 술을 마시고 한 달에 네댓 번은 저한테 주정을 심하게 부려요. 좀 심할 때는 폭언도 하고요."

"그건 질문자가 술을 마시지 말라고 하니까 남편이 주정을 부리는 거예요. 남편이 술 마시고 들어오면 '오늘 기도 성취했다'고 마구마구 기뻐해주세요. 안 마시고 오는 날에는 기도를 성취하기 위해서 질문자가 술상을 차려줘서 먹여야 해요. 하루라도 빠지면 안 되니까요. 집에서 술상 차려 먹이려면 귀찮으니까, 밖에서 자기가 알아서 마시고 들어오면 굉장히 좋죠.(청중 웃음)

이렇게 마음을 내버리면 남편이 술은 여전히 마시고 들어와도 주정이 줄어듭니다. 마시고 들어오는 걸 질문자가 기뻐해보세요. 말리든 권하든 남편은 어차피 술을 마시잖아요. 그러니 질문자가 '마셔라' 하면 마시고 오는 게 기뻐지는 거예요.

'하느님, 우리 남편에게 있어서 술은 보약입니다' 이렇게 기도해 보세요. 보약은 빼먹으면 안 됩니다. 그리고 빼먹으면 내가 챙겨줘야 해요."

"그렇게 술을 마시다 보니까 한 가정의 가장으로서 못 미칠 행동을 종종 하고, 경제적인 책임감도 없어요. 제가 젊고 건강할 때는 어느 정도 이해하고 받아들였지만 지금은 좀 버겁습니다."

"질문자가 마시지 말라는 마음을 가지고 있으니까 질문자는 질문자대로 스트레스를 받아서 병도 나고 사는 게 버겁고, 남편은 남편대로 술 마시고 악을 쓰고 주정을 하는 거예요. 그러니 우리 남편에게는 술이 보약이라고 생각하세요. 남편이 이렇게 술을 마시기 때문에 그나마 안 죽고 사는 거예요. 남편이 술을 끊으면 곧 죽을지 몰라요. 남편이 이렇게 술을 마셔야 그 카르마가 하루하루 명을 연장하기 때문에, 남편이 술 마시는 것은 결과적으로 좋은 일이에요. 다른 사람에게는 술이 나쁠지 몰라도 우리 남편에게는 술이 보약인 거예요. 그러니 질문자는 남편이 술을 마시고 들어오는 것을 기뻐해야 합니다. 안 마시고 오면 반드시 보약 챙기듯이 하루도 빠짐없이 챙겨 먹여야 해요.(청중 웃음)

그렇게 하면 남편이 술을 마셔도 질문자가 괴롭지 않습니다. 딱 들어오는데 '아이고, 여보. 보약 드시고 오셨네요. 내가 굳이 안 챙겨도 되니 좋네요' 이런 마음으로 반갑게 맞이하면 주정이 줄어들고 질문자의 스트레스도 줄어들어요. 한번 해보세요.

그런데 이게 초기에는 반드시 마장, 즉 부작용이 따릅니다. 첫 번째 부작용은 기도하다가 내가 성질이 나요. 내 카르마가 발동하는 거예요. '내가 미쳤나, 왜 이런 기도를 하나?' 이렇게 자기에게 저항이 일어납니다.

더 힘든 것은 두 번째인데, 이렇게 하면 남편이 내 정성을 알아주어 술을 덜 마시면 좋은데 오히려 술을 더 많이 마시고 더 행패를 부려요. 스님이 기도하면 좋아진다니까 좋아지리라고 기대를 했는데 실제로 해 보면 안 그래요. 이렇게 기도에는 반드시 마장이 끼는 건데, 이 고비를 잘 넘겨야 합니다. 기도를 계속하지 못하게끔 방해를 해야 하니까 남편은 더 술을 마시고, 주정을 더 심하게 부리면서 난동을 피웁니다. 그러면 참고 기도하다가 확 뒤집어져서 '기도해보니 좋아지기는커녕 더 나빠진다'고 기도를 그만두게 돼요. 이 저항을 질문자가 이겨내야 해요. 이것은 당연히 따르는 저항인 줄 알아야 합니다.

이렇게 기도해서 100일이 넘고 1년이 넘어가면 카르마가 소멸되는 쪽으로 가니까 카르마 입장에서는 죽지 않으려고 저항하는 겁니다. 그래서 기도하거나 수행할 때는 반드시 마장이 나타납니다. 그건 그만둘 핑계거리를 만드는 거예요. 그래서 기도를 하다가 그만두게 되지요. 열에 아홉은 그만둡니다. 그 장애를 뛰어넘어 가는 사람은 드물어요.

그러니 질문자가 이 기도를 하려면 신앙심이 깊어야 해요. 다시 성당에 다니세요. 하느님을 믿고, '우리 남편은 술을 마시는 게 사는 길이다. 그러니까 이건 주님의 뜻이다' 이렇게 받아들이세요. 술은 우리 남편에게 보약이라고 기도하세요. 보약은 하루도 빠지면 안 되니 마시고 오면 기뻐하고, 늘 술을 준비해뒀다가 안 마시고 오는 날에는 챙겨서 내주세요. 남편이 '네가 웬일이냐' 하면 '당신 술 좋아하잖아요. 한 잔 하셔야죠' 이렇게 이야기하세요. 남편이 '고맙다' 하기보다는 '드디어 이게 미쳤구나' 이러면서 상을 집어던지더라도 다시 가져다 주세요.

'여보, 나쁜 뜻으로 이야기하는 거 아니야. 스님한테 물어보니 당신은 매일 술을 먹어야 좋다고 하더라. 그러니 매일 먹도록 해야지 중간에 쉬면 오히려 건강에 나쁘다더라. 그래서 챙겨드리니까 드세요. 빠뜨리고 오면 내가 챙겨주느라 힘드니까 밖에서 드시고 오면 더 좋고요.' 이렇게 권유도 해주세요. 비아냥이 아닌 진심으로 하세요. 그런데 처음에는 상대가 이걸 비아냥으로 듣기 때문에 횡포를 부립니다. 그래도 그걸 꿋꿋이 이겨내면 남편에게 진심이 전달돼요. 진심이 전달되면 술은 마셔도 난동부리던 것은 줄어듭니다. 한 100일쯤 지나면 내가 좋아져요. 술을 마시는 것은 남편 사정이고 나는 스트레스를 안 받아요.

질문자는 어차피 지난 30년을 술 마시는 남편과 같이 살았잖아요. 앞으로 남은 세월이 30여 년밖에 안 남았는데 그 사람과 못 살 이유가 뭐가 있어요? 또 못 산다면 질문자가 못 견뎌서 못 사는 건데, 지금도 사는데 앞으로 계속 같이 사는 게 뭐 그리 힘들어요? 놔두면 됩니다. 이렇게 해야 어떤 영험과 가피가 일어나는데 그렇다고 또 그 결과를 기대하면 안 돼요. 질문자가 '남편이 술을 안 마시면 좋겠다'는 생각을 버려야 합니다. 술 마시는 게 우리 남편은 오히려 건강에도 좋고 수명에도 좋다고 믿으세요.

술이 건강에 나쁘다고요? 술 끊어서 건강은 좋아져도 당장 내일 교통사고 나서 죽어버린다면 술 끊은 게 무슨 의미가 있어요? 그러면 남편 영정 앞에서 '아이고, 그렇게 좋아하는 술을 좀 실컷 마시게나 해 줄 걸' 이렇게 후회하는 거예요. 그러니 실컷 마시도록 놓아두세요. 가능하면 더 먹으면 더 좋고요. (청중 웃음)

'우리 남편 술 마시게 해 주세요' 하면 하느님이 당장 내 기도에 응답하셔서 남편이 술 마시게 해주는데, '우리 남편 술 안 마시게 해 주세요' 하면 하느님이 내 기도를 안 들어줘요. 그러면 '기도해도 소용없다' 싶어서 내 믿음이 흔들립니다. 그러니 성당 다녀봐야 아무 도움도 안 된다고 해서 지금 흔들리고 있는 거예요. 질문자가 기도를 잘못해서 그래요. 하느님이 하실 수 있는 걸 도와달라고 기도해야죠."(청중 박수)

"예, 잘 알았습니다. 감사합니다."

"여러분들은 사물을 늘 부정적으로 봅니다. 그래서 늘 문제가 생겨요. 수행은 사물을 긍정적으로 보는 마음가짐이에요. 아침에 눈뜨면 살아있는 것만도 다행입니다. '아이고, 오늘도 살았네!' 이렇게 생각하면 살아있는 것만으로도 기쁨이 되어 나머지 번뇌는 금방 없어져요. 살아있는 건 당연하고, 더 오래 살아야 하고, 돈도 많아야 하고, 이래야 하고 저래야 한다고 생각하니까 머리가 복잡한 거예요. 그러면 '이렇게 사느니 죽는 게 낫겠다'라는 생각으로 빠지기 쉽습니다.

아침에 눈 딱 떴을 때 안 죽고 살아있다는 건 기적이에요. 감았던 눈 못 뜨면 죽는 거예요. 들어왔던 숨이 못 나가도 죽고, 나갔던 숨이 못 들어와도 죽잖아요. 삶과 죽음은 사실 이 호흡지간인 찰나에 있습니다. 이렇게 살아있는 것만도 감사하게 생각하는 자기 긍정성이 있어야 삶을 행복하게 살 수 있습니다.

우선 자기를 먼저 이렇게 행복하게 하고, 그 다음으로 세상 문제도 개선할 만큼 개선하는 겁니다. 방금 술 마시는 남편 이야기를 했는데, 질문자가 매일 1000배 기도를 한다고 남편이 술을 끊을까요? 성당에 1억 원

보시한다고 남편이 술을 끊을까요? 아니에요. 벌써 내가 30년을 마시지 말라고 했는데도 술을 계속 마시는데 안 마실 사람이면 진즉에 아내 말을 들었겠죠.

아내가 마시지 말라고 해도 30년을 마시는 남편이 고집이 셀까요? 30년 동안 마시는 꼴을 보면서도 아직도 마시지 말라고 주장하는 아내가 고집이 셀까요? 아내의 고집이 훨씬 셉니다. 그 고집 센 남편의 고집을 꺾겠다는 고집이잖아요. 그러니 사람이 자기 고집 센 줄 모르는 거예요. (청중 웃음)

고집을 버리라는 것은 놔두라는 뜻입니다. 하지 말래도 하는 걸 보면서 30년을 살았는데, 마시라고 한다고 더 마시고 마시지 말란다고 안 마시리라 생각하는 게 오산이에요. 마시지 말라고 하는데도 마시는 걸 보면 내 말 안 듣는 인간이잖아요. 내가 더 마시라고 한다고 더 마실까요? 어차피 마시는 걸 마시라고 하면 내 말을 잘 들으니 얼마나 좋아요? 내 말을 잘 듣게 하는 방법은 어차피 마시는 사람한테 마시라고 하는 겁니다. (청중 웃음)

마시는 걸 보고 '하느님, 술 마시게 해 주세요' 하면 하느님이 내 기도를 바로 들어주잖아요. 왜 이렇게 쉬운 길을 안 가요? 그건 세상을 자기 뜻대로 하려는 거예요. 그래서 예수님도 부처님도 자기 생각을 내려놓으라고 하시잖아요. 쉬운 길이 있다는 말이에요.

'사물을 있는 그대로 보라.' 이 말은 긍정적으로 보라는 말입니다. 그러면 자기가 좋아집니다.

저는 어릴 때부터 단명한다는 소리를 듣고 자랐기 때문에 속으로 '마

수행은 사물을 긍정적으로 보는 마음가짐이에요.

아침에 눈뜨면 살아있는 것만도 다행입니다.

'아이고, 오늘도 살았네!' 이렇게 생각하면

살아있는 것만으로도 기쁨이 되어 나머지 번뇌는 금방 없어져요.

흔 살까지 살면 잘 산다' 이렇게 여기고 살았어요. 그런데 마흔 살 넘었는데도 안 죽어요. 그래서 저는 늘 매일 기쁘게 살아요. 덤으로 사는 인생이니까요. 그래서 내일 죽는다고 해도 뭐 별로 아쉽지는 않습니다. 보너스야 만 원이든 10만 원이든 안 받는 것보다 받는 게 좋잖아요. 제가 이렇게 통일운동 하니까 여러분들은 제가 꼭 통일이 되어야만 만족할 줄 알지만 그렇지 않습니다. 저는 마흔 살까지 제 할 일을 다 했다고 생각하기 때문에 나머지는 되어도 그만, 안 되어도 그만이에요. 그렇지만 안 죽는데 일부러 죽을 것까지는 없잖아요. 그러니 사는 날까지 최선을 다하는 거예요.

그러니까 자기 인생을 조금 더 가볍게 긍정적으로 받아들이세요. 주어진 삶을 복되게 받아들이세요. 안 그러면 이제 헤어지는 길밖에 없어요. 그렇게 나날이 행복하게 사시기 바랍니다."

"감사합니다."

부모님이 해 달라는 게 많아서 미워져요

저는 시골에서 1남 3녀 중에 셋째로 태어났습니다. 대학교에 가고 싶었으나 위로 언니 두 명이 사립대를 가서 저는 대학을 포기하고 취직해서 10년 동안 직장을 다녔어요. 지금은 언니도 취업을 해서 저보다 훨씬 좋은 직장에 다니고 있어요. 그런데 부모님이 지금 살만하신데도 언니랑 저한테 똑같이 '김치냉장고 사 달라', '해외 보내 달라', '용돈 달라' 이런 요구를 하십니다. 저는 스무 살 때부터 도와드렸고 언니는 대학교도 나왔으니 나보다 더 많이 도와줘야 하는 게 맞지 않나요?

그런데 자꾸 부모님이 저한테도 언니랑 똑같이 바라는 게 밉습니다. 제게 미안하지도 않은지 아니면 약간 양심이 없는 건가 이런 생각이 자꾸 들어요. 물론 부모님이 잘해주신 건 맞지만 물질적으로 따졌을 때 저는 스무 살 이후부터는 부모님 돈을 받은 적이 없거든요. 그런데 부모님이 자꾸 저한테 물질적으로 바라니까 부모님이 미워지고 자꾸 돈을 따지게 돼요.

"여기 A집이 있고 B집이 있는데 내가 돈을 빌리러 가면 A집은 잘 빌려주고 B집은 안 빌려줘요. 그러면 질문자는 곤궁할 때 A집에 가서 돈을 빌려달라 그러겠어요? B집에 가서 빌려달라 그러겠어요?"

"A집이요."

"그래요. 그러니 어릴 때부터 늘 자신을 도와준 사람한테 엄마는 도와달라 그러는 것이지요. 도와주지 않았던 사람한테 도와달라고 하기가 어렵잖아요."

"그럼 스님 말씀은 제가 만만하니까 그렇다는 거잖아요."

"만만한 게 아니라 이게 습관이라는 거예요. 일부러 그러는 게 아니고 우리는 늘 누구한테 받으면 받는 습관이 들고, 늘 주면 주는 습관이 들어요. 그래서 돈 벌어가지고 부모한테 용돈 주는 아들 따로 있고, 부모가 그 용돈 받아서 주는 사고치는 아들 따로 있어요. 그래서 부모는 사고치는 아들한테 계속 돈을 주고요. 옆에서 보면 '그냥 안 주면 될 것 아닌가' 하지만 그렇게 안 됩니다. 또 돈을 주는 아들에게 '부모한테 안 주면 될 것 아닌가' 그러는데 이 아들도 또 엄마가 힘들어하는 것을 보면 안 주고는 못 배겨요. 아시겠어요? 그것처럼 질문자도 자기가 안 주고는 못 배겨서 주는 것이지요. 엄마가 달라고 해도 안 주면 되는 겁니다."

"아니에요. 제가 안 주면 언니가 난리가 나요. N분의 1로 무조건 달라고 요구하거든요."

"그래도 안 주면 되지요. 그게 무슨 상관이에요? 자식이 부모를 모시는 것은 선택 사항에 들어가요. 즉, 좋은 일은 의무가 아니고 선택에 들어가요. 하면 좋고, 안 해도 그만이에요. 그러나 나쁜 일은 하면 안 되는 의무에 들어가요. 즉, 자식을 낳아서 제대로 안 키우면 이것은 나쁜 행위에 들어갑니다. 내가 아무리 자식을 알뜰히 돌봤다 해도 그것은 선이 아닙니다. 이건 당연히 해야 하는 것입니다. 반면, 내가 부모를 돌보는 것은 선행에 들어가요. 그러나 내가 부모를 돌보지 않는 것은 악행에 안 들어갑니다. 그러니까 질문자가 지금 부모님을 돌보는 건 좋은 일이에요. 그런데 그건 안 해도 아무 문제가 없는 일이에요."

"그런데 자꾸 해달라는 부모님이 이해가 안 되는데요?"

"그건 부모의 마음이 그런데 어떡해요? 남의 마음까지 질문자가 조정하려고 그래요? 그러면 그것은 질문자가 나쁜 거예요. 질문자가 부모한테 안 해 주는 건 질문자의 자유이지만 부모에게 그런 걸 요구하지 말라는 건 부모의 생각을 뜯어 고치려는 거잖아요. 그건 불효에 들어가요. 제 말이 이해가 안 가요?"

"네, 스님 말씀에 수긍이 안 가요."

"부모님이 나한테 돈 달라 할 때 안 주는 것은 나의 자유에 속해요. 주고 안 주고는 내 선택에 속하는데 부모님에게 '그런 요구를 하지 마세요' 하는 것은 불효에 해당합니다. 왜 그럴까요? 부모의 생각과 마음을 자식이 감히 고치려고 하잖아요. 어떤 사람이 저에게 이래라 할 때 그걸 안 하는 건 내 자유에 속하지만 그 사람에게 '그런 말 하지마라' 하는 것은 남을 고치려고 하는 것이기 때문에 비불교적이라고 볼 수 있습니다.

그럼 질문자 이야기를 한번 해보세요. 뭐가 어렵다는 거예요? 부모님이 돈 달라고 하면 주고 싶으면 주고, 안 주고 싶으면 안 주면 됩니다. 언니가 N분의 1로 하자 했을 때 그렇게 하고 싶으면 하고, 안 하고 싶으면 안 하면 된다는 겁니다."

"그렇게 하면 언니와 사이도 틀어지고, 부모님과의 사이도 안 좋아지잖아요."

“상대의 요구를 안 들어주면 당연히 사이가 틀어지지요. 틀어지는 걸 감수해야지요. 사이가 틀어지는 게 싫으면 질문자가 지금까지 해 온 것처럼 돈으로 때워야지요.”(청중 웃음)

“부모님이 저한테 잘못을 저지를 땐 그렇게 하지 말라고 해야 되는 거 잖아요.”

“무엇을 잘못했는데요? 부모님은 자기 생각을 말했을 뿐이잖아요. 부모님은 잘못한 게 없어요. 부모님은 자기 나름대로 그렇게 하고 싶어서 그런 말 하는 것이지 그 말이 내 맘에 안 든다고 부모님이 잘못된 것이 아니에요. 내가 화낼 필요는 없다는 겁니다. 화내는 건 문제 해결에 아무런 도움이 안 됩니다. 질문자가 괴로워하는 것도 문제 해결에 아무런 도움이 안 됩니다. 엄마가 아무리 얘기해도 질문자가 계속 안 해버리면 얼마가 지나면 엄마가 더이상 요구를 안 해요. 대신에 엄마의 따뜻한 사랑은 못 받지요. 욕을 좀 얻어먹지요. 그런데 질문자는 그 욕 얻어먹는 건 또 싫잖아요. 그러면 그 욕을 뭘로 갚는다고요? 돈을 줘서 무마를 하는 수밖에 없는 거예요.”

“네, 알겠습니다.”(청중 박수)

“여러분들은 질문자가 참 착해 보이죠?”

(청중들 다함께) “네.”

“스님이 보기엔 절대로 착한 게 아니에요. 질문자는 욕심쟁이여서 양다리를 걸치고 있어요. 부모한테 돈은 주기 싫고, 욕은 안 얻어먹고 싶기 때문에 ‘돈은 조금 주면서 칭찬은 어떻게 많이 들을 수 있을까’ 이런 잔머리를 굴리는 거란 말이에요. 그러니까 상대의 요구를 안 들어주면 비난이 오는 거예요. 친구가 돈을 빌려달라 하는데 내가 그 돈이 아까우면 욕을 얻어먹어야 되고, 욕을 얻어먹기 싫으면 돈을 줘야 되는 거예요.

그런데 저한테 이렇게 고민을 얘기하는 이유는 뭘까요? 돈도 안 주고 욕도 안 얻어먹는 방법이 없느냐는 것이지요. 방법은 하나 있어요. 부적을 하나 그려주면 되는데 그 부적 값이 엄마가 달라는 그 돈보다 더 비싸요. (청중 웃음)

즉, 그런 방법은 없다 이 말이에요. 인연과보라는 것은 이걸 선택하면 이런 결과가 나오고, 저걸 선택하면 저런 결과가 나온다는 것을 뜻합니다. 여러분들이 복을 비는 행위는 인연과보의 법칙에 어긋나는 거예요. 복을 지어야 복을 받는데 복도 안 지어놓고 복을 달라 그러잖아요. 죄를 지었으면 벌을 받아야 돼요. 그런데 벌을 안 받겠다고 하잖아요. 이것은 전혀 인연과보의 법칙에 안 맞는 거예요. 그래서 부처님이 이런 허황된 인간의 마음을 깨우쳐서 바르게 인도한 거예요.

'너 돈 빌리고 싶니? 그럼 갚을 각오를 해라.'

'갚기 싫으니? 그럼 빌리지 마라.'

'죄를 지었니? 그럼 과보를 받아라.'

그런데 과보를 안 받겠다고 하잖아요. 말 몇 마디 해서 신뢰를 회복하려고 그러잖아요. 상대는 완전히 속이 뒤집어져 있는데 몇 마디 말을 해서 어떻게 면피해 보려고 하고, 면피가 안 되니까 상대 보고 고집이 세다고 그러잖아요. 자기 생각대로 안 되면 무조건 상대가 고집이 세다고 그래요. 그러니까 자기 생각밖에 안 하는 거예요. 잘못을 했으면 과보를 기꺼이 받아야 된다 이 말이에요. 제 대답을 듣고 질문자는 무엇을 느꼈어요?"

"그러면 스님이 저희 부모님한테 한마디 해주셨으면 좋겠어요."

"질문자의 부모님한테 제가 해줄 말은 '딸한테서 본전을 뽑아라'입니다."(청중 웃음)

"저희 부모님은 이미 저한테서 본전을 다 뽑은 것 같은데요. 중학교는 의무교육이었고, 고등학교는 장학금 받아서 다녔고, 고3때부터는 취업을 했으니까요."

"부모님이 질문자를 낳기 위해서 얼마나 힘들었는지 알아요? 키울 때도 얼마나 힘들었는데요. 질문자는 자기가 스스로 큰 줄 생각하는데 어릴 때는 부모의 수많은 손길이 필요해요. 어릴 때 키워준 것은 돈으로 환산이 안 돼요."

"그런데 스님이 엄마가 애 키우는 건 부모의 의무라고 하셨잖아요."

"그건 엄마가 그렇게 생각을 해야 되는 거예요. 지금처럼 질문자가 자꾸 따지니까 엄마도 질문자에게 그렇게 따지는 거예요."

"그러니까 스님께서 저희 엄마한테 조언을 해주세요."

"질문자가 이렇게 따지니까 저도 질문자의 엄마한테 '당신도 딸한테 따져서 받을 건 받아라'라고 말해주는 겁니다. 어떤 딸이 엄마한테 이렇게 따져요? 고3때 취업을 했고, 중학교는 의무교육이었고, 뭐 어쩌고저쩌고 그렇게 따지는 딸이 어디 있어요?(청중 웃음)

그러니까 어떤 경우에도 엄마를 원망하면 안 됩니다. 그건 불효예요. 그런데 스무 살이 넘었으니까 엄마 말 안 듣는 건 자유예요. 그냥 안 들으면 되지 원망은 하지 마라 이 말이에요. 그래도 아직 이해가 안 돼요?"

"아니요. 알아들었어요."

"엄마한테 그런 요구를 하지 말라는 겁니다. 그건 불효라는 거예요. 엄마가 그렇게 말하는 건 엄마의 자유에 속하는 거예요. 엄마의 자유를 막지 마세요. 엄마는 요구할 자유도 있고, 요청할 자유도 있고, 말할 자유도 있습니다. 질문자가 엄마 말을 안 들으면 되지 엄마를 원망하지는 말라는 것입니다."

"그런데 엄마가 저한테 그럴 권리가 있나 라는 생각이 들어요."

"그렇게 말할 자유가 있다니까요. 아따, 고집 세네요.(청중 웃음) 엄마가 나한테 어떤 말을 하든 엄마한테는 말할 자유가 있는 겁니다. 그럼 나한테는 무슨 자유가 있다고요? 거절할 자유가 있습니다. 그런데 상대에게 그런 말을 하지 말라고 할 권리는 나에게 없어요. 질문자가 아직도 이해를 못하는 것 같네요. 그럼 강연 끝나고 질문자가 집에 가기 전에 누가 좀 깨우쳐 주세요."(웃음)

"제 말의 요지는 이거예요. 우리가 인생을 살아가면서 이런저런 일을 당하지 않습니까. 태어날 때 사생아로 태어났다, 엄마가 나를 고아원에 갖다 맡겼다, 태어나자마자 입양을 시켰다, 어릴 때 성추행을 당했다, 신체장애다, 결혼에 속았다, 연애하다가 실패했다, 사업이 망했다 등등. 그러나 어떤 경험을 했다 하더라도 현재 내가 살아있다면 나는 행복할 권리가 있습니다. 즉, 지금 살아있다면 그는 행복할 수가 있습니다.

그런데 우리가 지금 행복하지 못한 이유는 항상 과거를 핑계 대기 때문입니다. 나는 어릴 때 이런 일을 겪어서, 엄마가 이렇게 해서, 나를 돌보지 않아서, 나를 대학을 안 보내줘서, 남편이 이렇게 해서, 어떻게 해서, 괴롭다고 주장하는 거예요. 그래서 제가 '그게 뭐가 문젠데?' 그러면 질문자는 '그게 왜 문제가 아니에요?' 이럽니다. 이 말은 '나는 안 괴로울 수가 없어요' 하는 것이죠.

괴로워야 한다고 미리 정해놓고 '나는 이러이러해서 괴롭다' 하고 소리치니 제가 '너 안 괴로워해도 된다' 그러면 '아니에요, 저는 괴로워야 돼요' 하고 막 아우성을 쳐요. 이것은 '너 부처다' 하는데 '아니에요, 난 중생이에요' 이렇게 아우성을 치는 것과 똑같아요. 부처님이 '일체 중생은 다 불성이 있다'고 하셨던 이 말은 '누구나 다 행복할 수 있다', '누구나 다 괴로움이 없는 삶을 살 수가 있다', '누구나 다 자유로운 삶인 해탈을 증득할 수가 있다'는 뜻이에요.

사람을 99명이나 죽인 살인자 앙굴리말라, 아들이 죽어서 미친 여자, 똥치는 천민 등 그 한 사람 한 사람은 도저히 용서받을 수 없거나 괴로움에서 벗어날 수 없는 사람들이었지만 붓다를 만나 다 행복해졌어요. 그러니 자꾸 자신의 괴로움을 합리화하지 마세요. '세상이 이래서', '엄마가 이래서', '나는 어릴 때 이래서' 다들 그러면서 괴로워하는데 그 모든 조건 속에서도 지금 난 안 죽고 살았다는 이 사실이 제일 중요해요. 그 어떤 과정을 겪었든 지금 나는 살아있다는 것이 현실이고 이게 제일 중요한 거 아니에요?

살아있는 사람은 누구나 다 행복할 수가 있습니다. 여러분들도 그냥 행복할 수가 있는 거예요. 노력해서 행복해지는 게 아니에요. 그냥 지금 바로 행복할 수가 있는 거예요. 그렇게 행복하게 사시기 바랍니다."

엄마의 자유를 막지 마세요.

엄마는 요구할 자유도 있고,

요청할 자유도 있고,

말할 자유도 있습니다.

질문자가 엄마 말을 안 들으면 되지

엄마를 원망하지는 말라는 것입니다.

어린 시절에
엄마한테 이유 없이 맞았어요

친정 엄마를 원망하는 마음을 내려놓고 싶어요. 아버지가 몸이 약해서 어릴 때부터 엄마가 집안의 가장이셨는데 엄마는 화가 나면 장녀인 저를 이유 없이 때렸어요. 너무 많이 맞아 기절한 적도 있습니다. 남동생도 있는데 왜 저만 유독 그렇게 때렸냐고 다 큰 뒤에 물어봤더니 스트레스 풀 곳이 없어서 그랬다고 하시더라고요. 남동생은 남자고 어려서 안 때렸다는데, 남동생과 저는 여섯 살 차이밖에 안 납니다. 밥도 하고 청소도 하고, 보통 엄마들이 하는 집안일을 어린 제가 다 했지만 엄마는 잘했다는 말을 한 번도 해준 적이 없었어요. 동생은 끔찍이 여겼지만 저한테는 유독 독하고 차가우셔서 새엄마인 줄 알았을 정도였어요.

제 밑으로 남동생이 둘 있었는데 둘 다 죽었고, 막내 동생이 돌 되기 전에 마루에서 떨어져서 뇌를 심하게 다쳤어요. 그래서 그 동생을 돌보는 게 다 제 몫이었거든요. 엄마 대신 기저귀 빨고 밥 먹이고 씻기면서 엄마 역할을 했지만 엄마는 항상 집에 오면 절 때리고 화내셨어요. 얼마 전에는 바로 아래 동생이 췌장암으로 죽었어요. 동생의 죽음으로 인한 충격은 많이 가벼워졌는데, 엄마가 한 번씩 독설을 날리실 때가 있어요. 제가 엄마를 어떻게 이해를 해야 할지 모르겠어요. 엄마 목소리만 들어도 화가 치밀어서 미칠 것 같아요. 엄마는 무슨 일만 생기면 저한테 전화하세요. 그런데 좋은 일로 전화한 적이 단 한 번도 없었어요. 전화벨이 울리고 엄마 전화번호만 떠도 '또 무슨 일인가' 싶어서 가슴이 벌렁거려요. 엄마를 원망하는 이 괴로운 마음을 어찌해야 할까요?

"첫째, 엄마한테 맞아서 생긴 신체 이상이 있어요?"

"없습니다."(질문자 웃음)

"신체 이상이 생길 정도로는 안 맞았다는 이야기네요. 그리고 이건 지나간 일이에요. 또 아버지가 수입도 제대로 없어서 엄마가 혼자서 돈을 벌고 애 셋을 키웠을 당시 나이가 지금 질문자보다 더 어렸을 텐데 힘들었을까요? 안 힘들었을까요?"

"그걸 머리로는 이해하지만…"

"게다가 아이까지 죽었잖아요. 그러니 제일 큰 자식인 질문자가 엄마 역할을 좀 대신할 수밖에 없었겠네요."

"저도 그땐 너무 어렸거든요. 열 살도 안 됐어요."

"인도에 가보면 유치원 다니는 애들이 다 살림 살아요. 그러니 너무 억울해하지 마세요. 그렇다고 이제 와서 어떻게 해요? 질문자는 귀여움 받다 일찍 죽는 게 나아요? 좀 구박 받기는 해도 오래 사는 게 나아요?(청중 웃음)

우리 세대가 자랄 때는 부모로부터 살갑게 사랑받는 게 없었어요. 야단밖에 맞은 게 없었어요. 그런데 돌이켜보면 그때 어머니들도 자식에 대한 사랑만큼은 요즘 엄마들 못지 않았습니다. 제가 볼 때는 질문자가 엄마에게 많이 맞아서 단명을 벗어난 것 같아요. 그래서 제가 신체장애가 생길 정도로 맞았냐고 물어본 거예요. 장애가 생길 정도로는 안 맞았다는 건 그런 과정을 거쳐서 죽을 고비를 넘겼다는 거예요. 옛날식으로 말하면 액땜했다는 것이지요. 그러니 첫째, 큰 인연의 도리로 보면 그건 질문자를 살리는 길이지, 죽이는 길이 아니었다는 것입니다. 다만 내가 몰랐을 뿐이지요.

둘째, 엄마의 입장으로 한번 돌아가 보세요. 능력 없는 남편 만나 아이들 셋 데리고 그렇게 화를 내면서 몸부림치며 살아왔잖아요. 질문자도 키웠구요. 그러니까 질문자가 어머니가 살아온 인생을 한번 돌아보세요. 나를 사랑해주지 않고 때리긴 했지만 그래도 아예 갖다버리지는 않았잖아요. 그래도 질문자를 키워준 것은 어머니예요. 때리면서도 옷은 입혀주고, 때리면서도 밥은 먹여줬잖아요. 그래서 질문자가 여기까지 오게 된 것이에요. 그러니까 그 어머니에 대해서 고맙게 생각하는 마음을 내야지 원망하면 안 됩니다.

그렇다고 지금 어머니를 돌봐야 할 의무는 없어요. 설령 어머니의 사랑을 듬뿍 받았다 하더라도 돌볼 의무는 없습니다. 그러나 어머니를 원망할 이유는 없다는 것입니다. 어머니는 질문자를 괴롭히려고 일부러 그런 게 아니라 자기 삶이 힘들어서 그렇게 몸부림치며 산 거예요. 어머니가 죽지 않고 산 것은 다행이잖아요. 어머니마저 죽어버렸으면 질문자가 아버지하고 동생들을 책임져야 했잖아요. 그러니 어머니를 미워하거나 원망하지는 마세요.

그리고 어머니 전화 오는 것에 대한 해결책은 간단해요. 질문자가 하루 두 번씩 어머니에게 먼저 전화를 해버리면 전화 올 일이 없어요.(청중 웃음) 이걸 성경에서는 이렇게 말합니다. '5리를 가자면 10리를 가 주라. 겉옷을 달라고 하면 속옷까지 벗어 주라. 왼뺨을 때리거든 오른뺨을 대 주라.'

5리를 가자고 할 때 내가 가기 싫어 끌려가면, 내가 종속적인 인간이에요. 그런데 내가 '10리 가줄게' 하면 내가 주인이 됩니다. 이걸 불교용어로는 수처작주隨處作主라고 합니다. 어느 곳에 머물든, 어느 상황에 처하든 내가 주인의 역할을 하라는 뜻입니다. 엄마 전화를 내가 받아야 하나 말아야 하나 고민한다면 엄마가 갑이고 내가 을이에요. 내가 하루에 두 번씩 전화를 먼저 해버리면 내가 갑이 되는 거예요. '왜 전화를 두 번이나 하냐? 할 말도 없는데 왜 전화를 자꾸 하냐?' 해도 '아이고, 엄마가 걱정돼서 그래' 이렇게 자꾸 전화를 먼저 해버리면 엄마 전화를 받아야 한다는 두려움은 없어지는 거예요.

그러니까 질문자가 엄마한테 하루 두 번 전화를 하세요. 업장 소멸하려면 하루 300배 절을 해야 해요. 공연히 다리 아프게 하루 300번 절하는 게 낫겠어요? 하루 두 번 전화하는 게 낫겠어요?"(청중 웃음)

"둘 다 하겠습니다."

"둘 다 안 해도 돼요. 108배만 하고 하루 두 번 전화하면 이 문제는 풀립니다."

"예, 알겠습니다."

"108배 하려면 아무리 빨리 해도 12~15분 걸립니다. 300배 하려면 한 시간은 걸리니까 전화를 두 번 하는 게 다리 아픈 것보다 낫잖아요. 처음에는 전화를 잡으면 15분도 더 걸리지만, 매일 두 번 하면 엄마가 받자마자 끊을 때도 있을 거예요.(청중 웃음) '왜 전화했냐?' '아이고, 엄마가 걱정돼서 그러지.' '아무 일 없다! 끊어라!'

엄마 성질은 제가 보지 않고도 알 수 있거든요. 그래서 아마 나중에는 전화기를 내려둘 거예요.(청중 웃음) 그렇게 자기 인생을 갑으로 전환시켜야 해요. 질문자는 지금 이미 지나가버린 옛날이야기를 가지고 괴로워하고 있어요. 옛날 영화를 틀어놓고 계속 울고 있는 거예요. 슬픈 영화를 무엇 때문에 자꾸 봐요?"

"예, 감사합니다. 그런데 제가 어릴 때 동생 둘을 잃다 보니까 죽음에 대한 두려움이 굉장히 크거든요. 특히 남동생 둘을 잃다 보니, 제 아들이 어디 가서 잘못되지 않을까 싶어 항상 불안해요. 딸도 있는데 딸은 괜찮지만 아들은…."

"그것 봐요. 질문자도 커보니 그 심정을 알겠죠."

"저는 둘 다 때리지는 않거든요."

"좀 때리세요. 아들은 놔두고 딸만 좀 때려요.(청중 웃음) 질문자의 불안을 설명하자면 동생을 돌볼 때 엄마여서 그래요. 낳은 자가 아니라 기른 자가 엄마예요. 그래서 질문자에게는 동생이 곧 아들이었어요. 질문자가 키웠기 때문에 심리적으로는 그렇다는 말입니다. 그래서 애틋함이 남아 있는 것은 이해가 됩니다. 질문자의 아들에게는 그런 일이 없을 테니까 너무 걱정 안 해도 돼요.

"감사합니다."

"그러면 그런 공덕은 누구 덕분에 지었어요? 엄마 덕분이에요. 엄마에게 고마워할 줄 알아야 합니다. 이런 인연의 이치를 모르면 자꾸 원망하게 됩니다."

"네, 알겠습니다."

어린 아이들 때문에 이혼이 망설여집니다

남편과 이혼하려는데 아이들 때문에 고민입니다. 결혼 후 남편은 일주일에 네 번 이상 회식을 하고 늦게 들어오고, 회사 생활이 힘들다며 아이들에게 짜증을 내는가 하면, 주말에는 자기만의 시간을 갖겠다며 골프를 치러 가거나 야구를 하러 가서 집에는 거의 없어요. 게다가 첫째를 낳은 이후로 저와의 부부관계를 계속 거부했어요. 그러던 중 어쩌다가 둘째가 생겼는데 남들이 보기에는 아무 문제가 없어 보이지만 저는 남편에게 여자로서 무시당한다는 생각이 듭니다. 대화를 해도 남편이 자기 하고 싶은 건 다 말하면서 제가 원하는 건 어떻게든 못 하게 막아요. 그러면서 남들에게 보이는 옷이나 가방은 또 비싼 걸로 다 사주고요.

"예, 사정은 알겠는데 지금 이혼을 했어요? 하려는 거예요?"

"하려고 마음을 먹었는데 애들이 마음에 걸려서요. 제가 그동안 상처를 너무 많이 받아서 아이들이 심리적으로 안정이 안 되어 있어요."

"아이들이 몇 살이에요?"

"여섯 살, 네 살입니다."

"지금 이혼하려고 마음을 먹었다고 하는데, 그런데 이혼하면 어차피 그 남자와 부부관계를 안 가질 거 아니에요? 그리고 이혼하면 그 남자는 일주일 내내 안 들어올 거 아니에요? 또 이혼하면 그 남자는 어차피 애들을 안 돌볼 거 아니에요? 그러니까 속으로만 '이혼했다' 이렇게 생각을 하고 그냥 살면 될 것 같은데요. 자꾸 '결혼했다' 생각하니까 내 요구를 안 들어주는 것이 문제가 되잖아요.(청중 웃음과 박수)

질문자가 처음에 '여자로서 이런 남자하고 못 살겠다, 다른 남자를 사귀어서 여자로서 사랑받고 싶다' 이렇게 이야기했으면 또 관점이 달랐을 거예요. 그런데 지금 이혼을 할 건지 그냥 살 건지가 전적으로 아이를 기준으로 하고 있어요. 아이 입장에서는 지금 엄마 아빠가 이혼하는 걸 원하지는 않을 거예요. 질문자가 아이를 위한다면, 그래서 아이가 어느 정도 클 때까지는 갖추어진 가정환경에서 키워야겠다면 속으로만 이혼을 해버리면 되죠. 오늘 여기서 이혼을 해버리세요.(청중 웃음)

'남편이 가끔 비싼 가방도 사주고 하니까 괜찮다' 이렇게 긍정적으로 생각하고, 오늘 이 순간부터 생각을 바꿔버려요. 이혼을 할까 말까 고민하지 말고, 마음으로는 이혼을 하세요.

나 혼자 속으로만 이혼하라는 말은 기대를 놓아버리라는 말이에요. 속으로는 기대를 놓아버리고 바깥으로는 결혼생활을 그대로 하면 이 정도 되는 남자가 별로 없어요. 지금 이혼하고 아빠 역할을 해줄 다른 남자를 새로 구하면 이보다 못해요. 나한테 더 잘하는 남자는 찾을 수 있지만, 어떤 남자를 구해도 아빠노릇 해줄 사람은 이만한 남자가 없어요. 그러니 정말 질문자가 아이를 생각해서 고민하고 있다면 그냥 사세요.

그런데 '나는 아직 젊으니 남자가 있어야 하는데 이 남자가 남자 역할을 제대로 못 합니다.' 이렇게 나온다면 관점이 좀 달라요. 그게 주 관심이면 이혼 소송 사유가 됩니다. 남편이 남자 구실을 제대로 안 하는 것은 이혼 사유가 될 수 있거든요. 그럴 경우에는 이혼을 해야 내가 다른 남자를 합법적으로 만날 수 있어요.

그런데 지금은 간통죄가 없어졌기 때문에, 남편에게 두 번 세 번 이야기해 보고 개선이 안 되면 '오케이, 너 계속 이러면 나는 다른 남자 만난다' 이렇게 이야기를 하면 돼요.(청중 웃음) '젊은 나이에 내가 스님도 아니고 이렇게는 못 산다. 너는 밖에 나가서 어떤 여자를 만나고 다니는지 모르겠지만 나는 독수공방하면서 살 수는 없으니까 한 달에 한 번이라도 남편 구실을 할래? 아니면 내가 다른 남자 만날까?' 이렇게 얘기해 보세요. 질문자가 이혼 신청을 했는데 남편이 안 하겠다 할 경우에, 내가 다른 남자를 만나면 상대가 그걸 사유로 삼아 이혼소송을 걸겠죠.

여성으로서 자기 권리를 행사하는 것과 엄마로서 아이에 대한 책임을 지는 것은 꼭 일치하지만은 않아요. 제 주장은 아이가 어릴 때는 여성으로서의 권리보다는 엄마의 책임을 더 소중하게 여기고, 아이가 좀 크면 아이를 위해 내 인생을 다 바칠 필요는 없으니 자기 권리를 행사해야 된다는 것입니다. 지금은 아이가 여섯 살이니까, 한 4년 정도는 속으로만 이혼하고 겉으로는 그냥 결혼생활하면 좋겠네요.

중학교 갈 때까지는 그냥 사는 게 좋긴 하지만, 그래도 남자 없이는 못 살겠다고 하면 애가 열 살이 되고 대화가 되면 아이에게 사정을 한번 이야기해보는 거예요. '이러저러해서 엄마도 한 사람으로서 행복하게 살 권리가 있으므로 너희들에게는 힘들겠지만 이혼을 하면 어떻겠니?' 그래서 아이가 동의를 하면 이혼해도 돼요. 그런데 아이가 성인이 되기 전까지는 아이가 동의하지 않으면 안 돼요. 그런데 아직 아이가 어려서 동의할 수 있는 수준이 안 되기 때문에 지금은 아이들에게 더 집중하는 게 좋지 않을까 합니다.

또 아이들에게 집중하는 것과 여성으로서 권리를 행사하는 것 사이에 문제가 있다면, 남편에게 아내로서의 권리를 정당하게 먼저 요구하셔야 해요. 요구해보고 안 되면 '그러면 이 문제에 대해 너는 어떻게 생각하느냐' 하고 대화를 해서 거기에 따르는 자신의 권리를 획득하든지요.

그런데 남편이 바람을 피워서 그럴 수도 있고, 다른 이유가 있을 수도 있어요. 사람의 성적 성향은 네 가지가 있어요. 이성을 좋아하는 이성애가 있고, 동성을 좋아하는 동성애가 있고, 양성애가 있고, 무성애가 있어요. 혹시 남편이 무성애나 동성애 성향이라면 신체적으로는 아무런 이상이 없어서 관계를 맺으면 아이도 생기고 하지만 심리적으로는 그게 내키지 않는 거예요. 아이를 두 명 낳고 나서 남편이 동성애자라고 커밍아웃해서 아내가 그 문제로 저를 찾아와 상담한 적이 있습니다. 그럴 경우에는 어느 정도 용인을 하고 가정을 유지하든지, 그렇지 않으면 남편도 행복할 권리가 있으니 권리를 주는 게 좋아요. 모든 사람은 행복할 권리가 있습니다. 윤리 도덕에 지나치게 얽매여서 불행하게 사는 것은 옳지 않다고 생각합니다.

그러나 저는 아이가 어느 정도 컸느냐를 항상 봅니다. 아이가 아직 어리면 부모는 아이를 위해서 자기의 권리를 좀 희생해야 합니다. 그러나 아이가 크면 부모도 자기 권리를 정당하게 찾아가는 게 좋다고 생각해요."

2015년 한 해 동안 법륜스님의 야단법석은 전국을 비롯해서 전 세계에서 다양한 주제로 100여 회 진행되었습니다. 이 자리는 법륜 스님뿐 아니라 이 법석을 마련한 모든 스텝들의 자원봉사로 이루어졌습니다.

법륜스님 즉문즉설과 통일 이야기

님 즉문즉설
11월 27일(금) 오후7시
070-4015

법륜스님의 청년희망강연

법륜스님 희망세상

자 무엇이든 물어보세요. 무슨 얘기든 해도 좋아요.
의문이 있으면 의문을 이야기해도 되고,
괴로움이 있으면 그 괴로움에 대해 이야기를 해도 되고,
자기 이야기를 하고 싶으면 자기 이야기를 해도 돼요.
이 자리는 무슨 이야기든 하면 그걸 주제삼아
대화하고 함께 소통하는 자리입니다.

3

괴로움이 곧 깨달음

'미워하지 말라'가 아니라
'알고 보니 미워할 일이 아니네',
'용서해라'가 아니라
'알고 봤더니 잘못한 게 아니네' 하고 알게 됩니다.
이걸 깨달음이라고 해요.

Steve

대부분의 사람들은 원하는 것이 다 이루어져야 한다고 생각합니다. 그래서 안 되면 힘 있는 자에게 부탁해서라도 이루려 합니다. 힘이 무지무지하게 커서 뭐든지 다 알고 뭐든지 다 할 능력이 있는 존재, 즉 전지전능한 신을 세워놓고 간절히 빌면 내가 원하는 대로 다 될 거라고 생각합니다. 불교든 기독교든 지금의 종교가 이런 생각으로 이루어져 있기 때문에 종교를 믿는 사람이 많아도 이 세상이 좋아지지 않습니다. 종교가 합리적이고 올바른 사유 위에 생겨난 게 아니라 인간의 잘못된, 어리석은 생각과 욕망에 바탕해서 생겨났기 때문에 종교를 믿는 사람들이 늘어난다고 해서 세상이 평화로워지거나 좋아지지는 않습니다.

부처님과 예수님의 가르침은 어땠을까요? 성인의 가르침은 이런 어리석은 생각, 잘못된 생각을 깨우쳐서 바른 생각, 바른 마음가짐을 갖도록 해서 괴로워하지 않고 살아가도록 안내해주었습니다. 그런데 지금은 부처님, 예수님을 팔아서 어리석음을 합리화하고 있지요.

이렇게 개인의 욕망에 사로잡혀 한 면만 보는 것을 편견이라고 합니다. 편견에 사로잡히면 괴로워하고 미워할 수밖에 없지만 사물의 전모를 보면 '그렇게 미워하거나 괴로워할 일이 아니다'는 것을 알 수 있습니다.

'미워하지 말라'가 아니라 '알고 보니 미워할 일이 아니네', '용서해라'가 아니라 '알고 봤더니 잘못한 게 아니네' 하고 알게 됩니다. 이걸 깨달음이라고 해요.

이렇게 자기 스스로 통찰력, 즉 지혜를 갖게 되면 괴로움이 사라지게 됩니다. 그래서 우리가 중생이지만 부처의 경지로 나아갈 수 있고, 우리가 땅에 살지만 어느덧 하늘의 경지에 다가가게 됩니다. 몸이 죽어서 천국에 가는 게 아니라, 우리가 지금 이곳에 살고 있으면서도 천국 같은 행복을 누릴 수 있다는 이야기입니다. 불교에서는 이것을 '번뇌 즉 보리'煩惱卽菩提라고 합니다. '보리'는 인도 말로 '깨달음'이라는 뜻이에요. 괴로움이 곧 깨달음이라는 겁니다. 성경에서는 '고통 속에서 하느님의 음성이 들린다'라고 합니다. 모든 것이 자기 뜻대로 되어서 기분 좋을 때 하느님의 음성이 들리는 게 아니라 우리가 고뇌에 차 있을 때 하느님의 참 음성이 들린다는 말이에요. 그래서 우리들이 살면서 겪는 이 고뇌나 의문이 우리가 천국으로 가는 통로이자 깨달음으로 가는 길이라고 말할 수 있습니다.

상사의 꾸중과 잔소리에 화가 납니다

냉정하고 권위적인 직장 상사와 갈등이 많습니다. 다른 직장 동료들은 다 저를 좋아하지만 유독 상사만 저를 못마땅하게 여기고 말을 험하게 하세요. 제가 생각하기에는 사소한 일로도 꾸중이 심해 화가 납니다. 상사에게 대들면 제가 손해니까 그 자리에서는 웃으며 넘기지만 집에 가면 계속 생각나고, 스님 법문을 들으며 자고 일어나면 좀 낫다가도 출근해서 상사를 보면 다시 짜증이 나는 일이 반복됩니다. 어떤 마음을 가져야 이런저런 말에 마음이 흔들리지 않고 당당하게 권위적인 상사와도 문제없이 직장생활을 잘할 수 있을까요?

"직장 상사가 어떤 말을 하는 것이 주로 문제인지 구체적으로 이야기해봐요."

"제가 보기엔 괜찮은 것 같은데도 '더 완벽을 기해라'고 합니다."

"완벽을 기하라는 말이 뭐가 잘못됐어요?"

"너무 사소한 걸 갖고 완벽을 기하라고 하니까요."

"사소한 게 뭔지 구체적으로 말해보세요."

"기안 같은 것도 좀더 완벽하게 하라고 하고, 성격이 난폭한 것 같아요."

"지금 상사를 미워하는데 정말 미워할 만한지 아닌지 우리가 지금 함께 알아보자는 거잖아요. '완벽을 기하라'는 말 자체는 미워할 대상이 아니잖아요."

"이거도 모르냐고 무시하는 말도 많이 합니다."

"질문자는 그걸 알았어요? 몰랐어요?"

"몰랐던 것 같습니다."(모두 웃음)

"그러면 '이것도 모르냐'고 말할 수 있잖아죠. 저도 즉문즉설 하면서 가끔 과학 이야기를 했을 때 여러분이 제대로 못 알아들으면 '내 강연을 들으려면 적어도 중학교는 나와야 하는데 이렇게 초등학생보다 모르는 사람들이 강연에 오면 어떡하느냐'고 하잖아요."

"좀 더 부드럽게 표현할 수도 있잖습니까?"(청중 웃음)

"저는 그저께 질문자가 하도 말귀를 못 알아들어서 '미쳤구나'라고 했습니다.(청중 웃음) 그래도 못 알아들어서 나중에는 더 심한 표현까지 썼어요. 그랬더니 어떻게 그런 말을 할 수 있느냐며 항의가 들어왔어요. '좀 정신 차려라' 이렇게 몇 번씩 말해도 안 되니까 극단적인 표현으로 자극을 준 거예요.

그걸 보고 '스님이 애정을 가지고 저렇게까지 해서라도 깨우쳐주려고 하는구나' 하고 좋게 생각하는 사람도 있고, 어떤 사람은 답답한 나머지 자기가 나서서 '그만해!'라고 소리 치기도 했어요. 그래서 제가 소리친 사람에게 그랬습니다. '당신도 질문 한번 해보세요. 당신은 그럼 쉽게 깨칠 줄 알아요? 옆에서 들으면 금방 알 것 같지만 당사자는 잘 못 깨달아요. 얼마나 답답하면 여기까지 와서 이 많은 청중 앞에서 핀잔 받아가며 질

문하겠어요? 그러니까 좀 기다리세요.'

이런 일이 있으면 사람마다 반응이 다양합니다. 첫째, '질문자가 말귀를 못 알아들으면 그냥 넘어가지 그걸 무엇 때문에 자꾸 하느냐' 이런 사람이 있고, 둘째, '깨우쳐주려고 스님이 저렇게까지 애쓰시는구나' 이런 사람이 있고, 셋째, '아니, 저 중이 저 사람을 언제 봤다고 저렇게 심한 말을 하는 거야?' 이런 사람도 있어요. 이렇게 사람마다 생각이 다릅니다. 질문자는 세 번째에 속하는 것 같습니다. 그런데 질문자의 상사는 욕은 안 한다면서 뭐가 불만이에요?"

"욕은 안 하지만 무시하는 말을 합니다."

"이것도 모르냐는 말이 무시하는 말이에요?"

"그밖에도 이것저것 많은데 기억이 안 납니다."(질문자 웃음)

"질문자가 말한 건 '확실히 해라', '이것도 모르냐'라는 두 가지였어요. 질문자가 별로 확실히 하지 않아서 '확실히 해라'고 했고, 질문자가 몰랐으니까 '이것도 모르냐'고 한 거잖아요. 또 이야기해보세요. 우리가 다 듣고 진짜 나쁘다고 할 만한 게 하나라도 있으면 찾아볼게요. 생각해보니 없죠?"

"사람이 다 완벽할 수는 없잖아요. 직장 상사가 그렇게 이야기하면 '너는 아냐?' 이런 생각이 들어요."(청중 웃음)

"질문자 같은 사람이 '깨달음의 장'에 오면 어떤지 알아요? '깨달음의 장'에 오는 사람은 자기가 깨우치러 온 거니까 제가 깨닫도록 도와줍니다. 그런데 발끈해서 오히려 저에게 너는 아느냐며 반발하는 경우가 있어요. 자기가 깨우치러 와놓고 저를 깨우치려 드는 거예요.

그것처럼 질문자는 지금 부하직원인데도 상사 노릇을 하려 들고 있어요. '네가 잘못했다' 하니까 '그러는 너는 잘 하냐?' 이렇게 받아치잖아요. 이해는 돼요. 부모님이 일찍 들어오라고 하면 '늦어서 죄송합니다' 하고 대답하는 아이들은 별로 없습니다. 인상 쓰면서 문을 쾅 닫고 들어가 버려요. 문을 쾅 닫을 때 아이는 속으로 '너나 빨리 들어와라' 이러는 거예요.(청중 웃음)

잘못했다고 야단칠 때 쾅 닫고 들어가는 건 '그러는 너는? 너나 잘 해라' 이런 마음의 표현이에요. 문을 닫는 정도가 아니라 아예 잠가버리는 건 더 듣기 싫다는 표현이예요. 따라 들어와서 두 번 물을까봐 못 들어오게 문을 잠가버리는 겁니다. 어릴 때는 이렇게 하는데, 자기가 부모님보다 덩치도 커지고 힘이 세지면 대들어요. 힘이 약할 때는 말을 안 하고 피하지만요. 질문자도 지금 힘이 약하니까 앞에서 바로 싸우지는 못하고 나름의 방식으로 저항을 하고 있는 거예요."

"직장 상사 앞에서는 아무렇지 않은 듯 웃습니다."

"직장에 붙어 있어야 하니까 그렇겠지요. 그러니까 이제 방법은 두 가지입니다. '확실히 해라' 하면 '네, 다음에 확실히 하겠습니다' 하고, '그것도 모르냐' 하면 '네, 몰랐습니다. 앞으로 잘 알아서 하겠습니다' 하면 되죠. 그게 사실이잖아요. 아니면 이런 소리 하는 사람과는 같이 못 지내겠다 하면 '안녕히 계십시오' 하고 나오면 되잖아요. 안 맞으면 나오는 게 제일 좋은데 못 나오잖아요.

첫째, 질문자는 밥 먹고 살아야 하니 직장을 그만두지 못합니다. 둘째, 자기가 못 그만두면 상사를 잘라버리면 되는데 질문자는 상사를 자를 능력이 안 돼요. 셋째, 그러면 상사의 성질머리를 고치면 되는데 질문자에게는 그걸 고칠 능력도 없어요. 어차피 그만두지도 못하고 고치지도 못하고 그냥 있어야 한다면 괴로워하면서 있는 게 나아요? 괴로워하지 않으면서 있는 게 나아요?"

"괴로워하지 않는 거요."

"괴로워하지 않으면서 거기 있으려면 어떻게 해야 할까요. 그 사람은 계속 그런 말투를 쓸 테고 나는 계속 거기서 살아야 해요. 그래서 지금 스트레스를 받습니다. 그러면 남은 선택은 두 가지입니다. 스트레스를 받고 사는 길과 안 받고 사는 길이 있어요. 내가 상사의 말을 가지고 시비하면 스트레스를 받고 살고, 그걸 그냥 그 사람 성격이고 말투라고 받아들이면 스트레스를 받지 않고 삽니다. 또 그 말이 사실이기도 하잖아요. 그러니 '이것도 모르냐' 하면 '네, 몰랐습니다' 하고, '확실히 해라' 하면 '확실히 하겠습니다' 하고 그냥 받아주면 되죠. 그런데 다른 직원한테는 안 그러고 질문자한테만 유독 그래요?"

"네."

"한 사람한테만 유독 다르게 구는 걸 심리학적으로 분석해 보면 애정이 좀 있다는 거예요."(청중 웃음)

"저도 그 상사를 좋아합니다. 배울 점이 많다고 생각하고 좋아하는데 직설적인 화법은 힘들어요."

"그런데 상사가 관심이 없으면 이런 말을 아예 안 해요. 다른 사람에게는 안 하면서 유독 질문자에게만 한다는 것은 애정을 표현하는 부산 사람들의 말투입니다. 저도 울산 사람이니까 경상도 사람들의 말투를 알잖아요. 저희 고향 친구들끼리 하는 말을 들어보면 이래요. '내일 우리집에 놀러와라' 하면 '그래, 갈게' 하면 될 걸 '가면 뭐 주는데?'라고 말합니다. (청중 웃음)

한번은 모임에 한 친구가 늦게 왔어요. '늦어서 미안하다' 이러면 서울 사람들은 보통 '오는 데 길이 막혔나?' 이렇게 이야기 하잖아요. 그런데 경상도 친구들은 그렇게 이야기하지 않고 '자식, 나는 너 오다가 죽은 줄 알았다' 이래요. (청중 웃음) 말투가 이렇다 보니 서울 여성들이 경상도 남편을 만나면 이런 것 때문에 상처입는 경우가 많습니다. 일반적으로 대화하는 말투인데도 오해를 사는 거예요.

한번은 제가 강연을 마치고 12월 31일 밤 12시가 다 되어 정토회관에 돌아온 적이 있었습니다. 법당에 들어가 보니 실무자들이 뭔가 한창 작업을 하고 있었어요. 연말정산 작업인 줄은 나중에 알았는데, 제가 '밤 12시가 다 되었는데 잠도 안 자고 뭐 하냐?' 이래서 실무자들이 엄청나게 상처받았다고 해요. 뭐 하는지 보면 알지 않느냐는 거예요. 질문자처럼 반응한 거죠. '보면 모르냐? 우리가 지금 놀고 있냐? 작업하고 있지 않느냐' 이런 뜻입니다. '아이고, 밤늦게 수고한다. 뭐라도 좀 먹었냐?' 이렇게 이야기해야 할 텐데, 우리 경상도 사람들은 수고한다고 대놓고 말하면 몸에 거머리가 기어가는 것 같아요. (모두 웃음)

그래서 그런 말이 잘 안 나오니까 '아직도 안 자고 뭐 하냐?' 이렇게 말해요. 버릇이에요. 어릴 때부터 그런 말투 속에서 자랐기 때문에 아무런 악의 없이 나름 잘 한다고 말 붙이는 게 그렇습니다. 그럴 때 '연말정산하고 있습니다' 하면 '아, 그러냐?'라고 말하지 않고 '좀 일찍일찍 하지, 그걸 꼭 연말 다 되어서 하냐?' 이럽니다. 저하고 같이 한번 살아보면 그 상사는 아무것도 아닙니다.(청중 웃음)

오늘도 밤 1시에 서울을 출발해서 새벽 5시에 울산에 도착했어요. 그런데 제가 서울에서 차에 타자마자 잠이 들어서 울산에 도착할 때까지 계속 잤어요. 평소에는 중간에 휴게소 들러서 기지개도 켜고 화장실도 다녀와서 다시 자는데, 오늘은 아예 한 번도 안 깨고 깊이 잠들었어요. 그래서 제가 운전하는 분더러 '아이고, 오랜만에 잘 잤다' 이러니까 '눈 때문에 길이 미끄러워서 천천히 왔습니다' 이렇게 이야기하는 거예요. 그래서 제가 '아이고, 수고했다. 평소에도 그렇게 운전했으면 내가 항상 잠을 잘 잤을 거 아니냐'라고 했어요.(모두 웃음) 왜 평소에는 그렇게 천천히 운전을 안 하느냐고 구박한 것처럼 들리지요? 아닙니다. 이게 '밤새 눈길 운전하느라 정말 수고했다'는 제 표현방식이에요. 저와 비교해보면 상사가 그래도 좀 낫죠?"

"비슷비슷한데 진짜 싫습니다. 칭찬을 안 합니다."

"그런데 질문자는 법륜 스님은 왜 좋아해요? 밤마다 법문을 들으면서 잘 정도로 좋아한다면서요. 상사와 법륜 스님 단 둘이 놓고 비교해보면 분명히 그 사람의 말버릇이 그래도 좀 더 나을 거예요. 그 사람보다 더 나쁜 법륜 스님도 내가 좋아할 수 있는데 그 사람을 좋아하지 못할 이유가 없잖아요.

아무에게나 그런 말을 하는 게 아니라 가깝게 느끼니까 그런 말을 하는 거예요. 악의가 없다는 걸 우선 알아야 합니다. 그렇다고 그 상사가 잘했다는 게 아닙니다. 저도 제 말투를 변명하려고 이런 이야기를 하는 건 아니에요. 다만 그 사람이 그렇게 생긴 걸 질문자가 어떡하겠어요. 질문자가 상사의 말투를 고칠 수가 없잖아요. 그 사람의 말투가 그럴 뿐, 꼭 나를 괴롭히려고 그러는 것이 아니에요. 그러니 그걸 자기가 어떻게 받아들이는지가 중요합니다. 관심이 있어서 그런다고 좋게 해석하세요.

그러면 '그런 관심은 싫으니 관심 갖지 마세요'라는 생각이 들 수 있겠죠. 그런데 그 사람은 질문자에게 관심이 가는데 그걸 또 어떡하겠어요? 앞으로 그 사람을 법륜 스님이라고 생각해 보세요.(청중 웃음)

"예, 세뇌를 해보겠습니다."

"세뇌까지 할 필요는 없어요. 세뇌를 한다는 건 앞으로 노력해야 한다는 이야기잖아요. 지금 질문자에게 가장 중요한 건 '별 일 아니네' 하고 아는 거예요. '별 일 아닌데 내가 좀 민감했구나. 왜 민감할까? 아, 내가 어릴 때 이러저러한 경험이 있어서 민감했구나' 하고 알아야 해요. 세뇌한다는 건 그 사람이 나쁜 사람인데 내가 좋은 사람으로 보려고 억지로 노력한다는 뜻이잖아요. 나쁜 걸 어떻게 좋다고 해요?

그 사람은 그냥 자기 식대로 사는 사람일 뿐입니다. 좋은 사람도 아니고 나쁜 사람도 아니고 그냥 자기 생각, 자기 말버릇대로 자기 인생을 사는 것뿐이에요. 질문자는 산에 가서 다람쥐를 보고 '천천히 다니지, 뭘 저리 급하게 돌아다니냐'라고 시비하는 것과 같아요.(청중 웃음) 다람쥐는 그냥 자기 식대로 사는 거예요. 다람쥐가 보기 싫으면 산에 안 가면 되잖아요. 그런데 산에는 가야 하고, 다람쥐더러 '뛰지 마라' 한다고 다람쥐가 고치지는 않고요. 그래서 산에 다녀올 때마다 다람쥐 때문에 산에 못 가겠다고 화내는 꼴이에요.(질문자 웃음)

그냥 다람쥐는 자기 나름대로 살도록 두고 나는 내 할 일을 하면 됩니다. 상사를 다람쥐 보듯 하고, 말을 하면 그냥 받아주세요. '확실하게 좀 해라' 하면 '네' 하고 대답하면 돼요. '확실하게 한다 해놓고 왜 안 했냐?' 이러면 '죄송합니다, 다음에 잘 할게요' 하고, '잘 한다고 말만 해놓고 왜 자꾸 그러냐?' 하면 '죄송합니다, 다음에 잘 할게요' 이러면 돼요. 제가 보기에는 '확실하게 하라'고 하는 말은 그 사람의 말투에요. 확실하게 해도 확실하게 하라고 할 거고, 안 해도 확실하게 하라고 할 거예요.(청중 웃음) '이것도 모르냐' 이 말도 마찬가지고요. 그러니까 '알겠습니다'라고 해주면 돼요."

"알겠습니다. 감사합니다."

직장에
꾸준히 다니기가 힘듭니다

저는 두 가지 나쁜 습관 때문에 고민입니다. 첫째는, 새로운 일을 할 때 망설이는 것이고 둘째는, 한 가지 일을 꾸준히 하지 못한다는 것입니다. 그래서 대학졸업 후에 사회생활을 하는 데 문제가 있습니다. 작년 8월에 다니던 회사를 그만두고 자격증 시험을 공부해서 취직을 했습니다. 올 1월부터 구직을 했는데 세 개 회사에서 합격 통지를 받았습니다. 그런데 출근 첫날부터 내가 이 일을 잘할 수 있을까, 이 회사의 재정을 생각했을 때 내가 오래 다닐 수 있을까 하는 생각이 들어 회사를 그만두었습니다. 다시 직장을 구하더라도 이런 마음이 또 올라와 회사를 그만둘 것 같습니다. 건강한 사회인으로 사는 방법은 무엇일까요?

"첫 번째는 자기 심리가 불안해서 이랬다저랬다 하기도 하고요. 두 번째는 욕심이 많기 때문에 씨앗을 심고 빨리 수확하고 싶어서 가을까지 기다리지 못하고 또 다른 곳에 씨앗을 심듯이 이렇게 이곳저곳, 여러 군데 옮기며 씨앗을 심고 있네요. 조급하고 욕심이 많은 것입니다.

그러나 질문자는 아직 문제아는 아닙니다. 조급함이 너무 커서 문제가 되었다면 학교도 마치지 못했을 것입니다. 직장도 여기저기 다녔다고는 하지만 자격증을 땄다는 것은 꾸준함이 어느 정도 있는 것이에요. 불안이 있지만 병이라고 할 정도로 심한 것은 아닙니다. 또 자기의 상태를 자각하고 있으므로 큰 문제는 아닙니다. 술 마시고 취한 줄 모르면 사고를 낼 확률이 커지지만 자신의 취기를 자각하면 사고는 치지 않습니다. 정상인에 비해 좀 문제가 있지만 병원에 갈 정도는 아닙니다. 자신이 자각하고 있으면 큰 문제는 안 됩니다.

첫째, 심리가 불안한 문제를 해결하려면 먼저 자신이 내가 심리가 불안하다는 걸 자각해야 합니다. 그러나 이것은 태생적이므로 쉽게 고쳐지지는 않습니다. 불안한 심리를 없애려고 하는데 잘 안 되니까 자신이 부족하다고 자책하게 됩니다. 그러나 자책을 할 필요는 없습니다. '나에게 불안증이 좀 있지만 이 정도는 괜찮아' 이렇게 알아차려야 합니다.

둘째, 꾸준히 하지 못하는 문제를 고치고 싶다면 취직을 해서 고치면 됩니다. 이번에 취직이 되면 돈을 주든지 안 주든지, 회사가 망하더라도 무조건 3년간 다녀 보세요. 천일기도 수행이라고 생각하면 됩니다. 직장을 다니는 것으로 천일기도를 하는 것이죠. 천일기도를 하려면 비가 오든 눈이 오든, 어떤 경우든 빠지지 않고 해야 하죠. 그처럼 직장을 구할 때도 처음 구해진 곳에 3년간 다닙니다. 첫 직장이 삼백만 원 주고 다른 직장이 오백만 원을 준다고 해도, 삼백만 원 주는 첫 번째 직장에 3년은 계속 다닙니다. 사장이 아무리 성격이 나빠도 3년 다니는 것을 수행으로 삼으면 병이 상당히 치유됩니다.

남녀 관계도 마찬가지예요. 외로워서 여자를 사귀다가도 여자가 결혼하자고 하면 겁이 나서 도망가게 됩니다. 회사만 그런 것이 아닙니다. 자

비가 오든 눈이 오든 하루도 빠지지 않고 천일 기도를 하듯,

기도하는 마음으로 3년간 직장을 다녀 보세요.

그렇게 직장을 수행 삼아 다니면 치유가 될 거예요.

기 불안이 병이에요. 이대로도 괜찮지만 개선하고자 하면 직장을 구해서 어떤 경우라도 핑계대지 않고 3년을 끝까지 다니는 것으로 수행해보면 좋겠네요. 한번 해볼 수 있을까요?"

"네! 할 수 있습니다." (청중 박수)

"예전에 굉장히 똑똑하고 재능이 있는데 불안증이 있는 사람이 나를 찾아왔어요. 머리를 탁 깎고 와서 '스님의 제자가 되겠습니다' 하는 겁니다. 그런데 보아하니 오랫동안 못 붙어 있을 사람이에요. 다른 절에 가보라고 했더니 이미 송광사도 3개월 있어 보고, 해인사에서도 행자 생활 3개월 하다가 나왔고, 그러다가 법륜 스님이 자기에게 딱 맞는 스승이라 생각되어 찾아왔다는 거예요.

스승과 제자가 된다는 것은 네 생각을 버리는 것이라고 했더니 '그렇게 하겠습니다' 해요. 제자가 되면 스승이 하자는 대로 해야 한다고 제가 재차 이야기해도 그렇게 하겠다고 했습니다. 그가 삼배를 정성스럽게 하고 나서 '무엇을 할까요?'라고 묻기에, '문경에 가면 내가 잘 아는 스님이 있는데 그분에게 가서 3년만 살다 오라'고 했어요. 그랬더니 그 사람이 '저는 스님 제자가 되려고 왔지, 다른 사람의 제자가 되려고 온 것이 아닙니다' 하면서 그곳에 가기 싫다는 겁니다. 제가 다시 '제자가 되는 것은 자기의 생각을 버리는 것이라고 하지 않았느냐?' 하며 문경에 가라고 했더니 또 안 가겠다는 거예요. 이렇게 이해를 못해 몇 번의 실랑이를 했어요. 그렇게 고집 피우려거든 제자 하지 말고 나가라고 했더니 그제야 문경에 가겠다고 하는 거예요. 그래서 그 스님이 뭐라고 하든 3년간 꼭 그곳에 있어야 한다고 다짐을 받고 보냈지요.

그런데 이튿날 아침에 바랑을 메고 털레털레 오는 겁니다. '무슨 일이 있어도 3년은 붙어 있으라고 했는데 왜 왔니?' 하고 물으니, 자기도 안 오려고 버텼는데 오늘 아침에 대중공사를 붙이기에 왔다는 겁니다. '어떤 일이 있어도 버티고 있으라고 하지 않았느냐? 이렇게 고집을 피우고 내 말을 안 들으면 나의 제자가 아니다'라고 하니, '스승이 스님만 있는 줄 아세요? 이 세상에는 스님보다 더 훌륭한 스님들이 많이 있어요' 하며 가버렸어요. 질문자는 내 말 알아듣겠어요?"

"네, 알아들었습니다. 절대 그만두지 않겠습니다."

"어느 절이든, 회사든, 여자든, 남자든, 그것이 중요한 것이 아닙니다. 회사에 부도가 나도 사장은 부도 처리한다고 회사 다닐까요? 안 다닐까요?"

"다닙니다."

"그러면 질문자도 사장처럼 회사에 3년은 계속 다니는 거예요. 먹고사는 건 사장이 주든, 다른 사람에게 얻어 먹든 어떻게든 해결이 돼요. 지식과 기술을 배우는 것이 수행이 아닙니다. 중요한 것은 자기 카르마를 바꾸는 거예요. 카르마를 바꾼다는 것은 매우 어렵지만 불가능한 것은 아닙니다. 그러나 원칙을 세우고 대결정심을 내면 고칠 수 있지요. 월급이 중요한 게 아니라 이 업식을 없애는 게 중요합니다."

"질문자를 위해 또 하나 얘기하면, 지리산 화엄사에 가면 각황전이라는 큰 법당이 있어요. 이 절이 지어진 유래는 이렇습니다. 임진왜란 때 불이 나서 대웅전이 타버렸어요. 절을 복원해야 하는데 돈이 없어서 절의 주지스님이 천일기도에 들어갔어요. 기도가 끝나는 날 꿈을 꿨는데 그날 처음으로 만나는 사람이 시주자이니 그 사람한테 끝까지 부탁하라고 했습니다. 해서 절 밖으로 나와 귀부인이나 고관대작을 만날 줄 알았는데 제일 첫 번째 만난 사람이 거지였습니다. 자기 먹을 것도 없는 거지에게 절을 짓는 큰 시주를 할 수 있을까 싶어 그냥 가려다 현몽을 꾼지라 거지에게 시주를 부탁해 보았어요. 거지가 '내 먹고 살기도 어려운데 내가 어떻게 큰 절을 지을 수 있겠느냐'며 화를 내도 계속 절을 지어달라고 부탁했어요. 스님이 계속 거지를 따라다니니까 거지가 거절하면서 뒷걸음질 하다가 그만 우물에 빠져 죽어버렸습니다. 천일기도의 공덕이 좋게 나타난 게 아니라 오히려 사람을 죽게 한 거죠. 그래서 그 스님은 너무나 크게 실망해서 절에서 두문불출하며 참회를 했습니다.

얼마 후 중국의 어린 황제가 즉위를 했는데 밤마다 스님이 꿈에 나타나서 시주를 하라고 따라다니는 겁니다. 괴로워서 고승을 불러서 물어봤더니 꿈에 나타난 스님의 옷차림새가 조선 사람이라는 겁니다. 거지가 죽어서 중국 황제로 태어난 거였죠. 결국 이 사람의 도움으로 절을 지었어요. 그래서 그 건물 이름이 각황전입니다. 그러니 믿음은 이렇게 굳건해야 합니다. 내 눈에 보이는 것이 전부가 아니고 들리는 것이 전부가 아닙니다. 우리가 들리지 않는 것을 듣고 보이지 않는 것을 봐야 그것을 진실이라 할 수 있습니다.

그렇게 카르마가 바뀌면 타고난 불안증이 오히려 복이 될 수도 있어요. 마음이 불안해서 방황하다가 이 좋은 법을 만났고, 병을 극복하기 위해 치료하는 과정에서 인생의 지혜를 얻게 되는 것입니다."

다른 사람 말에
상처를 잘 받습니다

저는 직장 생활도 즐겁게 하고 직원들과도 잘 지내려고 합니다. 그런데 계급이 높거나 본청에 근무하는 직원들 중 막말을 하는 사람들이 있어서 잘 지내려는 마음이 위축되는 것은 물론이고 막말에 상처받지 않으려고 저도 차갑게 사무적으로 대하게 됩니다. 다른 직원들의 어떤 말에도 동요되지 않고 즐거운 마음으로 지낼 수 있는 법을 알려주시면 직장생활이 더 행복해질 것 같습니다.

"어떤 사람이 나한테 '야, 이 자식아!' 하고 큰 소리를 치면 기분이 나빠져서 그 말을 계속 생각합니다. '어떻게 그런 말을 할 수 있지? 아무리 자기가 지위가 높다 해도 그렇게 막말을 할 수 있어?' 이렇게요. 이것은 남이 던져주는 쓰레기 봉지를 받은 것과 같아요. 받아보고 쓰레기인 줄 알았으면 버리면 될 텐데 계속 쓰레기 봉지를 안고 다니면서 '이 자식, 이게 뭐야. 이건 과자 먹고 나온 쓰레기이고, 이건 사과 먹고 나온 쓰레기네. 네가 어떻게 이걸 나한테 줄 수 있어?' 하는 것과 같아요. 계속 안고 다니면서 욕하고, 조금 있다가 또 꺼내보고 욕하고 또 꺼내보고 욕하는 거예요. 이러면 어리석은 사람이에요.

받아보고 쓰레기 봉지면 그냥 던져버리면 됩니다. '그 사람이 막말을 했다. 어떻게 그럴 수 있느냐? 너무 심하지 않느냐?' 하며 화를 내는 것은 쓰레기 봉지를 계속 뒤지고 있는 것과 같아요. 자기는 똑똑하다 생각하지만 옆에서 보면 바보예요. 쓰레기면 버려야지, 왜 계속 쥐고 있어요?

직장 동료가 싫으면 사표 내고 나가면 됩니다. 나갈 형편이 못 되면 위에 진정서를 내서 상사를 바꾸세요. 상사를 바꿀 형편이 못 되면 나서서 싸워가지고 말버릇을 고치세요. 그럴 형편도 못 되면 '저 사람은 말버릇이 저렇구나' 하고 귓등으로 듣고 넘기세요. 그것도 힘들면 우리말이 아닌 영어라고 생각하세요.(청중 웃음)

'이 새끼'는 '너'를 의미하는 영어라고 생각하고 그냥 들으면 돼요. '저 사람 성격이 저렇다. 말버릇이 저렇다. 그냥 저 사람의 카르마, 업식이다' 이렇게 이해해야 합니다. 이해하라는 건 좋게 보라는 뜻이 아닙니다. 그게 좋다고 칭찬할 일은 아니잖아요. 그냥 말버릇이 그렇다고 이해하세요. 이해하면 상대가 아니라 내가 편하고 좋아요. '어떻게 그런 말을 할 수 있냐?' 이러는 건 이해를 못 해서 내가 답답하니까 나오는 말이에요. '아, 직장 상사가 오늘 아침에 부부싸움을 해서 성질이 나니까 나한테 그랬구나' 이렇게 이해하면 내가 편안해집니다.

'아니, 내가 경찰 하려고 왔지, 상사 이해하려고 여기 왔나?' 이렇게 생각하면 사표 내는 수밖에 없어요. 다른 길이 있으면 그렇게 하라는 겁니다. 그런데 우리는 사표도 못 내면서 '사표 낼까, 사표 낼까' 끊임없이 생각하고, 교체도 못하면서 '위에 확 찔러서 교체해 버릴까' 내내 벼르고, 대들지도 못하면서 '확 대들어 버릴까' 하고 속으로만 곱씹습니다. 이게 바로 쓰레기 봉지를 들고 내내 뒤지는 것과 같아요.

그러니 그러지 말고 받자마자 그냥 버리세요. '알고 보니 사람은 괜찮은데 말버릇이 저렇구나' 혹은 '아이고, 오늘 기분이 안 좋은가 보다' 이렇게 넘어가면 돼요. 웃으면 '오늘은 기분이 좋은가 보다. 애인 만났나?' 하면 되지, 그걸 갖고 '저 성질 봐라. 아까는 성질내더니 금방 헤헤거리긴 왜 헤헤거리냐. 그러려면 아까 야단을 치지 말았어야지' 이러면 안 돼요. 남의 성질을 고치려다 내가 죽습니다.(청중 웃음)

내 성질도 내가 고치기가 어렵고, 내가 낳아서 키운 자식의 성질도 고치기 어려운데 어떻게 남의 성질을 고칠 수 있겠습니까? 그러니 남의 성질을 고치려고 하지 마세요. 그건 그 사람 본인이 고치도록 놔두세요.

다만 그게 공무원 수칙이나 노동 규율에 어긋나는 경우에는 법적으로 대응하십시오. 아랫사람이라 해도 인권이 있기 때문에 함부로 대하면 안 되잖아요. 그 규칙에 어긋나면 자기 권리를 행사해야 합니다. 바로 고발이나 고소를 해야 해요. 그렇게 대응하는 것을 나쁜 일이라고 생각하면 안 됩니다. 대한민국 국민으로서 나에게 주어진 권리가 침해당할 때는 정확하게 이야기해야 합니다. '그건 아닙니다. 당신은 제게 명령할 권리는 있지만 제게 욕할 권리는 없습니다' 이렇게 딱 이야기를 하세요.

그럼 잘리지 않겠냐고요? 세상을 바꾸려면 그 정도 피해를 각오해야 합니다. 독립운동 할 때는 나라를 되찾으려고 목숨을 걸어야 했고, 민주화 운동할 때는 감옥에 갈 각오를 해야 했잖아요. 세상을 더 낫게 바꾸려면 그 정도 불이익은 감수해야죠. 나는 불이익을 하나도 안 당하고 세상이 좋아지는 경우는 없어요.

그러니 고치려면 불이익을 감수해야 하고 불이익을 감수하지 않으려면 질문자가 적응하는 수밖에 없습니다. 억울하고 분해하면 질문자만 손해라는 이야기입니다."

민원인의 언어폭력으로 직장생활이 힘듭니다

저는 보건소에 근무하며 하루에 한두 통에서 많게는 10여 통에 이르는 민원 전화를 받습니다. 마치 제가 큰 죄를 지은 양 민원인들이 화를 내며 항의해서 언어폭력에 시달리고 있습니다. 컨디션이 좋거나 받아들일 자세가 되어 있을 때는 괜찮지만, 그렇지 않을 때는 너무 힘들어서 직장을 그만두거나 한바탕 싸워버리고 싶어집니다. 이럴 때는 어떤 태도로 어떻게 잘 풀어가야 할까요?

"질문자의 현재 업무가 보건의료에 관계되는 민원을 접수하는 일 아닙니까? 그거 하라고 월급을 주는 것이잖아요.(청중 웃음) 그 사람이 화가 나서 욕을 하는 걸 어쩌겠어요?"

"그걸 받아들이기엔 제가 너무 그릇이 작은 건지…."

"그러면 그만두고 중국집 주방 가서 일하면 되죠. 지금 정도의 월급과 대우를 받고 살려면 국민들의 그런 민원 정도는 들어줘야죠. 욕을 하든 뭘 하든 그건 그 사람의 성질이니까 그냥 들으면 돼요. '욕이 배 뚫고 안 들어간다'는 말도 있잖아요."

"어떤 법을 적용해서 당장 해결할 수 있으면 괜찮지만 그러기 힘들면요?"

"질문자에게 해결하라고 안 했잖아요, 민원을 들어주라고 했죠. 질문자가 해결해야 한다는 부담을 느끼고 있으니까 지금 스트레스를 받는 거예요. 질문자가 해결할 수 있는 게 아니잖아요. 그럼 그냥 들어주고, 해결할 수 있는 것은 해결해주고, 못 하는 건 못 하는 거죠 뭐."

"못 한다고 하면 예컨대 감사위원회나 감사부서에 다시 민원을 제기해요."

"그러면 그쪽에서 처리하겠죠."

"그러면 다시 저희들한테 옵니다."

"돌아오면 위에다가 '이건 해결 못 합니다' 하고 이야기하면 되잖아요."

(청중 웃음)

"그러면 일이 계속 많아지고…."

"일이 많아야 질문자가 월급을 받죠.(질문자 한숨, 청중 웃음) 왜 공짜로 먹고 살려고 해요? 일을 해서 먹고 살아야죠. 그 사람이 민원을 제기하고 항의를 해주기 때문에 질문자 같은 직책과 부서가 있는 거예요. 민원이 없으면 부서를 없애버리지 왜 놔두겠어요?"

"그런데 스트레스가 많아서 그걸 어떻게 해야 할지 모르겠어요."

"공짜로 먹으려니 스트레스가 많은 거예요.(청중 웃음) 민원인들이 다 고분고분하면 좋겠다고 바라잖아요. 민원인 입장에서는 하소연하고 항의할 곳이 민원 받는 부서밖에 없어요. 다른 어디에 가서 말을 하겠어요? 그러니 질문자는 그걸 받아주고 먹고사는 거예요.

'무슨 일이죠? 네, 알겠습니다.' 욕을 하면 '쌍시옷 자 떼고 이야기하세요' 이러면서 받아주면 되지요. 그게 뭐 어려워요? 두들겨 맞는 것도 아니고 좀 들어주기만 하는 건데요. 그래도 정 듣기 힘들면 스님의 유튜브 법문을 좋아하신다고 하니까 유튜브 법문이라도 틀어놓고 들으면서 그냥 '네, 네, 알겠습니다. 전화번호 알려주세요' 이러면 돼요.

질문자는 지금 민원인에게 자꾸 끌려들어가고 있어요. 우리가 남에게 항의할 때 어떻게 하는지를 한번 생각해보세요. 우리도 뭐가 잘못되면 다 대통령한테 이야기하잖아요. 지금 교과서 국정화 문제도 대통령한테 이야기하는데 대통령은 '그건 교육부 소관'이라고 해요. 우리는 음식이 다양한 가운데 골라 먹는 게 낫다 싶지만 위에서는 '뭐 그리 복잡하게 신경 쓰냐? 하나 딱 주는 대로 그냥 먹으면 되지'라고 해요. 중국집 가도 그래요. 각자 취향대로 시키면 될 텐데 한국 사람은 대부분 '야, 뭐 먹을래? 짜장면, 짬뽕 둘 중에 손들어라' 이러잖아요. 그건 습관이에요. 나이 든 사람들은 '뭐 이리저리 복잡하고 시끄럽게 하냐? 하나로 통일하면 되지' 이러고, 젊은 세대는 '사람마다 식성이 다른데 무슨 음식까지 정해줄 필요 있냐? 자기 알아서 골라먹도록 열어주면 좋지' 이래서 의견 차이가 생기는 거예요.

민원인들이 욕을 해서 괴롭다는 마음은 이해됩니다. 그런데 취직 못하고 있는 젊은이들에게 한번 말해보세요. '여기 오면 쌍욕을 이렇게 많이 들어야 하는데, 그래도 이 직업 가질 사람 손들어 봐라.' 손드는 사람이 엄청나게 많을 거예요. 그러니 자리 넘겨주고 그냥 다른 일 하면 돼요. (청중 웃음)

이건 각자 신념의 문제예요. 청소를 하거나 농사를 짓고 사는 게 낫지,

이유 없이 욕 얻어먹는 건 싫다면 소신껏 탁 버리고 나와서 다른 일 하면서 살면 돼요. 그런데 청소부 일 좀 해보고 중국집 배달 일 좀 해봤는데 '그것보다는 욕 좀 얻어먹더라도 이 일이 낫겠다' 싶으면 욕 좀 얻어먹고 사는 거예요. 욕하지 말라고 아무리 이야기해본들 화가 잔뜩 나서 찾아온 사람이 욕 안 하겠어요? 제일 확실한 해결책은 시장이나 도지사한테 얘기해서 민원과를 아예 폐지시켜버리는 겁니다.(청중 웃음)

그런데 시장이나 도지사는 표를 얻으려면 민원과를 늘려야 해요. 또 시민이 주인이니까 민원과는 늘리는 게 정상이에요. 그러니 우리가 민주주의를 확대해 갈수록 민원이 늘 수밖에 없어요. 다만 시민들은 아직 훈련이 덜 되어 있습니다.

민원을 넣으려면 사실대로 서류를 첨부해서 정확하게 이야기하는 게 민원 처리에 더 효과적이라는 점을 알면 좋은데, 대부분의 사람들은 억울한 마음이 앞서요. 그 억울함을 못 견뎌서 이야기했는데 금방 해결이 안 되니까 입에서 욕부터 나옵니다. 나한테 권리가 있다는 생각은 하지만, 그 권리를 행사하는 절차를 잘 몰라서 성질부터 내는 거예요. 이건 민주주의의 발전 단계에서 나타나는 과도기 현상이니까 시간이 좀 흘러야 해요. 점차 사회 교육이 이루어져서 조금씩 나아지지, 당장은 달리 방법이 없어요.

잔소리 듣기 싫으면 그만둬버리고 청소를 하든지 다른 일 해도 됩니다. 굳이 욕먹어 가면서까지 다닐 필요는 없어요. 그래도 욕 듣는 게 더 낫겠다 싶으면 그냥 욕을 기꺼이 받아주세요. 그럴 때 그냥 들으면 스트레스 받으니까 이렇게 한번 생각해보세요. '저 분이 얼마나 답답하면 저럴까?

얼마나 여러 군데 찾아가도 안 되었기에 저럴까?' 이렇게 생각하고 들으면 듣는 게 하나도 불편하지 않아요. 욕에도 별별 욕이 다 있는 걸 배우니 오히려 재미있어요.(청중 웃음) '아까 한 욕 좀 적어놓고 싶은데 한 번 더 말해주세요.' 이러면 욕하던 상대가 웃어요. 인생이란 이런 속에서도 웃을 수 있는 길이 열려야 합니다."

'저분이 얼마나 답답하면 저럴까?
얼마나 여러 군데 찾아가도 안 되었기에 저럴까?'
이렇게 생각하고 들으면 듣는 게 하나도 불편하지 않아요.

취업을 빨리 해야 할까요, 1년쯤 놀고 하는 게 좋을까요

스물다섯 살 취업 준비생입니다. 대학교 4학년인데 그동안 취업을 하기 위해서 토익시험, 자격증 취득, 봉사활동 등 많은 노력을 했습니다. 그런데 주변에서 선배들이 자꾸 취업을 늦게 해라, 일찍 취업해도 소용없다고 말합니다. 저는 취업을 빨리 하고 싶은데, 어떻게 해야 할지 고민입니다. 만약 선배들의 조언대로 1년 동안 논다면 어떻게 시간을 보내는 것이 의미 있을까요?

"스물다섯 살이나 된 사람이 놀면 안 되지요. 일을 해야지. 선배의 조언을 참고하면 이런 교훈을 얻을 수 있어요. 우리는 빨리 취업한 사람을 부러워하죠. 그러나 취업한 당사자 얘기를 들어보면 부러워할 일이 아니죠. 그래서 선배가 '취업을 빨리 할 필요 없다. 젊음을 만끽할 기회가 없어진다'고 해서 취업을 천천히 해야겠다는 생각을 한다면 이것은 남의 말에 너무 끌려 다니는 것입니다. 그렇다고 취업을 빨리 해야 되겠다고 생각한다면 이것은 자기 생각에 너무 빠져있는 것입니다.

이 둘을 합하면 어떻게 될까요? 나이가 스무 살이 넘었으면 일단은 취직을 해야 됩니다. 그래서 일단은 원서를 내는 겁니다. 그러나 가능한 취직이 안 되길 바라면서 원서를 내는 겁니다. 취직은 늦게 하면 좋다는 선

배의 조언을 들어야 하니까요.(청중 웃음)

그렇다고 선배의 조언대로 취직도 안 하고 맨날 술만 먹고 놀면 부모님한테 미안하잖아요. 주위 사람들이 볼 때도 1년 동안 펑펑 놀면 불성실한 사람으로 비춰지잖아요. 또 자기 자신에 대해 자긍심이 안 생겨요. 그래서 마땅히 취직을 하기 위해 노력을 하는 겁니다. 그래서 원서는 내지만 선배의 조언을 생각하면서 가능한 취직이 안 되기를 기도하는 겁니다.

원서는 냈는데 안 되는 것은 내 잘못이 아니죠. 원서를 내서 취업이 안 되면 나는 놀 수 있으니까 좋죠. 그러나 비난은 안 받지요. 부모님이나 주위에서 보기에 노력은 한 거잖아요. 노는 것도 선배의 조언대로 할 수 있고, 나는 주위의 비난도 안 받고, 얼마나 좋아요? 그래서 부지런히 원서를 내되 가능한 한 안 되기를 바라는 겁니다.

'안 돼도 그만이다' 이런 생각을 갖고 면접을 보니까 덜덜 떨 필요가 없겠죠. 그래서 면접 볼 때 나의 소신을 당당하게 말할 수도 있게 됩니다. 선배의 조언대로 나는 가능한 한 취직이 안 되는 것이 좋으니까요. 가능한 많이 떨어질수록 부모가 볼 때도 노력을 많이 한 것이 되죠. 노력은 많이 하고 나는 계속 놀 수 있는 겁니다. 그러다가 내 기도가 안 먹혀서 재수없이 취직을 하게 되면 그냥 다니는 겁니다.(청중 박수와 웃음)

제가 어느 대학교에 강의를 갔는데, 한 교수님이 저한테 '우리 과에 취업 원서를 249번을 내고 취직이 된 학생이 있다'고 해요. 그래서 제가 '그 학생은 학교에서 강의를 해도 되겠네요. 취업 전문가잖아요' 하니까 '맞아요. 지금 취업 준비생을 위한 강의는 그 친구가 다 하고 있어요' 그랬습니다. 취직시험에 248번 떨어졌으니 진짜 복이 없는 사람이라고 볼 수도 있지만 그 사람은 취업 연습을 249번을 했기 때문에 그 분야에서는 최고의 전문가가 된 겁니다. 취업에 대해서는 교수들과는 실력이 비교가 안 된다는 거예요. 교수는 249번 연습해 본 적이 없잖아요.

그러니 연습으로 생각해야 합니다. 취업에 목을 매달면 내가 초라해집니다. 노력을 안 하고 빈둥빈둥 놀면 게으르고 무책임한 사람이 됩니다. 그러니 나는 노력을 하고, 떨어지면 놀고, 재수없이 걸리면 다니고, 얼마나 좋아요?

떨어져서 새로 원서를 내는 것이 괴로움이 아니라 그 과정도 즐거움이 될 수 있습니다. 그것은 내 인생의 낭비가 아니라 그때야말로 내 인생의 실력을 쌓아가는 중요한 시기입니다. 이렇게 접근하면 좋을 것 같아요."

취업에 목을 매달면 내가 초라해집니다.

노력을 안 하고 빈둥빈둥 놀면 게으르고 무책임한 사람이 됩니다.

그러니 나는 노력을 하고, 떨어지면 놀고,

재수없이 걸리면 다니고, 얼마나 좋아요?

덜렁대는 성격을 고칠 수 있을까요

저는 직장생활을 하면서 어리버리해서 고민입니다. 건망증이 심하고 덜렁대는 통에 필요한 것들을 잘 빠뜨리고 상대방의 말을 잘못 이해해서 일을 그르칠 때가 잦습니다. 숫자에도 약해서 숫자 관련 작업은 검토를 여러 번 하느라 마감을 넘기기 일쑤입니다. 저 때문에 동료들도 불편을 겪을 때가 많고요. 이런 성격을 어떻게 고쳐야 할까요? 고칠 수는 있을까요?

"와, 어려운 질문이네요. 저런 걸 고치는 기술이 있으면 제가 돈을 많이 벌었을 텐데요. 그건 병원에 가 봐야죠.(모두 웃음) 화를 내거나 하는 것은 모르겠지만 기억력이 부족한 걸 제가 어떻게 해주겠어요? 저도 못 고치고 있는데요. 저는 누가 와서 인사하면 항상 '누구세요?' 하고 물어봐요. 그리고 제 전화번호도 수첩에 안 적어놓으면 몰라요. 저랑 비슷하네요. 내 병도 못 고치는데 남의 병을 어떻게 고치겠어요? 그냥 그런 대로 사세요. 저도 잘 살잖아요.

특별한 방법은 없고, 조금 도움이 되는 방법은 알려드릴게요. 명상을 좀 하면 좋아요. 그냥 앉아만 있다고 명상이 아닙니다. 그렇다면 나무토막이나 꿔다놓은 보릿자루와 무엇이 다르겠어요.

명상은 세 가지 조건이 갖춰져야 합니다.

첫째, 마음이 편안해야 돼요. 마음이 불안하거나 들뜨면 안 됩니다. 마음이 긴장되어도 안 돼요. '잘 해야지' 하면 긴장하는 겁니다. 뭘 해야겠다는 의도가 들어가도 안 돼요. 아무 할 일 없이 편안하게 있어야 합니다. 마음이 들뜨거나 불안해하거나 긴장하지 않고 편안하고 고요하게 머무는 것이 바탕이 되어야 합니다.

둘째, 마음이 집중이 되어야 합니다. 가장 쉬운 게 호흡에 집중하는 것입니다. 먼저 눈을 감고 자기 마음을 콧구멍 끝에 딱 집중시켜 보세요. 내가 지금 숨을 쉬고 있다는 걸 알겠지요? 살아있는 사람 치고 숨 안 쉬는 사람은 없잖아요. 그런데 우리는 내가 숨을 쉬는지 안 쉬는지 평소에 자각을 못 해요. 조금만 집중해보면 숨을 쉬고 있는 줄 알게 됩니다.

셋째, 알아차림이 있어야 해요. 숨을 쉰다는 건 숨이 들어가고 나온다는 거예요. 수식관은 숨이 들어갈 때 들어가는 줄 알고, 숨이 나올 때 나오는 줄 아는 거예요. 숨이 가쁘면 가쁜 줄 알고, 숨이 고요하면 고요한 줄 아는 거예요. 숨을 빨리, 천천히, 혹은 깊이 쉬어야겠다며 어떤 의도를 하는 게 아니라 숨은 그냥 내버려 두는 겁니다. 숨은 가만히 내버려둬도 알아서 쉬어지잖아요. 바쁘게 뛰어다니거나 흥분하면 빨리 쉬어집니다. 빨리 쉬어졌다가 천천히 쉬어졌다가 규칙적이었다가 불규칙적이었다가, 알아서 저절로 바뀌는데 그걸 '숨을 편안하게 쉬겠다, 고르게 쉬겠다' 하며 의도하면 피곤합니다.

명상은 피곤하면 안 돼요. 편안하고 고요한 상태에서 눈을 감고 코끝에 마음을 딱 집중해보면 '숨 쉬고 있구나' 알아집니다. 숨이 빨리 드나드는지, 천천히 드나드는지, 규칙적으로 드나드는지, 불규칙적으로 드나드는지는 상관할 필요 없어요. 그 상태를 내가 알아차리는 겁니다. 알아차림이 있어야 해요.

그런데 보통은 눈 감은 상태에서 편안하고 고요하면 3분 이내로 잠이 오죠. 잠이 올 때는 또렷하게 깨어 있는 것이 아니라 멍청한 상태가 돼요. 고요하면 금방 멍청해져 버립니다. 그래서 안 자려고 정신을 차려서 '호흡을 알아차려야지' 하고 코끝에 딱 집중하면 긴장하게 됩니다. 정신을 차리려 들면 긴장되어서 '마음이 고요하고 편안해야 한다'는 조건에 어긋납니다. 마음이 고요하고 편안하면 졸아서 멍청해져버립니다. 또 졸지 않으면 머릿속에서 온갖 생각이 떠올라요. '어제 누가 뭐라고 했더라', '커피 한 잔 마시면 좋겠다', '내일 뭐 해야지' 이렇게 과거의 생각이나 미래의 생각으로 오락가락하느라 호흡을 놓쳐버립니다.

편안하면 졸리거나 망상을 피우고 정신을 차리면 긴장합니다. 이 둘을 다 뛰어넘어야 해요. 편안하고 고요한 가운데, 마음을 코끝에 딱 집중해서, 들숨과 날숨을 분명히 알아차려야 합니다. 들숨을 들숨인 줄 알고 날숨을 날숨인 줄 알아야 해요. 숨이 길면 긴 줄 알고 짧으면 짧은 줄 알아야 합니다.

이렇게 알아차리는 훈련을 명상이라고 하고, 이렇게 들숨과 날숨을 알아차리는 명상법을 수식관이라고 합니다. 관觀이라는 것은 있는 그대로 알아차린다는 뜻이에요. 수식관은 가장 보편적인 명상법입니다. 단전호흡이나 복식호흡과는 다릅니다. 단전호흡이나 복식호흡은 의도적으로 숨을 길게 들이쉬어서 횡경막을 내리고 잠시 참았다가 천천히 내쉬는 것으로 수련에 속합니다. 기를 한쪽에 모아 큰 힘을 내는 거예요. 그러나 수행은 수련이 아닙니다. 의도를 일으키면 안 돼요. 모든 의도를 내려놓고, 고요하고 편안한 가운데 코끝에 딱 집중해서 들숨과 날숨을 뚜렷이 알아차리는 것입니다. 뚜렷이 알아차림이 유지돼야 합니다. 정신이 아주 맑아야 해요. 번뇌가 일어나도 거기에 끌려가지 않고 호흡에 집중해야 합니다. 그런데 그게 잘 안 돼요. 질문자처럼 그렇게 멍청한 상태에 있으면 더 안 돼요.(청중 웃음)

이렇게 계속 연습하면 집중력이 키워집니다. 옛날에 활 쏘는 사람들 보면 30미터 앞에 솔방울을 매달아놓고, 활을 바로 쏘지 않고 노려봅니다. 그렇게 하루, 이틀, 열흘, 한 달 노려보면서 솔방울이 북만큼 커져 보일 때까지 계속 집중하는 거예요. 드디어 솔방울이 커다랗게 보일 때 활을 딱 쏘면 조그만 솔방울에 화살이 딱 맞습니다. 그렇게 집중력을 키워주는 연습방법 중 제일 쉬운 게 자기 호흡을 알아차리는 거예요. 호흡은 항상 있어서 화장실 갈 때, 목욕할 때, 잘 때도 쉬지 않잖아요. 24시간 내가 살아있다는 증거예요. 살아있는 한은 늘 호흡이 있습니다. 거기에 딱 집중해서 알아차리는 훈련을 하면 조금은 나아져요."

직장의 비합리적인 관행에 스트레스를 받아요

갓 취직한 사회 초년생인데 기대했던 바와 다르게 직장에서 비합리적이라고 생각되는 일을 많이 겪고 있습니다. 반항하고 싶지만 하지 못하고 묵묵히 받아들여야 하는 데서 오는 스트레스가 큽니다.

"취직한 지 몇 개월 됐어요?"

"지금 딱 5개월이요. 이 직업이 그럴 것이라는 생각을 하지 않고 지원했는데 그런 일을 겪다보니 더 자괴감이 컸던 것 같아요. 그래서 고민이 좀 됩니다."

"한 1년쯤은 그냥 있어보면 어때요? 우리가 어디를 가든 낯선 곳에 가면 항상 분별이 많이 일어납니다. 이건 옳고 저건 그르고, 이건 맞고 저건 안 맞고. 이렇게 생각이 많이 일어나요.

제가 운영하는 구호단체 JTS는 인도에 학교와 병원이 있어서 자원봉사자를 파견합니다. 파견되어 가면 처음에는 말이 많아요. 마치 인도 전체 사회를 고쳐주려는 양 '사람들이 게으르다, 어떠어떠하다' 온갖 이야기들을 하죠.

그런데 인도의 여름을 한번 견뎌보면 이해가 돼요. 가만히 있어도 온

몸에서 땀이 줄줄 흘러요. 5~6월은 거의 매일 40도가 넘고 심할 때는 47도까지도 올라가거든요. 낮 기온이 그렇게 체온보다 높으니까 책상이며 가구에 손을대면 뜨끈뜨끈하고, 선풍기를 틀면 온풍기처럼 더운 바람이 불어요. 응달에서 잰 기온이 체온보다 높으니까요. 목욕탕 물이 40도면 뜨거운 편에 들어가는데, 그 정도로 뜨거운 바람인 거예요. 이런 환경에서 작업을 하기는 굉장히 어려워요. 그런 기후를 직접 겪어 보면 이 사람들이 동작이 느리거나 낮에 좀 자야 한다는 것을 이해하게 돼요.

그런데 인도의 여름을 겪어보지 않으면 그들이 참 답답해 보입니다. 그래서 인도에 3년 가서 일할 사람들에게 제가 1년은 묵묵히 한번 견뎌보라고 합니다. '이런저런 생각이 떠오르더라도 노트에 적기만 하고 말은 하지 마라. 그리고 1년이 지난 뒤 그 노트를 한번 펴 봐라. 1년이 지나고 보니 아, 이해가 된다. 내가 생각을 잘못 했구나. 이렇게 여겨지는 것들은 다 지워라. 다 지운 뒤 남는 것을 가지고 본격적으로 문제제기를 해라.'

그렇다고 가만히 주어지는 대로 그냥 살라는 것은 아니에요. 사람이란 살다보면 익숙해져서 개선할 문제점을 못 찾습니다. 밖에서 보면 문제가 뭔지 훤히 보이는데 그 안에서 사는 사람들은 이미 거기에 물들어 있기 때문에 전혀 문제의식이 없어요. 그러니 거기 가서 그대로 생활만 따라하면 안주자가 되기 때문에 변화와 발전이 없어요. 그러나 가서 보자마자 자기 생각을 이야기하면 갈등이 생깁니다. 그래서 '그 생각을 기록은 하되 그걸 갖고 문제제기는 하지 마라. 일정한 시간이 지난 뒤에 다시 돌아봤을 때도 문제라면 그때부터 하나하나 차근차근 문제제기를 해라' 이렇게 말하는 것입니다.

감정이 섞여서 올라올 때는 문제제기를 하면 안 돼요. 그러면 항의처럼 되거든요. 그러니 마음이 차분한 상태에서, 내가 기분 나빠서가 아니라 그들을 위해서도 이건 개선하는 게 좋겠다는 마음이 들 때 문제제기를 해보면 좋겠습니다.

질문자는 사회생활을 안 해봤잖아요. 들어가자마자 보이는 온갖 것이 불만이라는 게 이해는 됩니다. 그러나 문제제기는 조금 있다가 하고, 한 1년은 배우는 마음으로 임하는 게 좋겠습니다. 그리고 한 1년쯤 지나서 마음이 들떠 있는 상태가 아니라, 즉 불만의 마음이 아니라 차분한 상태에서 봐도 '이 회사를 위해서나 그분들을 위해서도 이건 개선하면 좋겠다. 이대로 생활할 수도 있지만 개선하면 더 발전적이 되겠다' 이럴 때 문제제기를 하라고 권유하고 싶습니다.

긍정 위에서 비판을 하면 혁신을 가져옵니다.

'대한민국은 살 만하다. 30년 전에 비해 경제도 좋아졌고, 정치도 조금 더 민주화되었고, 국방도 더 튼튼해졌다. 그러나 대한민국은 정치적으로 아직 제왕적 대통령제여서 민주주의가 우리의 일상생활에 다가오지 않고 있고, 경제는 먹고는 살만 하지만 빈부격차가 너무 크게 벌어지고 있어 빈부격차를 줄이는 경제민주화가 필요하고, 불공정한 경쟁을 개선해서 공정사회를 지향해야 한다. 복지도 확대해야 하고, 남북간 갈등으로 안보도 불안정하니 평화가 정착되도록 남북관계를 개선해야 한다.'

이런 비판의식을 갖는 건 좋아요. 긍정 위에 비판의식을 가지면 그것이 개선의 에너지, 혁신의 에너지가 됩니다. 그런데 '대한민국은 형편없다. 살 만한 곳이 못 된다. 요즘 말로 하면 헬조선이다' 이런 생각 위에 이것저것 비판을 하면 두 가지 현상이 나타납니다. 하나는 화가 자꾸 나서 폭동을 일으키고 싶은 마음, 즉 파괴적 에너지가 나오는 것입니다. 다른 하나는 이민가고 싶다, 이렇게 회피 혹은 도망가고 싶은 마음이 나옵니다. 현재 대한민국이 개선해야 할 점이 많기는 하지만, 사회적 궤를 온전히 뒤집는 혁명을 해야 할 때인지는 좀 더 검토해볼 필요가 있습니다.

그래서 긍정 위에 비판정신이 있어야 합니다. 긍정 위에 비판정신이 없으면 안주하게 되고, 부정 위에 비판정신이 있으면 파괴적 에너지가 나오거나 아니면 회피하는 쪽으로 가게 됩니다. 긍정 위에 비판정신이 있으면 혁신과 개선 쪽으로 에너지가 갑니다.

질문자가 불만이 있다는 것은 사회 초년병이 배우려는 자세를 갖고 임하기보다는 거기 있는 모든 사람을 자기 생각으로 가르치려는 생각이 있다는 뜻 같아요. 그러니까 조금 마음을 가라앉히고 조금 더 배우는 자세로 임해보세요. 그 사람들이 그렇게 사는 데는 따져보면 다 이유가 있어요. 그렇다고 다 따라하라는 건 아니에요. 문제가 된다 싶은 것은 체크를 해두었다가 한 1년 지나거든 그때부터 개선을 위한 노력을 해보면 좋겠습니다. 1년은 그냥 공부삼아 적응하는 노력을 해보시면 좋겠습니다."

"네, 감사합니다."

육아를 위해 직장을 그만두려니 갈등이 됩니다

7개월 된 아기 엄마입니다. 육아 휴직을 하고 아기를 키우고 있는데, 저희 회사는 1년만 쉴 수 있어서 2월에는 복직해야 합니다. 휴직 시작할 때는 무조건 회사를 그만두고 3년은 제 손으로 키우겠다고 생각했는데, 복직할 때가 점점 다가오니까 그만두기 아까운 마음이 들어요.

아기와 지내는 것이 즐거워서 회사 생활에 미련이 남진 않지만 돈에 미련이 생기고, 요즘 외벌이로는 아기를 못 키운다는 이야기를 들을 때마다 걱정이 됩니다. 아기를 제 손으로 3년 키운 뒤 돈을 다시 벌고 싶지만, 지금도 취업이 이렇게 어려운데 3년 뒤에 과연 40대의 경력단절 주부를 써줄 직장이 있을지도 고민되고요. 남의 이야기일 때는 쉬웠지만 막상 제 일이 되니 마음이 갈팡질팡하고 어떻게 해야 할지 모르겠습니다.

"먼저 아이라는 존재의 성격을 이해해야 합니다. 큰 부잣집에 사는 것과 작은 집에 사는 것, 큰 자동차를 타는 것과 작은 자동차를 타는 것의 차이가 한 살짜리 어린아이에게는 중요하지 않아요. 기저귀가 일제인지 국산인지가 아이에게 중요할까요? 이건 아이가 아닌 엄마에게 중요할 뿐이에요. 아이 유모차를 좋은 걸로 마련해 놓으면 엄마가 기분이 좋고, 기저귀를 좋은 걸로 갈면 엄마가 기분이 좋고, 큰 자동차를 타면 엄마가 기분이 좋은 거예요. 그게 아이에게 나쁘다는 이야기는 아닙니다. 엄마에게 좋다고는 할 수 있지만, 아이에게는 중요하지 않다는 거예요.

아이의 입장에서는 엄마 젖꼭지를 무는 게 우유병 꼭지를 무는 것보다 나아요. 또 말랑말랑한 엄마 가슴 만지고 심장박동 들으면서 젖 먹는 게 좋지요. 아이 입장에서는 사랑해주는 엄마의 품에 안겨서 자라는 것이 심리적으로도 훨씬 안정이 됩니다. 엄마가 아닌 다른 사람 품에 안겨 자라도 마찬가지이지만 안는 사람 마음이 엄마처럼 되기가 쉽지 않아요. 자기가 낳은 아이를 안는 마음과 남의 아이를 돈을 받고 봐주는 마음은 같기가 어렵습니다.

아이를 유아원에 맡기는 건 질문자 자유예요. 그러나 지금 질문자는 나의 미래, 나의 삶을 생각하는 것이지 아이의 행복, 아이의 미래를 생각하고 있지는 않아요. 그러니 질문자는 엄마가 아니에요. 아이를 위해서는 나의 목숨도 버리는 존재가 엄마예요. 건물이 무너졌다면 아이를 껴안아서 애는 살리고 나는 죽는 게 엄마란 말이에요. 그런 마음일 때 아이가 그 엄마의 마음을 먹고 자라서 사람이 됩니다. 여러분들이 지금 문제인 것은 그 엄마의 사랑을 제대로 못 받아서예요.

옛날 사람들은 어릴 때 밥도 제대로 못 얻어 먹고 옷도 제대로 못 입었지만 세 살 때까지 엄마 품에서 엄마의 그 정성을 먹고 자랐어요. 그런데 요즘 아이들은 소젖을 먹고 자라잖아요. '엄마가 젖이 안 나와서 굶어 죽는 것보다는 소젖이라도 먹는 게 낫다'는 것과 '젖 먹이면 몸매 가꾸는데 장애가 된다거나 귀찮아서 소젖을 먹인다'면, 후자는 아이가 최고의 가치가 아니잖아요. 그런 마음으로 키운다면 애초에 아이를 다른 사람에게 맡기나 엄마가 키우나 별 차이가 없어요. 그러니 이건 비교할 대상이 아니에요.

직장을 꼭 다녀야 한다면 '나는 내 아이를 어떻게든 3년은 내 손으로 키워야겠다' 하고 내 권리를 행사하기 위해 직장과 싸워야죠. '1년은 유급 휴가 썼지만 2년은 무급 휴가라도 달라' 이렇게요. 싸운다는 건 화내고 싸우라는 게 아니라 내 아이를 위해 내 권리를 주장하라는 거예요. 요청해서 안 들어주면 또 요청하고 또 요청하고, 아기 업고 가서 이야기하고 또 이야기해서 감동을 시켜서 예외가 만들어지도록 노력하세요. 아니면 아기를 업고 근무할 수 있는 권리를 달라, 아니면 재택근무할 수 있도록 해 달라고 해야죠. 왜 자기 권리를 못 찾아요? '내가 지금 나쁜 짓 합니까? 지금 출산율이 이렇게 낮은 가운데 애를 낳아 키우는데, 애를 잘 키워야 국민이 건강하고 대한민국이 좋아질 거 아니에요.' 이렇게 정당한 엄마의 권리를 주장하고 요청해야 해요. 무급휴가를 달라, 안 되면 재택근무라도 하게 해 달라, 그것도 안 되면 아기 업고 근무하게 해 달라, 그것도 안 되면 아기 업고 근무하는 동안에는 월급 절반만 받겠다. 이렇게 다양한 방법을 시도해보세요. 3년 뒤에 복귀할 수 있는 근거를 마련하는 것에 핵심을 두고 투쟁을 해야 합니다.

그래도 도저히 안 된다면 아무리 아까워도 미련없이 버려야죠. 3년 후에 이만한 직장 없는 거야 당연하죠. 그게 희생이지, 다 보장되면 그게 무슨 희생이에요? 지금 아이를 내가 돌보지 않고 직장에 돌아갈 경우 월급 300만 원이 보장되어 있다면 앞으로 내가 아이를 키워놓고 직장에 갈 때는 100만 원쯤 깎이는 것은 감수해야죠. 한 달에 100만 원씩 손해 본다면 1년에 1200만 원, 10년에 1억 2천만 원입니다. 그런데 나중에 아이가 커서 문제가 생기면 1억 2천이 아니라 10억을 주고라도 다시 돌아갈 수 있으면 돌아가려고 할 겁니다. 그러나 그것을 장사꾼처럼 머리로 계산하면 안 돼요. 아이 키우는 것을 왜 자꾸 계산하려 들어요? 아이 낳아서 장사할 일 있어요?

무조건 아이를 키우라는 게 아니라, 아이를 키울 수 있는 권리를 얻어야 한다는 겁니다. 왜 24조원이나 되는 돈을 4대강에다 쏟아 부어서 녹조를 만드는 일을 합니까? 그런 돈이 있으면 아이 보육에 쓰도록 해야 할 거 아니에요. 어마어마한 사내 보유금이 있는데 그걸 직원들이 아이 잘 키우는데 쓰도록 해야 할 거 아니에요. 왜 남자는 군대에 가면 경력을 인정해 주는데 여자는 이 소중한 아이를 키우는 것을 사회의 공적으로 인정을 안 해줍니까? (청중 박수)

비싼 외제 무기 사들이느라 돈을 쓰는 건 내버려두고, 이 소중한 아이 키우는 데 예산이 제대로 배정이 안 되는 건 왜 방치하느냐는 말입니다. 그 돈 모두 여러분들이 내는 세금이잖아요. 이런 것까지 애도 없는 제가 가서 싸워줘야겠어요?

제가 다 해주면 여러분은 뭐 할래요? 왜 자기 권리도 못 찾아먹어요? 왜 국민이 자기 권리를 행사하지 못해요? 나라가 대통령 것입니까? 시장 것입니까? 그러니 주주총회가 열릴 때 CEO가 회사 운영을 잘못하면 갈아버리듯 선거 때 갈아버리면 되잖아요. 그런데 왜 선거 때는 선거 안 하고 다들 놀러 다니느냐는 말입니다. 도무지 자기 권리를 행사할 줄 몰라

요. 그러면서 불평만 하면 뭐 해요?"(청중 박수)

"모든 보육 정책은 아이를 위한 정책이어야 합니다. 그런데 지금은 전부 엄마를 위한 보육정책이에요. 아이를 자기가 직접 키우면 아무 혜택이 없고, 보육원에 갖다 맡기면 무상으로 지원해주니까 아이를 직접 키울 수 있는 사람들까지도 보육원에 갖다 맡기잖아요. 아이를 엄마로부터 떼어 놓는 게 무슨 보육정책이에요? 아이를 키울 수 있는 사람에게는 키울 수 있도록 지원을 해줘야 합니다. '그만한 예산이 없는데 어떡하느냐?' 그러면 저처럼 혼자 사는 사람들에게 독신세를 거둬야 합니다. 결혼했지만 아이 안 낳는 사람들에게서도 세금을 거둬서 아이 키우는 사람에게 지원해 줘야 미래 사회가 지속적으로 성장할 수 있어요. 사회가 지속적인 성장을 하려면 아이가 있어야 하잖아요.

사람 하나 키우는데는 많은 정성을 기울여야 합니다. 20년을 키워야 하고 하나하나 다 손이 들어가요. 이건 기계로 할 수도 없고 자동화할 수도 없는 일이에요. 그런데 이걸 그냥 방치하니까 지금 우리 사회가 어떻게 되었는지 보세요.

지금 젊은 세대를 보면 유치원, 초등학교, 중학교, 고등학교를 거쳐 대학교에 이르기까지 갈수록 정신질환자가 늘어나고 있습니다. 이것저것 잘 먹어서 키는 크고 덩치도 좋지만 심리는 갈수록 불안정해져서 조금 더 가면 미국처럼 '묻지마 폭력'이니 '묻지마 총격'이니 하는 일이 다반사로 일어날 겁니다. 엄마부터 자기 출세, 자기 이익을 위해 아이를 남에게 갖다 맡기잖아요.

여러분들은 나름 잘 사는지 몰라도 제가 보면 다들 정신 나간 사람들이에요. 아이를 낳아서 잘 키우는 게 진짜 사는 거지, 뭐가 잘 사는 거예요? 집이 크고 차가 좋으면 잘 사는 겁니까? 향수 뿌리고 턱 깎고 쌍꺼풀 만드는 게 잘 사는 거예요?

아이를 낳아서 제대로 키우는 것이 가장 잘 사는 겁니다. 그런데 우리는 아이를 방치하는 사회잖아요. 아이가 무슨 장애물인 양 이쪽에 맡겼다가 저쪽에 맡겼다가 합니다. 시어머니에게 맡기고, 친정어머니에게 맡기고, 그러면 친정어머니는 힘들어 죽겠다고 야단이에요. 자기가 낳아놓고 친정어머니에겐 왜 맡겨요? 친정어머니는 나 키워준 것만 해도 얼마나 고생하셨는데요. 자기가 키워야 자기 아이지 남이 키우면 남의 아이입니다. 이 사람 저 사람 손에 키우면 엄마가 여러 명이 되기 때문에 아이도 심리적으로 불안해 집니다.

제 이야기는 엄마가 키우면 가장 좋지만 그게 힘들면 최소한 세 살까지는 엄마가 키우라는 거예요. 이때가 아이의 자아가 형성되는 시기이기 때문입니다. 그때까지는 엄마가 키우되, 엄마가 집에 앉아서 직장 못 간다고 맨날 울고 성질내면서 키울 거면 그냥 남이 키우는 게 낫습니다. 엄마가 키우라는 건 필요조건입니다. 충분조건이 되려면 헌신적으로 키워야 합니다.

그리고 유치원에 들어가면 이제 정을 조금씩 떼줘야 합니다. 그런데 다들 거꾸로들 하지요. 어릴 때는 오히려 아무데나 맡겨서 키우고, 아이가 초등학교나 중학교에 들어가서 문제가 나타나면 그제야 '아이고, 내가 잘못해서 아이가 이리 되었구나. 지금부터라도 돌봐야지' 해서 직장 그만두고 아이를 돌본다고 야단이지요. 그때는 아이로부터 떨어져줘야 하는데 말입니다. 겨울에 춥다고 불 때주라 할 때는 불 안 때서 아이가 춥도록 내버려두더니 뒤늦게 여름에 와서 불 땐다고 난리를 피워 아이가 더워 못살도록 하는 거예요.(청중 웃음)

그러니 세 살 때까지는 헌신적으로 키우고, 만 네 살이 되어 유치원에 갈 때부터는 엄마가 돌볼 수 있으면 돌보되 못 돌보면 낮에는 직장 가고 저녁에 와서 돌보면 됩니다. 초등학교에 가면 가능하면 스스로 알아서 살도록 하면서 관심을 줄여주고, 사춘기가 되면 온갖 시행착오를 하더라도 지켜봐주고, 스무 살 넘으면 완전히 정을 끊어서 남처럼 대해줘야 합니다. 완전히 남처럼 한 사람의 인격체로 대해줘야 제대로 자라는 거예요. 한겨울 추울 때는 장작을 10개 때고, 2월이 되면 7개 때고, 4월 되면 5개 때고, 5월 되면 2개 때고, 6~7월 되면 장작을 안 때야 한다는 말입니다. 그런 관점을 딱 가지면 혼란이 안 와요.

좋은 건 알지만 현실이 여의치 않으면 어떻게 해야 할까요? 예를 들면 돈을 안 빌리면 안 갚아도 되지만 그런데 살다보면 돈을 꿔야 할 때도 있습니다. 그러면 나중에 갚으면 되는 것과 같습니다. 1년 아이 키우고 '직장 다니고 싶다' 하면 유아원에 갖다 맡겨 놓고 직장 다녀도 아무 문제없어요. 대신, 나중에 아이에게 문제가 생기면 후회하지 말고 참회해야 합니다. '아이고, 내가 제대로 돌보지도 못했는데 네가 그래도 이만하길 다행이다.' 이렇게 아이 보고 나무라지도 말고 후회하지도 말고 과보를 기꺼이 받으세요. '내가 제대로 돌봐주지 못했는데도 네가 그 정도라도 되어주니 다행이다' 이렇게 항상 아이를 보면서 고마워하면 아이와 싸울 일이 없어요.

엄마는 아이와 싸우면 안 돼요. 엄마가 애와 싸우면 아이는 힘에 부쳐서 못 이기기 때문에 심리가 억압됩니다. 그 억압된 심리가 사춘기에 폭발하기 때문에 엄마를 때리는 일이 벌어지는 거예요. 앞으로 갈수록 자식이 부모 때리는 게 심해질 거예요. 어떤 경우에도 엄마는 아이에게 화내거나 싸울 필요가 없어요. 마냥 내버려두란 말이 아니에요. 말 안 들으면 엄마는 밥을 안 주든 빨래를 안 해주든 여러 가지 수단이 많으니 굳이 화를 낼 필요가 없잖아요. 애가 뭐라고 해도 '그래, 네 생각이 그러면 네가 알아서 해라' 하면 되지 무엇 때문에 애와 싸워요? 하고 싶으면 해보라고 하면 돼요.

아이가 '밥 안 먹을래' 하면 '그래, 먹지 마라' 하고 상을 치워버리면 돼요. 나중에 '엄마, 밥 줘' 하면 '네가 찾아 먹어' 하고요. 수단이 얼마든지 있는데 왜 싸워요? 그러면 이 아이가 커서 어른이 되어도 엄마에게는 어떤 잘못도 하지 않습니다. 심리가 엄마로부터 억압받지 않았기 때문에 아무리 깡패라도 엄마 앞에서는 대들지 않아요. 아이들이 말 안 듣고 엄마한테 대드는 것은 다 엄마가 아이들과 싸웠기 때문에 생긴 문제예요.

여러분들 지금 심리를 보세요. 부모가 화내고 짜증내고 아버지가 고함치고 해서 심리가 억압되어 있으면 점점 더 아버지가 미워지잖아요. 한쪽이 억압하면 다른 한쪽은 저항하고 싶어집니다. 억압하지 않는데 무엇 때문에 저항을 해요?

제가 '이렇게 하면 좋다'고 이야기는 하지만, 반드시 이렇게 해야 한다고 인생에 길이 정해진 건 아닙니다. 최선책이 없으면 차선책을 선택하면 됩니다. 1년은 키우고 2년은 그냥 맡기자 결정했으면 그렇게 하세요. 대신 나중에 후회하지는 말라는 말입니다. 항상 '그런데도 불구하고 이렇게 자라주어 고맙다' 이렇게 생각하면 그리 해도 된다는 거예요. 아이를 이 사람 저 사람에게 자꾸 빙빙이 돌리지는 말라는 말이에요. 그건 적어도 자아가 확실히 형성된 후에 하세요.

모성애는 자기가 없는 거예요. '여자만 왜 그렇게 해야 하느냐'라고 하는 남녀관계로 비교할 문제가 아니에요. 아이와 엄마의 관계는 생물학적인 거예요. 어미가 이렇게 해야 그 생물 종이 지속적으로 유지될 수 있어요. 이건 자연의 질서란 말입니다. 싫으면 안 낳으면 됩니다.

그러나 아기를 낳았으면 그에 대한 책임을 져야 합니다. 아이는 엄마로부터 보호받고 사랑받을 권리가 있습니다. 왜 자기 권리만 중요하고 아이 권리는 생각 안 해요? 아이 권리를 무시하는 게 여성운동은 아니잖아요.

나중에 엄마 나이가 마흔 살이 넘고 아이가 사춘기가 지나면 여성분들도 대부분 제 의견에 동의를 합니다. 그 결과를 보거든요. 그런데 30대 여성분들은 아직 아이의 결과를 보지 못했어요. 돈 빌리기만 했지 아직 빚 갚을 때가 안 된 사람들이라 '그럴 듯하긴 한데 좀 그렇다. 스님이 남자라서 저러나, 아기를 안 키워봐서 저러나' 합니다. 그래서 이 문제는 질문자의 선택이에요. 저는 그러는 게 좋다고 권유하는 것이지요."

"네, 감사합니다."

모성애는 자기가 없는 거예요.

'여자만 왜 그렇게 해야 하느냐'라고

남녀관계로 비교할 것이 아닙니다.

이건 자연의 질서입니다.

4

지금 여기,
나에게 깨어 있기

과거 이야기도 미래 이야기도

저기 이야기도 아닌 지금 여기 이야기,

남의 이야기가 아닌

나의 이야기가 가장 중요합니다.

'지금 여기 나에게 깨어 있기'가 행복으로 가는 길입니다.

頓悟門
금당 출입금지

우리는 인생에 너무 많은 의미를 부여합니다. 특히 종교인들이 의미를 많이 부여하죠. 그런데 자연 생태계를 보면 사는 데 무슨 의미가 있는 게 아니에요. 사람이나 풀 한 포기나 토끼 한 마리나 나서 살다가 죽는 건 다 같습니다. 다만 사람은 인생에 의미를 부여한다는 점이 다릅니다. 내 생존이 먼저이고 의미는 나중인데, 스스로 만들어낸 의미에 사로잡혀서 의미의 노예가 되는 경우가 많습니다. 대부분의 종교를 보면 자기가 만든 믿음의 노예가 되어 살아가기가 쉽고, 이념이나 윤리, 도덕도 그렇게 작용할 때가 참 많습니다. 때로는 이런 이념들이 살아있는 사람을 옥죄고 괴롭힙니다. 그래서 저는 우리가 그런 것으로부터도 좀 자유로워지는 편이 좋다고 생각합니다.

여러분들이 인생을 살아가면서 어떻게 하는 게 더 좋은 길인지 대화를 통해 함께 모색해봅시다. 이건 '현재 이 시점, 이곳에서 내가 어떤 선택을 할 것인가'의 문제입니다.

그런데 우리는 늘 '여기'의 이야기가 아니라 '저기'의 이야기를 합니다. 오늘 하루도 잘 못 살면서, 죽어서 어디 가는지를 물어요. 죽어봐야 알지, 산 사람이 그걸 어떻게 알겠어요? 게다가 오늘도 제대로 못 살면서 죽은 뒤는 알아서 뭐하겠어요? 그리고 우리는 늘 옛날이야기를 해요. 어릴 때 이러저러해서 힘들었고 어쩌고저쩌고 한 것은 다 지나가버린 일입니다. 과거 이야기도 미래 이야기도 저기 이야기도 아닌 지금 여기의 이야기, 그리고 남의 이야기가 아닌 나의 이야기가 사실은 가장 중요합니다. '지금 여기 나에게 깨어 있기'가 행복으로 가는 길입니다.

화를 알아차리면 사라지나요

화를 알아차리면 화가 저절로 사라진다고 하셨는데, 아무리 화를 알아차려도 화가 사라지지 않습니다.

“화를 알아차린다는 것은 화가 일어날 조짐을 알아차리는 것입니다. 화가 날 때 몸에 약간 열이 난다거나 호흡이 가빠지는 것을 감지할 수 있어야 합니다. 그러나 미세한 열을 감지하려면 명상 수련을 할 때만큼 깨어 있어야 합니다. 거짓말 탐지기가 거짓말 할 때 심장 박동 수의 반응을 감지하는 것처럼 화가 날 때 우리 몸에서도 여러 가지 감각이 일어나요. 반응할 때 그때 딱 알아차리면 화가 가라앉습니다. 부싯돌로 불을 탁 켜서 불이 솜으로 옮겨 붙는 순간 발로 밟으면 불이 금방 꺼집니다.

그런데 불이 이미 나무로 옮겨 붙어서 큰 불이 났을 때는 바로 진화할 수 없듯이 화가 한참 일어난 후에는 ‘화가 났구나’ 알아차려도 관성에 의해서 화가 계속 유지됩니다. 그때는 알아차린다고 없어지는 것이 아니에요. 다만 화를 못 알아차렸을 때는 화가 계속 증폭이 되는데, 화가 난 것을 알아차리면 그렇다고 화가 가라앉는 것은 아니지만 화가 증폭되는 속도는 줄어듭니다.

예를 들어 돌멩이를 위로 던지면 높이는 올라가지만 올라가는 속도는 계속 줄어들죠. 속도는 있지만 그 속도가 점점 줄어드는 것과 같습니다. 증가하는 정도가 줄어들면 앞으로 가기는 가지만 언젠가는 멈추게 됩니다. 그처럼 화가 난 상태라도 그 화를 알아차리면, 화는 유지되지만 화가 증폭되는 힘은 약해지기 시작합니다. 그렇기 때문에 알아차리는 것만 해도 화를 가라앉히는 데 도움이 되죠.

예를 들면 화가 났을 때, 내가 화난 줄을 모르면 100단계까지 올라갈 것이 10단계에서 화를 알아차리면 50단계까지만 올라갔다가 떨어지는 것과 같습니다. 모를 때보다는 알아차리면 훨씬 덜 올라가게 됩니다. 그러나 내가 느껴지기에는 화가 난 것을 알아차렸는데도 계속 더 나는 것 같습니다. 왜냐하면 이미 화가 난 속도가 있기 때문입니다. 관성의 법칙과 같습니다. 움직이고 있는 것은 힘을 가한다고 바로 멈추는 것이 아닙니다. 계속 움직이다가 점점 속도가 줄어들면서 멈추게 됩니다.

그래서 알아차리는 것만 해도 큰 도움이 됩니다. 그러니 우선 알아차리기라도 해야 합니다. 알아차리고 알아차리고 알아차리면 점점 알아차림의 순간이 빨라집니다. 전에는 화가 나면 화를 다 낸 뒤에 화낸 줄을 알아차렸습니다. 그때는 참회를 해야 합니다. 그러나 화가 나는 중에 알아차리게 되면, 처음에는 3분 후에 알아차리다가, 2분 후에, 1분 후에, 30초 후에 알아차리다가, 나중에는 화가 일어나는 순간에 알아차릴 수 있게 됩니다. 더 진척이 되면 화가 일어날 조짐이 보일 때 벌써 알아차릴 수 있습니다. 몸에 약간 열기가 나고, 약간 호흡이 가빠지는 것을 알아차릴 수 있습니다.

알아차리고 알아차리고 알아차리면

점점 알아차림의 순간이 빨라집니다.

어떤 남자가 어떤 여자를 좋아하는 마음이 들어서 성적으로 흥분되어 있는 상태에서는 아무리 알아차려도 흥분이 멈추어지지 않습니다. 그러나 여자를 봤을 때 몸에서 약간 열이 나거나 호흡이 가빠지는 것을 바로 알아차리면 조금 있다가 금방 가라앉게 됩니다.

바로 알아차리는 것이 제일 중요한데 그것은 쉽지가 않습니다. 명상 수련을 하는 이유는 알아차림을 연습하는 것입니다. 처음에는 호흡 알아차리기를 하다가, 그 다음은 호흡을 통해서 코끝에서 일어나는 감각을 알아차립니다. 이 감각 알아차리기가 잘 되면 화가 일어날 때 일어날 징조를 알아차리게 됩니다. 그러나 잘 안 됩니다. 그래서 연습을 하는 겁니다. 나중에라도 알아차려서 참회라도 해야 합니다. 화나는 중에라도 알아차리면 화의 크기가 줄어듭니다. 알아차리지 못할 때보다 확대되는 정도가 줄어듭니다."

"업식을 바꾸기 위해서는 단지 알아차리는 것만으로는 부족한 것 같습니다. 구체적인 행동이나 마음가짐 등 방법이 있을까요?"

"알아차림만으로는 부족한 것이 맞아요. 그러나 알아차리는 것부터 먼저 해야 합니다. 고치는 것을 먼저 하려고 하면 실제로는 안 고쳐지기 때문에 좌절이 됩니다. 좌절이 되면 고치는 것을 그만두게 됩니다. 그리고 자꾸 자신을 자학하게 됩니다. '나는 담배도 하나 못 끊는 놈이야', '나는 화도 하나 못 다스리는 놈이야' 자꾸 이렇게 마음이 위축됩니다. 수행을 해서 점점 좋아져야 되는데 거꾸로 반대 현상이 일어나는 겁니다.

알아차림을 놓쳤을 때는 '놓쳤구나' 하고 알아차리고, 또 알아차림을 계속할 뿐이지 후회하지는 않는 것입니다. 고치겠다는 생각을 안 했기 때문에 안 고쳐지는 자신을 원망할 이유도 없어요. 알아차림이 점점 뚜렷해지면 마음속 깊이 화내는 것이 자신에게 좋지 않다는 것을 알게 됩니다.

자신이 화가 나서 흥분하는 과정을 가만히 지켜보면 그건 일종의 미친 증상이에요. 자기 뜻대로 안 된다고 해서 화가 증폭이 되는데 그것이 자신에게 해가 되는 것임을 자꾸 알아차리면 이것을 개선해야 되겠다는 의지가 마음속 깊이 무의식에서 일어납니다. 그러면 자연스럽게 개선의 길로 나아갑니다.

그래서 알아차림을 먼저 유지하고 알아차림에 기반을 두고 고치려고 노력하는 것은 좋은데, 알아차림이 없이 고치려고 노력하면 거의 잘 안 고쳐져요. 그러면 여러분들이 노력해도 안 되니까 좌절하게 됩니다. 업식을 고치는 것은 열 명 도전하면 한 명 성공할까 말까 합니다. 그러니 먼저 알아차림을 해보세요.

그렇다고 알아차림만 하면 된다는 뜻이 아니에요. 그것부터 우선 시작하라는 것입니다. 고치는 것은 일단 그대로 두고요. 내 성질을 아는 것부터 먼저 하라는 것입니다. 알아차림이 되거든 그 다음에 고치는 것을 조금씩 시도해 보시기 바랍니다."

어머니가 돌아가셔서 슬퍼요

어머니가 돌아가셨는데 그걸로 인해서 마음이 공허해져서 어떻게 해야 할지 모르겠습니다. 이 마음을 저에게 도움이 되는 방향으로 바꿀 수 있는 방법을 알고 싶어요. 어머니가 돌아가시고 난 뒤에 공허함이 자꾸 커지다 보니까 이걸 감당하기가 힘들어요.

"몇 살이에요?"

"스물여섯 살이요."

"스물여섯 살이면 어머니가 돌아가셔도 고아는 아니에요. 스무 살 미만에 어머니가 돌아가셨을 때에만 남의 도움이 필요하고 스무 살이 넘으면 어머니가 살아계셔도 어머니로부터 독립해야 해요. 그런데 질문자는 아직 어린애 같은 생각을 하고 있어요. 어머니가 돌아가셔서 슬프다는 건 이해합니다. 나이 예순이 넘어도 부모님이 돌아가시면 슬픔이 있겠죠. 그런데 나이 예순에 아흔이 된 부모님이 돌아가시는 게 슬플까요? 마흔일 때 일흔인 부모님이 돌아가시는 게 슬플까요? 스무 살일 때 쉰이 된 부모님이 돌아가시는 게 슬플까요? 열 살에 마흔인 부모님이 돌아가시는 게 슬플까요? 언제 돌아가셔도 슬픔은 있겠지만 어릴 때일수록 슬픔이 더 크겠지요.

제가 만 원짜리 시계를 15년째 차고 다니다가 얼마 전 중국에서 잃어버렸어요. 식당에서 저녁식사 후 강의할 때 시계 본다고 벗어놓고 잊고 안 가져왔어요. 이튿날 아침에 시계가 없어서 식당에 얘기하니까 아무도 못 봤대요. 15년 전에 만 원 주고 산 물건이면 본전 다 뽑았지요? 그런데도 섭섭해요. 남이 들으면 그런 고물 시계 가지고 뭐가 섭섭하냐 하지만 이런 시계도 오래 가지고 있던 것이 사라지면 본인은 섭섭하단 말이에요. 그래서 만 원 주고 시계를 새로 샀어요. 그런데 이걸 오늘 또 잃어버린다면 15년 전에 산 시계와 산 지 일주일도 안 된 시계 중 어느 것을 잃어버린 게 더 섭섭할까요?"

"15년 전에 산 시계요."

"왜 그럴까요?"

"추억이 있으니까요."

"값어치가 얼마 안 되는 시계도 15년 갖고 있다 잃어버리면 섭섭한데 나를 낳아서 길러주신 부모님이 돌아가셨는데 슬프지 않은 사람이 누가 있을까요? 누구나 다 슬픕니다.

그럼에도 불구하고 우리가 이야기를 해본다면, 시계를 잃어버렸다고 계속 시계 타령을 하는 게 좋을까요? 한 번 가서 물어보고 두 번 물어봐도 못 봤다 하면 좀 섭섭하지만 포기하고 새로 시계를 사야 돼요? 아니면 한국에도 오지 말고 중국 그 식당에 붙어 살면서 찾아야 돼요?

섭섭하지 않거나 필요 없어서가 아니라, 필요하지만 다른 대안이 없단 말이에요. 다들 못 봤다 모른다 하는데 다른 방법이 없지 않습니까. 그러면 아깝지만 다른 시계를 사서 대신할 수밖에 없듯이, 부모님이 돌아가신 것은 나에게 큰 슬픔이지만 이걸 내가 섭섭해하고 공허해한다고 돌이킬 수 있어요?"

"없어요."

"돌이킬 수 있다면 한 달이라도 울겠지만 되돌려지지 않는 문제란 거예요. 부처님에게 빌어도 방법이 없어요. 좋은 데로 가는 건 부처님이 도와줄 수 있다고 해요. 하느님에게 빌면 천당에 간다, 부처님에게 빌면 극락에 간다, 이런 건 도울 수 있다지만 살아 돌아오는 것은 하느님도 부처님도 못 도와줘요. 만약 돌아올 수 있다면 좋은 데 못 돌아오니까 차선책으로 좋은 데 갔다고 대안을 내놓은 거예요. 헤어지는 건 어쩔 수 없지만 그래도 헤어진 후 좋은 데 갔다고 말하는 게 좋아요? 나쁜 데 갔다고 말하는 게 좋아요?"

"좋은 데요."

"이럴 때 진짜 천당이 있느냐, 극락이 있느냐 묻는 사람은 어리석은 사람이에요. 그건 따질 필요가 없어요. 좋은 데 갔다는 것 자체가 나에게 위안이 되니까 이것은 진실 게임이 아니라 현실적으로 효능이 있다는 겁니다. 그래서 믿음이 중요해요. 어머니가 좋은 데 가셨다고 믿으면 내가 마음이 편안해져요. 어머니를 자꾸 그리워하고 보고 싶어 해도 다시 돌아올 수가 없고, 만약에 올 수 있다고 해도 문제가 돼요. 어머니가 좋은 곳에 가서 잘 지내시다가 질문자의 욕심 때문에 나쁜 이곳으로 돌아와야 하잖아요. 사실은 오시겠다고 해도 좋은 곳에 그냥 계시라고 해야 하잖아요.

그래서 너무 슬프게 울면 돌아올 수 있는 몸이 없으니까 남의 몸에 끼어 들어와요. 다른 사람의 몸에 영혼이 끼어들어오면 그 사람은 정신분열을 일으켜 정신질환자가 돼요. 이걸 옛날에는 귀신 들었다고 표현했고 현대의학에서는 정신분열이라고 표현해요. 그러니까 너무 슬퍼해서 어머니가 질문자 속으로 들어오면 질문자에게 정신분열이 일어나고, 주위에 있는 사람에게 오면 그 사람에게 정신질환이 일어나요.

아무리 간절히 바래도 그 뜻이 이루어지지 않으니 공허하지요. 이루어질 수 없기 때문에 내가 괴롭고, 너무 간절해서 이루어져도 주위에 이런 일이 벌어져서 불행을 자초하게 됩니다.

그러면 어떻게 하면 이 공허함이 좀 덜어지느냐? '아이고, 어머니 이 세상에 사실 때 고생 많이 하셨어요. 우리도 키워주시고 아버지와도 여러 문제로 고생하셨는데 이제 좋은 곳에 가셔서 행복하게 사세요. 어머니, 안녕히 가세요. 행복하게 사세요' 이렇게 인사를 해주면 어머니가 굉장히 좋아하실 거예요."

"그냥 받아들이라고 말씀하시는 거죠?"

"아니요. 인사하라고요. 가셨는데 질문자가 아직 인사를 안 해서 생긴 문제예요."

"보고 싶을 때마다 계속 인사를 몇 번이나 했어요. 돌아오기를 바라지 않아요. 저도 그게 말이 안 되는 줄은 당연히 알죠. 그런데 스님은 시계를 잃어버리고 새 시계를 사셨지만 저는 대체할 게 없잖아요."

"대체할 게 있어요. 남자를 만나면 되죠." (청중 웃음)

"어머니를 잃었는데 남자를 만나서 그걸 대체하라고요?"

"아니요. 어머니를 잃은 대신에 남편을 만나면 된다는 거예요. 남편을 만나서 아기를 낳으면 질문자가 다시 엄마가 되거든요.(청중들 감탄) 세상은 이렇게 돌아가는 거예요. 여기 있는 사람 중 누구도 영원히 엄마의 딸로만 살 수는 없어요. 어릴 때는 엄마의 딸로 살다가 아이를 낳고 다시 엄마가 되는 거예요. 그러니 엄마와 아빠에게 의지하던 것을 결혼해서 남편을 만나서 의지하거나 아니면 나처럼 완전히 독립을 하면 돼요. 어느 쪽이 좋아요?"

"둘 다 그다지 마음에 와 닿진 않아요."(청중 웃음)

"그건 내가 남자친구를 너무 좋아하다가 헤어졌을 때 어떤 남자도 눈에 안 들어오는 것과 똑같아요. 지금은 다른 남자가 눈에 안 들어와서 본인은 영원히 다른 남자를 안 볼 것처럼 이야기하죠. 그렇지만 우리처럼 오래 산 사람은 세월이 약인 줄 압니다. 그러니 지금은 해결이 안 될 것 같지만 시간이 지나면 해결이 돼요. 돌아가신 지 몇 년 되었어요?"

"4년이요."

"그러면 10년 되면 지금보다 나을까요, 못 할까요?"

"잘 모르겠어요."

"그러면 20년 지나면 지금보다 나을까요, 못 할까요?"

"그것도 잘 모르겠어요."

"30년 지나면요?"

"그것도 잘 모르겠어요."

"그렇게 거짓말하면 안 돼요. 지금은 그렇게 슬프지만 그래도 10년, 20년 지나면 지금보다는 조금 낫지 않을까 하는 짐작이 안 돼요?"

"그런데 4년이 지났는데도 계속 이러니까요. 그 시간의 두 배가 8년이잖아요. 그렇다고 과연 괜찮아질까 싶어요. 처음에는 저도 시간이 흐르면 괜찮아지겠지 했지만 시간이 지나도 나아지는 게 없으니…."

"시간이 지나도 나아지지 않으면 그걸 보통 정신질환이라 해요. 시간이 지나도 남자를 잊지 못하면 상사병이라 하죠. 어떤 하나를 좋아했는데 나중에도 놓지 못하고 계속 집착하는 걸 편집증이라고 합니다. 질문자가 어머니와의 추억이 좋아서 생긴 것이겠지만 거기에 대해 편집증이 있는 거예요. 이 편집증을 안 고치면 나중에 어떤 남자를 좋아했다가 헤어질 수도 있는데 그럴 때 다시 편집증이 생겨서 그 남자를 못 잊고 또 몇 년씩 시간을 보냅니다. 자식을 낳아 기른 뒤 시집 장가보낼 때도 또 편집증이 생겨서 떠나보내질 못해요.

그래서 지금이 그 편집증을 고칠 수 있는 중요한 기회예요. 어머니를 떠나보낼 수 있으면 질문자는 나중에 남자친구를 사귀어도 혹시나 헤어질 때 그 헤어짐을 받아들일 수 있고, 자녀를 낳아서 키울 때도 아이가 커서 독립할 때 편안하게 받아들일 수 있어요. 그러니 지금 이것은 공부거리로는 아주 좋습니다.

그러니 '어머니, 안녕히 가세요. 잘 가세요' 하고 인사를 하세요. 그리고 '어머니 걱정 안 끼치고 저도 잘 살겠습니다' 이렇게 절을 하면서 기도하면 지금보다는 훨씬 좋아져요.

어머니가 좋은 곳으로 가셨는데 자기 옆에 오라고 계속 잡아당겨야 되겠어요? '엄마, 내 나이가 스물여섯인데 이제 안 와도 돼. 그러니 거기서 살아.' 이렇게 인사하고 놓아드려야 되지 않겠어요?"

"아직은 좀 자신이 없어요."

"어차피 인사 못 하고 계속 울어도 어머니가 돌아오실 수 있어요?"

"아니요, 안 돌아오시죠."

"그러면 어차피 안 돌아오실 거면 인사를 확실히 해버리는 게 낫지 않아요?"

"나을 것 같긴 한데…."

"그럼 지금 이 자리에서 한번 해봐요. '엄마, 안녕. 잘 가!' 이렇게 한번 해봐요."

"말이 안 나와요."

"그게 편집증이란 거예요. 다른 사람이 볼 때는 너무 쉽지만 본인은 심리적인 이유로 입이 안 떨어지는 거잖아요. 헤어짐을 아직 못 받아들이고 있다는 거니까, 억지로라도 한번 따라 해봐요. 엄마, 안녕. 잘 가!"

"엄마, 안녕. 잘 가."(질문자는 다시 울먹였고, 청중은 박수를 보내줌)

"박수치면 안 돼요. 이건 '엄마, 안녕. 잘 가'라고 말하면서 동시에 '가면 안 돼!' 하고 붙잡는 거예요. 그건 헤어지는 게 아니에요. 저처럼 경쾌하게 '엄마, 안녕. 잘 가!' 하고 뒤끝이 올라가야 돼요. 그렇게 한번 해봐요."

"엄마, 안녕. 잘 가!"(청중 박수)

"지금도 감정이 실려 있어요. 하나는 가지 말라고 붙들고 하나는 '못 올 바엔 꼴도 보기 싫어. 가!' 이러는 거예요. 아까보다는 낫지만 둘 다 안 돼요. 입 다물고 각오하지 말고 편안하게 다시 말해 봐요. '엄마, 안녕. 잘 가!' 이렇게."

"엄마, 안녕. 잘 가…."

"아직 안 돼요. 악 쓰지 말고 좀 더 편안하게. 그 소리 듣고 엄마가 어떻게 가겠어요? 여기 나이드신 분들에게 물어볼까요? 저 소리 듣고 갈 수 있어요? 못 가요. 다시 해봐요. '엄마, 안녕. 잘 가!' 이렇게. 마음을 탁 내려놓고."

"엄마, 안녕. 잘 가"

"100점은 아니지만 봐 줄게요. 박수쳐 주세요. 질문자도 이제 어머니를 좀 내려놓고 좋은 데 가셨다 믿고 행복하게 사세요. 엄마가 위에서 내려다본다면 웃는 모습 보는 걸 좋아할까요? 우는 모습 보는 걸 좋아할까요? 웃는 걸 보기 좋아하겠죠. 그러니 질문자는 살아서도 불효하고 죽어서도 불효하는 셈이에요. 그러니 지금이라도 웃어주는 것이 어머니에게 효도하는 길이라 생각하고, 웃으며 '안녕히 가시라'고 인사하고 이제 자기 인생 살아야 해요. 어렵지만 그렇게 해야 해요."

사람들이 날 싫어할까봐 불안해요

사람들과의 관계에서 불안함을 많이 느끼는 편입니다. 친구나 직장동료뿐 아니라 가족들에 이르기까지, 주변 사람들이 행여나 저를 싫어하거나 저에게 실망하는 게 너무 싫어요. 그래서 무언가를 선택할 때 다른 사람들이 실망할까봐 제가 원하지 않는 것을 선택하는 경우도 종종 있어요. 이럴 때마다 자신에게 미안하고, 실망스럽고, 답답한 마음이 듭니다. 사람들과의 관계에 조금 편안해질 수 있도록 도움이 될 만한 조언 부탁드립니다.

"질문자는 잘난 사람이에요? 못난 사람이에요?"

"저 스스로는 많이 못나지는 않았다고 생각합니다."

"그게 무슨 말이에요? 잘났다는 거예요? 못났다는 거예요? 잘났다는 거네요. 그런데 부처님보다는 잘났어요? 못났어요?"

"못났습니다."

"그런데 부처님도 당시 사람들로부터 비난을 받았을까요? 안 받았을까요?"

"받으셨을 것 같아요."

"예수님보다는 잘났어요? 못났어요?"

"못났습니다."

"예수님은 그 당시에 사람들로부터 비난을 받았어요? 안 받았어요?"

"받으셨습니다."

"받은 정도가 아니에요. 그렇게 훌륭하신 분도 혹세무민한다는 누명을 쓰고 십자가에 매달려 돌아가셨어요. 그런데 질문자가 뭐 얼마나 잘났다고 다른 사람들에게 실망을 안 주겠다고 해요? 그런 건방진 생각을 하면 안 돼요. 저를 비난하는 사람도 많아요.

다른 사람이 나를 보고 비난하거나 칭찬하는 것은 그들의 문제입니다. 우리는 그들의 생각과 느낌을 규제할 권리가 없어요. '너는 나보고 항상 칭찬만 해라' 이러는 건 독재예요. 그러면 북한처럼 돼요. 99퍼센트 다들 칭찬만 하잖아요. 그렇다고 북한 가서 살고 싶지는 않잖아요.

사람은 다섯 가지만 잘 살피면 됩니다. 첫째, 남을 해치면 안 됩니다. 남을 때리거나 죽이는 것이 여기 해당됩니다. 둘째, 남에게 손해 끼치는 건 안 됩니다. 남의 물건을 훔치거나 빼앗는 것이 여기 해당됩니다. 셋째, 남을 괴롭히는 것은 안 됩니다. 즉 성추행하거나 성폭행하는 것은 여기에 해당됩니다. 넷째, 말로도 남을 괴롭히거나 손해 끼치는 건 안 됩니다. 거짓말하거나 욕설하는 게 여기 들어가요. 다섯째, 술을 마시고 취해서 남을 괴롭히지 말라. 술 마시고 취해서 주정하는 것은 여기에 해당됩니다. 이 다섯 가지를 제외하면 남이 뭐라 하든 신경 쓰지 않고 자기 살고 싶은 대로 살면 됩니다. 또 남이 어떻게 살든 내가 간섭하지 않아야 합니다. 사람은 누구나 다 자유롭게 살 권리가 있기 때문이에요.

그러니 질문자는 위에서 말한 이 다섯 가지가 아니면 남의 눈치 볼 것도 없고 남한테 간섭할 것도 없이 당당하게 살면 돼요. 남이 나를 어떻게 생각할지는 그 사람의 자유예요. 오늘 강연만 해도 그래요. '스님 법문 듣고 감동했다'라고 하는 사람도 있고 '부처님 이야기 들으러 왔더니 스님이 2시간 내내 부처님 이야기는 안 하고 애 키우는 이야기며 부부 관계 이야기만 하더라' 하고 실망해서 나가는 사람도 있어요. 그걸 제가 어떻게 할 수 없어요. 그건 그 사람의 자유예요. 사람마다 요구며 취향이며 취미며 기대가 다 다르기 때문입니다."

"돌아보면 어릴 때 유치원에 같이 다녔던 친구가 생각나요. 초등학교도 같은 반에 들어갔는데 이 친구가 왕따를 당하는 걸 제가 봤어요. 그때 같이 놀아주지 못했다는 죄책감과 미안함이 성인이 된 지금까지도 '혹시 그런 상황에 내가 빠지면 어떡하나' 하는 불안한 마음으로 연결되는 것 같아요."

"그럴 수도 있어요. 그걸 요즘 의학적인 용어로 '트라우마'라고 해요. 어릴 때 상처받은 기억이 다 커서 어른이 된 지금까지 지배를 하는 거예요. 그때의 내 상처가 치유되지 않았기 때문에, 지금 몸은 커서 어른이 되었지만 어릴 때의 기억이 뇌리에 남아서 현재의 삶을 두렵게 만들고 있어요.

질문자가 그 아이와 놀아줬다면 좋았겠죠. 그러나 그것도 질문자의 과대망상이에요. 자기가 어른이 되어서야 생각할 수 있는 걸 아이였던 당시의 자신에게 요구하잖아요. 지금 어른인 질문자는 그렇게 할 수 있을지 몰라도 그 나이대의 어린아이가 그렇게 생각하기란 천 명 중 한 명도 힘들어요.

저도 어릴 때를 돌아보면 아쉬움이 많아요. 제가 초등학교 때 구슬치기며 딱지치기를 굉장히 잘했는데, 그때 딴 게 지금은 어디로 가버렸는지 하나도 없어요. 시합해서 따는 건 좋지만, 다 놀고 집에 돌아갈 때는 친구들에게 돌려줬다면 얼마나 좋았겠어요? 어차피 지금은 하나도 남아 있는 게 없는 걸요. 그런 걸 돌아보면 저도 얼마나 아쉬운지 몰라요. 그런데 그때는 내가 어리기 때문에 그런 지혜가 없었던 거예요. 그런데 그게 어릴 때의 나입니다. 그런 나를 너무 미워할 필요가 없습니다. 그때의 나는 어린아이니까 어른처럼 생각을 못하는 게 당연합니다.

그래서 제가 질문자더러 부처님이며 예수님보다 나은지 물어보잖아요. 그때 못해준 게 미안한 마음은 이해가 됩니다. 그러나 그건 내가 어려서, 어리석어서 그런 거예요. 어리다는 건 나쁘다는 뜻이 아니라 어리석다는 뜻입니다. 그러니 지금은 그 어리석음을 깨우쳐야 해요. 내가 그때 딱지나 구슬을 못 돌려줬다고 늘 후회한다면 그것은 자기를 지나치게 높이 평가하기 때문입니다. 그게 그때의 나, 어린 나의 모습입니다.

다만 이 경험을 갖고 나는 '지금의 나에게 그 구슬이나 딱지 같은 게 뭘까?'를 생각해야 합니다. 내가 여든이 되어 또 지금을 돌아보면 어린 시절의 딱지며 구슬처럼 지금 내가 움켜쥐고 있었던 것이 보일 겁니다. 과거의 경험을 후회할 것이 아니라, 과거의 경험에 비추어서 지금 나에게 그 구슬 같은 것이 없는지 살펴야 해요. '지금 내 생각에는 굉장히 중요하다 싶지만 내가 죽을 때 되돌아보면 하등 중요하지 않은 것을 혹시 움켜쥐고 있는 건 없을까?' 하고요.

후회는 반성이 아닙니다. 후회는 '내가 잘났다' 하는 것을 움켜쥐고 있기 때문에 하는 거예요. '나처럼 잘난 인간이 어떻게 그때는 바보처럼 그걸 못했을까?' 이게 후회예요. 그때 그런 수준이 나라는 걸 인정하고 받아들여야 해요. 그런 어리석은 행동을 다 커서도 반복하지 않으려면 지금 나에게 그때의 구슬이나 딱지 같은 게 무엇일지를 늘 살피면서 나중에 또 20년쯤 세월이 지나 돌아봤을 때 후회를 되풀이하지 않도록 해야지요. 이게 과거의 실패가 현재의 삶을 윤택하게 만드는 것입니다.

질문자는 이제 다 컸으니 지금 우리 가족이나 내 주변에 혹시 왕따 당하는 사람이 있는지 살펴보고 보살펴주세요. 예를 들어 친정에서 올케 언니를 누가 구박한다면 내가 편이 되어 주고, 시댁에서 소외되는 사람이 있으면 또 편이 되어줄 수도 있지요. 과거 나의 어리석었던 행동을 반성한다면 지금 그것이 교훈이 될 때 의미가 있지, 후회하는 것은 아무런 의미가 없습니다. 질문자는 지금 자기 잘났다는 생각을 못 버려서 아직도 후회하고 있는 거예요.

후회는 내가 잘난 맛에 생긴 거예요. 부모가 죽으면 불효자가 더 많이 울고 후회한다고들 하죠. 후회는 참회가 아닙니다. 교회 표현을 빌리자면 회개가 아니에요. '잘난 내가 왜 그때 바보같이 그랬을까?' 이렇게 '잘난 나'라는 게 마음속에 있기 때문에 후회를 하는 거예요. 남을 용서 못하는 게 미움이라면 자기를 용서 못하는 게 후회입니다. 후회를 반성이라고 생각하면 안 돼요. 후회는 또 다른 집착입니다. 정말 반성을 했다면 '아, 그때 내가 잘못 했구나' 하고 깨달았을 때 앞으로 다시는 그런 어리석음을 저지르지 말아야겠다고 다짐해야 해요. 넘어지면 앉아서 울지 않고 다시 벌떡 일어나서 '다시는 넘어지지 말아야지' 하는 걸 참회라고 해요.

그냥 '내가 잘못했구나'에서 그치는 것이 아니라 '내가 잘못했구나. 다시는 이런 어리석은 짓을 하지 말아야지'까지 가야 참회입니다. 그래도 또 잘못할 수 있어요. 그러면 또 이런 나를 나무라지 말고 '잘못했구나' 하고 알아차려서 '다음에는 잘하도록 하자' 해야죠. 이렇게 인생은 연습입니다."

사람은 누구나 다
자유롭게 살 권리가 있습니다.

공포에 자주 휩싸입니다

스님 법문을 들을 때는 마음이 편안하고, 제법이 공하다는 부분이 참 와 닿습니다. 그런데 일상으로 돌아오면 어릴 때 죽을 뻔한 경험이 몇 차례 있어서 그런지 공포와 불안을 자주 느껴 고민입니다. 깨달음의 장을 마치고 집에 돌아가는 길에 버스가 고속도로에서 속도를 낮추자 '아, 죽겠구나'라는 생각이 제일 먼저 들었습니다. 마음이 고요한 가운데 무서움이 선명하게 일어나서 신기했습니다. 공사장 근처를 지나갈 때나 비행기 기체가 흔들릴 때, 높은 다리 위를 지나갈 때, 새로운 일을 시작하거나 사람을 만날 때도 무서움이 일어납니다. 무서워질 때마다 스님께 배웠던 것들은 기억나지도 않고, 기억난다 해도 마음이 안정될 때까지 기다리는 것 외에는 방법이 없습니다. 저는 경찰이 되고 싶은데, 이렇게 무서울 때 어떻게 해야 하나요?

"불안하다, 무섭다는 것은 생각의 문제가 아니라 마음의 문제입니다. 마음의 문제는 의식의 문제가 아닌 무의식의 문제입니다. 그래서 마음은 의식으로 조절하기 어렵습니다. 의식의 제일 아래에 무의식이 있어요. 그래서 우리가 생각은 머리에 있고 마음은 심장에 있다고 말해요. 정말로 심장에 있다는 게 아니라 생각보다 아래에 있다는 뜻입니다.

생각이 표면 의식이라면 마음은 잠재된 의식입니다. 정신작용이라는 점은 같지만 마음 현상은 무의식으로부터 작동하기 때문에 의지로 조절하기 어렵습니다. 거의 자동으로 일어나요. 마음 작용은 카르마, 즉 업식이 있어서 그 업식으로부터 자극을 받으면 자동으로 일어나기 때문에 '성질을 바꾸겠다, 마음을 바꾸겠다' 해도 잘 안 바뀌집니다. 의식으로 조절되는 영역이 아니라는 말이에요. 그래서 결심을 해도 작심삼일이 되어버려요.

물론 걷거나 앉거나 밥 먹는 것처럼 겉으로 드러나는 행위는 의식으로 통제가 가능하지만, 실제 우리의 대부분 행위는 생각보다는 마음이 더 크게 좌우합니다. 마음에서 좋아해야, 즉 하고 싶어 해야 행해집니다. 마음에서 싫어하면, 즉 억지로 하면 하기는 해도 오래는 못 해요. 그래서 이 마음은 조절하겠다 해도 조절이 잘 안 돼요. 의식으로 무의식을 조절하겠다는 것이기 때문에 원래 잘 안 되는 거예요.

공부 방법은 마음이 불안할 때 '불안하구나' 하고 알아차리는 것입니다. 이걸 어떻게 바꾸겠다고 섣불리 결심하지 말고 그냥 알아차리세요. 불안하면 '불안하구나' 하고, 화가 나면 '화가 나는구나' 하고, 두려우면 '두렵구나' 하고 알아차리세요. 알아차리면 증폭되는 것이 줄어들어요. 초기에 알아차리면 거기서 바로 사그라지기도 합니다.

그래서 가장 중요한 것은 알아차리기입니다. 없애려고 하지 말고 알아차리기를 해야 해요. 지속적으로 알아차리기를 하면 천천히 조금씩이라도 개선되는 효과가 나타납니다. 이것이 첫 번째, 제일 쉬운 방법이에요.

두 번째는 자기암시 주기입니다. 암시를 준다는 것은 의식으로 시작했지만 무의식으로 옮겨간다는 뜻입니다. 암시라는 말은 무의식에 영향을 준다는 거예요. 그러니까 '저는 편안합니다' 이런 기도문을 가지고 절을 하면서 '제게는 아무 일도 없습니다. 저는 편안합니다. 저는 잘 살고 있습니다.' 이렇게 불안한데도 계속 '나는 편안하다, 편안하다'라고 주문 외우듯이 자꾸 외우세요. 뭐든지 오래 지속하면 습관화됩니다. 계속 똑같은 것을 반복하면 습관화된다는 거예요. 몸의 행동도 그렇고 마음 작용도 그렇습니다. 계속 암시를 줘서 마음이 편안한 것이 습관화되도록 하세요.

질문자가 지금 편안하지 못한 것은 어릴 때의 경험 때문에 지금도 특정 상황에 부딪히면 의지와 관계없이 불안이 일어납니다. 그러니 계속 암시를 주는 방법, 즉 기도를 하는 방법이 있습니다. '마음을 편안하게 해주세요'라고 기도하지 말고 '저는 편안합니다, 편안합니다' 이렇게 자기암시를 줘야 해요.

세 번째는 '깨달음의 장'이나 '나눔의 장'에 가서 상처의 본질을 꿰뚫어 아는 것입니다. 무엇 때문에 내가 두려워하는지 그 원인을 알아야 해요. '그런데 왜 두려우냐?' 계속 뿌리를 파고 들어가야 해요. 계속 파고 들어가다가 어느 순간에 딱 깨달아져요. 끊임없이 질문을 해서 '이래서 두렵다,' '저래서 두렵다,' 이렇게 자꾸 들어가다 보면 두려워해야 할 뚜렷한 이유가 없는 지점까지 자기 스스로 들어가게 돼요. 옆에서 누가 '두려워할 이유가 없다'고 해주는 말은 지식에 불과합니다. 자기 스스로 질문에 답하면서 '이래서 두렵습니다,' '저래서 두렵습니다' 하고 들어가다가 '두려워할 이유가 없네' 이렇게 자각이 됩니다. 그러면 이제 무의식에서 그게 개선이 되는 거예요. 무의식에서 개선이 되면 실제 현실에서도 효과가 납니다. 두려움이 일어나더라도 전보다는 강도가 한층 떨어집니다. 이건 깨달음을 통해서 해결하는 방법입니다. 무아無我, 어떤 것에도 실체가 없다는 것을 체험하는 거예요.

상담심리 같으면 그걸 드러내서 옛날에 입은 상처를 치유합니다. 때로는 위로도 받지요. '아, 네가 어릴 때 그런 경험을 해서 힘들었구나. 엄마한테 이야기했는데 엄마가 이해하지 못하고 야단만 쳐서 상처가 되었구나. 아이고, 힘들었겠다.' 이렇게 상처 입었던 어린 시절로 돌아가서 다독이면 치유가 됩니다. 그걸 다 드러내고 위로받고 별 게 아니라는 사실을 알게 돼요.

이렇게 방식이 각각 조금 다릅니다. 선불교는 탁 찔러서 본질이 텅 빈 줄 깨닫는 것이고, 상담은 그것을 다 드러내고 위로받아서 해결하는 거예요. 저는 여러분과 이야기할 때 위로도 하긴 하지만 주로 직설적으로 하지요. '그래서 어쨌다는 거냐?'라고 되물으니 여러분들이 어떨 때는 좀 답답하지요? 괴로워 죽겠다고 하는데도 '그래서 뭐가 괴로운데?' 이렇게 다시 되물으니 말입니다.

이것은 담배 피우고 술 마시는 사람 이야기와 똑같아요. '제 친구는 좋은 담배 피우는데 나는 저질 담배를 피워서 속상하다', '저 친구는 발렌타인 몇 년 산을 마시는데 나는 막걸리도 못 마신다.' 이런 이야기를 해도 담배며 술을 아예 못 하는 사람이 들으면 어때요? '그래도 너는 담배를 피우잖아,' '그래도 너는 술을 마시잖아' 이럴 거 아니에요. 이 상대적인 요소를 탁 깨달아서 그 자체도 괴로움이 아니라는 사실을 자각하게끔 하는 거예요.(청중 웃음) 그보다 더 좋은 길은 아무리 좋은 술도, 담배도 안 마시고 안 피우는 것보다 못하다는 것을 깨닫는 것입니다.

그래서 저와 대화할 때는 가끔 머리가 반짝 안 돌아가면 도로 상처를 입어요. 그래서 '스님이 나를 나쁘게 이야기했다', '스님이 나에게 야단을 쳤다' 하면서 화를 냅니다. '그래서 뭐가 문젠데?'라는 말은 그때 그 상처를 딱 움켜쥔 거를 텅 빈 것이라고 보게 하는 거예요. 그냥 하나의 스쳐 지나간 일에 불과한 것에 사로잡힌 마음을 탁 내려놓게 한다는 말이에요. 그런데 이것을 섣불리 여러분이 흉내 내면 엄청난 부작용이 생깁니다. 그러나 그 효과는 위로받는 것과는 비교할 수 없지요. 어떤 것에도 실체가 없다는 것을 깨달아버리면 30년 된 상처도 단박에 팍 나아버릴 정도의 특효가 있는 것입니다."

마음이
늘 허전해요

저는 마음이 너무 허전해요. 어디에 구멍이 있어서 바람이 막 부는 것 같아요. 일시적인 게 아니라 평소에도 주로 그런 것 같습니다. 약간 들뜰 때는 이런 허전함을 잘 모르는 것 같아요. 최근에는 처음으로 운전을 배웠어요. 새로운 걸 배우니까 신기한 마음도 컸고 면허를 따니까 좋다가 갑자기 허무한 거예요. 항상 초기에는 재미있게 지내다가 시간이 지나면 처음의 설렘이 없어지니까 마음이 허무해지는 것 같아요. 마음이 넉넉해지고 싶은데 이게 욕심인지 아니면 정진이나 수행을 통해서 넉넉한 마음을 유지해갈 수 있는 건지 여쭙고 싶습니다.

"술을 먹는 사람이 술을 안 먹으면 뭔가 허전하고, 담배를 피우던 사람이 담배를 끊고 나면 허전합니다. 또 나를 찾다가 나라고 할 것이 없다는 무아를 알게 되면 허무해진다고 하죠. 바로 이것은 뭔가 있어야 하고 뭔가 쥐어야 하고 뭔가를 배워야 하고 뭔가 발전해야 한다고 하는 욕망이 있음을 말합니다. 일종의 강박관념이나 중독성을 갖고 있는 것입니다. 그래서 항상 바구니에 뭔가를 채워야지 빈 바구니를 보면 내 존재가 아무것도 아닌 것 같은 허무함이 듭니다.

해결책은 두 가지입니다. 하나는 계속 채우는 거예요. 직장도 한 3개월 다녔다가 안주해서 긴장감 떨어지면 다른 직장에 가고, 남자도 만나다가 허무해지면 또 새로운 남자로 바꾸고, 수행도 여기 정토회에 좀 있다가 또 다른 곳으로 가고요. 달라이라마한테 가서 6개월 공부하다가 또 위빠사나센터에 가서 6개월 하고, 또 참선 배운다고 좀 하고, 이렇게 계속 그 욕망을 따라 다니는 길이 있습니다. 마치 담배를 계속 피우듯이 술을 계속 먹듯이 뭔가 그것을 채워가면서 따라가는 방법이에요. 그것도 괜찮아요. 자기가 내 성질이 이렇다는 것을 알고, 또 내 카르마가 현재 이렇게 형성되어 있다는 사실을 알아서, 어느 한 직장에 다니거나 한군데에 오래 있는 걸 포기하면 됩니다. 계속 새로운 것을 쫓아가면 됩니다. 그러나 이것은 카르마의 노예가 되는 것입니다. 카르마에 계속 끌려다니는 것이죠. 계속 욕구를 따라서 전전긍긍해야 되니까 좋아 보이지만 결과적으로는 노예가 됩니다.

두 번째 방법은 아예 끊어버리는 방법입니다. 그러면 한 달, 두 달, 석 달은 힘들지만 1년이나 2년 지나서 그 습성이 없어져버리면 허전함 같은 것이 없어져요. 담배도 처음에 피우다가 안 피우면 손을 어디에 놓아야 될지 몰라서 성냥이나 부러뜨리고 그러잖아요. 손으로 담배를 쥐던 습관이 있으니까요.

우선 '인간 존재라는 게 아무것도 아니다', '길거리에 핀 풀 한 포기와 같다' 이것을 자각해야 합니다. 그래서 여기서 무엇을 잘해야 한다고 하지 말고 그냥 부엌에서 밥만 한 3년을 지어 본다든지, 밭에 가서 밭일만 한 3년을 한다든지, 청소만 한 3년을 한다든지, 아니면 아무것도 안하고 명상만 3년을 한다든지, 직장에 다닌다면 아무리 다니기 싫어도 한 직장만 계속 3년을 다닌다든지, 그래서 자꾸 끌려다니는 이 습성에서 자유로워져야 합니다.

그런데 이런 습관은 주로 어릴 때의 욕구 불만과 관계가 있기 때문에 법문을 듣고 이해한다고 쉽게 바뀌는 건 아니에요. 자기가 직접 경험을 해야 돼요. 자꾸 이것 좀 하다가 저것 좀 하다가 그러면 계속 끌려다니는 겁니다. 적어도 그 습성이 어느 정도 소멸하려면 최소 3년은 한 가지만 해야 돼요. 제일 좋은 건 아무 의미 없는 일, 즉 '노예냐, 바보냐?' 그런 취급받는 일을 하나 딱 잡고 3년 지내보세요. 생색나는 일을 하지 말고 그냥 부엌에 가서 주방 일만 3년을 한다든지요.

농사도 지어보면 여러분들은 외로워서 못 지어요. 저 산골짜기 아무도 알아주지 않는 곳에서 밭의 김만 매고 살면서 견딜 사람은 여러분 중에는 한 명도 없을 거예요. 그게 도입니다. 그냥 한 마리 토끼처럼 새처럼 벌레처럼 자기가 아무것도 아니게 살 수 있어야 그게 도입니다. 사람마다 다 그런 문제가 있는데, 자기는 좀 심한 것이지요. 욕구 불만입니다. 항상 뭘 배워야 되고 인정받아야 되고 이렇게 늘 껄떡거리는 겁니다.

그러니 바구니를 채우려고 하지 말고 비워놓은 상태로 그냥 두는 겁니다. 허전하면 '허전하다' 이렇게 생각하지 말고, '이게 내 카르마다', '내 습성이 이렇다', '이게 내 업식이다' 이렇게 알아차리고 허전함을 그대로 만끽하세요. 허전함을 그대로 즐기세요. 벗어나려고 하지 말고요. 허전하면 '마약 중독처럼 허전함이 일어나는구나' 바로 알아차리세요. 허전함을 친구 삼아 지내세요. 그래야 거기로부터 자유로워질 수 있습니다. 쉽진 않아요. 내 삶에 아무런 의미를 두지 않고 산다는 것이 제일 어려워요. 목숨을 걸고 독립운동 하다가 감옥에 가는 건 그래도 의미가 있잖아요. 아무 의미 없는 일을 해보세요. 그냥 아침부터 저녁까지 청소만 내내 한다, 그거 쉽지 않습니다. 그런 것을 긴 시간 동안 직접 경험해서 거기로부터 자유로워져야 해요."

"그렇게 하면 채우지 않고서도 마음이 넉넉해진다는 말씀인가요?"

"빈 바구니를 놓고서도 오래 보고 있으면 나중에 아무렇지 않게 돼요. 처음에는 빈 바구니를 보면 그것을 채워야 한다는 조급함이 일어나는데, 시간이 오래 지나도록 늘 빈 바구니를 그대로 놓고 살면 빈 바구니를 봐도 아무렇지 않아져요. 방을 볼 때 늘 청소해야 된다 그랬는데, 청소 안 하고 오랫동안 살아보면 청소 안 하는 게 더 편안하게 다가오죠. 그런 것처럼 채우지 않는 것에 익숙해져야 됩니다. 뭘 채워야 한다는 것이 좋게 말하면 발전의 동력이기도 하지만 나쁘게 말하면 끊임없이 욕망에 끌려다니는 껄떡거림이거든요."

"채우면서 살지, 아니면 비운 상태로 넉넉하게 살지 딱 결정이 안 되는 것 같아요. 채우면서 살아도 좋겠다 이런 마음이 드네요."

"그러고 싶으면 그렇게 하세요. 그러나 영원히 안 채워지는 채움을 자기가 좇고 있는 것이지요. 왜냐하면 그것이 채워지면 금방 다시 허전해지니까요. 운전을 배울 때는 긴장했는데 배우고 나면 허전해지고, 그러면 또 뭘 하나 배워야 되잖아요. 또 하나 배우고 나면 또 허전해지고요. 남자를 좋아해서 내 사람 만들려고 막 애를 쓰다가 내 남자가 되면 싫증이 나고 허전해지니까 또 다른 남자 구해야 됩니다. 그런 습성이 있음을 내가 알면 괜찮아요. '아, 이런 습성이 나한테 있다. 그 남자 문제가 아니라 내 카르마가 이렇다' 이렇게 알면 됩니다. 욕구를 따라가려면 '왜 나는 이렇지?' 이렇게 한탄하지 말아야 합니다. 욕구를 따르지 않으려면 그냥 두고 오랫동안 무의미함을 친구 삼아 보는 겁니다.

물론 이것은 쉽지 않아요. 업을 바꾼다는 건 가능성이 별로 없는 일이에요. 그러나 그것을 뛰어넘어야 해탈이 있습니다. 어려운 줄을 알고 시작하면 안 되는 것에 대해 조급함이 없어집니다. 금방 될 거라고 생각하면 안 되니까 자꾸 좌절하게 됩니다. 업의 노예가 될지, 힘들지만 여기로부터 자유로워질지, 자기 선택입니다."

"예, 감사합니다."

"생활 속에서 조금 도움이 되려면 첫째, 허전할 때 절을 많이 할 것. 다른 것으로 채우려고 하지 말고 절을 많이 해서 극복할 것. 둘째, 대우 받으려고 하지 말고 항상 남을 받드는 일을 하면 도움이 돼요. 우리는 늘 알아줘야 고생을 해도 힘이 되잖아요. 평가가 안 되는 일, 일은 많이 했는데 누가 했는지 모르는 일, 그래서 아무도 평가를 안 해주는 일을 하세요. 이렇게 할 때 공덕을 쌓는다고 합니다. 이런 일을 많이 하면 그것을 극복하는 데 도움이 됩니다. 즉 알아차림의 방법이 하나 있고, 동시에 겸해서 공덕을 많이 쌓아야 됩니다. 그러다가 도저히 못 견디겠으면 법당에 와서 절을 하세요. 또 괜찮아지면 공덕을 다시 쌓고요. 그렇게 1~2년 정도 지나면 조급함에서 벗어날 수 있어요."

남과
비교하지 않고 살고 싶어요

남들과 비교해서 자꾸 열등감이 생깁니다. 남들과 나를 비교하지 않는 방법이 무엇인지 궁금합니다.

"그런 방법은 없어요. 눈 뜨고 보고 사는데 어떻게 비교를 안 하고 살 수가 있겠어요? 그래도 굳이 찾는다면 한 가지 방법이 있긴 있어요. 눈 감고 귀 막고 살면 돼요. 눈 감고 귀 막고 살면 비교를 안 하고 살 수 있을지 모르겠어요. 그러나 항상 눈으로 보고 귀로 듣고 살기 때문에 비교하지 않을 수는 없습니다."

"물병을 이 책상과 비교하면 작아요, 커요?"

"작아요."

"물병을 이 시계와 비교하면 작아요, 커요?"

"커요."

"그럼 이 물병 자체만 갖고는 작아요, 커요?"

"보통 아닌가요?"

"이 물병을 어떤 사람은 크다고 하고 어떤 사람은 작다고 해요. 크다고 말하는 사람은 이 물병만 갖고 얘기하는 것이 아니라 뭔가 자기도 모르게 이 물병보다 작은 것과 비교해서 크다고 말하고, 작다고 말하는 사람은 뭔가 이 물병보다 큰 것과 비교해서 작다고 말합니다. 그래서 크다 작다는 이 물병의 존재에 있는 것이 아니에요. 그 존재를 인식하는 내가 크다고 하기도 하고 작다고 하기도 하는 것이지 존재 자체에는 크고 작음이 없어요. 인식을 할 때 비교해서 인식하기 때문에 어떤 때는 크다고 인식하고, 어떤 때는 작다고 인식하고, 어떤 사람은 크다고 인식하고, 어떤 사람은 작다고 인식하는 겁니다. 그래서 크니 작니 새 것이니 헌 것이니 잘났느니 못났느니 늙었다느니 젊었다느니 길다느니 짧다느니 하는 것은 그것이 객관적인 것 같지만 사실은 인식의 문제입니다. 이것을 '일체유심조一切唯心造'라고 말합니다. 다 마음이 짓는 바입니다. 모두 인식상의 문제라는 겁니다.

그런데 이 물병을 책상 곁에 오래 두고 있으면서 늘 '작다, 작다…'고 되풀이하다 보면 이 물병 자체가 본래 작은 것으로 잘못 알게 됩니다. 이 시계와 계속 같이 두고서 '크다, 크다…'고 되풀이 인식하다 보면 이 물병 자체가 크다고 착각을 하는 거예요. 이것을 철학적인 용어로 말하면 '상에 집착했다'고 하는 겁니다. 크다 작다는 객관의 문제가 아니라 인식상에서 일어나는 주관의 문제인데 이런 인식이 오래 지속되면 그것이 객관인 줄 착각을 해버립니다. 그래서 '이것은 큰 것이다', '이것은 작은 것이다' 하고 주장을 하게 되는데 사실은 큰 것도 아니고 작은 것도 아닙니다.

이것을 언어를 빌려서 표현하면 두 가지로 표현할 수 있어요. '이것은 큰 것인가요, 작은 것인가요?' 하고 물으면 묻는 사람의 언어를 빌려서 표현하면 '큰 것도 아니고 작은 것도 아니다'라고 대답하고, 이런 언어를 빌리지 않고 대답하면 '다만 그것이다'라고 말하는 겁니다. 이것을 철학적인 용어를 빌려서 말하면 '공空이다'라고 말합니다. 크다고 할 수도 없고 작다고 할 수도 없다는 뜻입니다. 그러면 제가 다시 물어볼게요."

"여기 앉아 있는 여러분들은 젊어요, 늙어요?"

"젊지도 않고 늙지도 않습니다."

"키가 커요, 작아요?"

"크지도 않고 작지도 않습니다."

"예뻐요, 추해요?"

"예쁘지도 않고 추하지도 않습니다."

"이 시계가 값 비싸요, 값 싸요?"

"비싸지도 않고 싸지도 않습니다."

"값이 비싸다 싸다 하는 것은 이 물건에게 있는 것이 아니라 사람이 값을 정하는 데에 있습니다. 그래서 이 세상에 있는 모든 존재는 존재 그 자체로 온전합니다. 이것을 불교에서는 '모든 존재는 그대로 다 부처다'라고 말합니다. 그럼 여기 앉아 있는 여러분들은 모두 존재 그 자체로 온전한 거예요. 그런데 우리는 크니 작니 늙었느니 젊으니 부자니 가난하니 양반이니 쌍놈이니 하는 인식상의 문제에 빠지기 때문에 열등의식을 갖거나 우월의식을 갖고 괴롭게 살고 있는 것입니다.

그러면 비교하지 않고 살 수 있느냐? 그럴 수는 없습니다. 늘 비교하며 살지만 '이것은 비교에 의해서 생기는 인식상의 문제이지 객관적 사실은 아니다'라는 것을 자각하면 거기에 빠지지 않을 수는 있습니다.

내가 저 사람과 비교해서 돈이 적은 것이지 내가 돈이 적은 것이 아니

존재 자체에는 크고 작음이 없어요.

인식을 할 때 비교해서 인식하기 때문에

어떤 때는 크다고 인식하고,

어떤 때는 작다고 인식하고,

어떤 사람은 크다고 인식하고,

어떤 사람은 작다고 인식하는 겁니다.

에요. 저 사람과 비교해서는 내가 키가 작다고 말할 수 있지만 내 자신이 키가 작은 사람은 아니에요. 저 사람과 비교해서 내가 늙은 것이지 내가 늙은 사람은 아니에요. 80세가 된 사람이 볼 때는 60세가 된 사람은 아주 젊은 거예요. '내가 60만 되어도 뭐든지 할 수 있을 텐데' 이렇게 말해요.

고2 학생과 고3 학생이 같이 얘기하는 모습을 가만히 지켜보세요. 고3 학생이 '아이고, 우리는 늙었으니까 젊은 너희가 심부름 좀 해라' 이렇게 말해요. 그래서 객관적으로 젊다 늙었다 하는 건 없어요. 그 안에서 서로 비교가 되는 거예요. 이것을 깨달으면, 때로는 늙었다고 불리고, 때로는 젊다고 불리고, 때로는 스님이라고 불리고, 때로는 아들이라고 불리지만, 나는 그 무엇도 아닌 것임을 알 수 있어요.

이것을 자각하면 질문자가 원하는 늘 비교하지 않고 사는 경지에 도달할 수 있어요. 비교하면서도 비교하지 않는 세계에 살 수 있습니다. 비교하지 않고 그 자체로도 온전할 수 있습니다. 부자라고 목에 힘줄 것도 없고, 젊었다고 목에 힘줄 것도 없고, 잘났다고 목에 힘줄 것도 없습니다. 반대로 못났다고 기죽을 것도 없고, 늙었다고 기죽을 것도 없습니다. 모든 존재는 그대로 온전합니다.

그런데 우리는 인식의 문제에 빠져서 허우적대고 살고 있는 겁니다. 비교하지 않는 방법은 없어요. 그러나 비교해서 생긴 문제라는 사실을 본인이 자각하고 있으면 비교에 빠지지 않을 수 있습니다. 불안함을 자각하고 있으면 그 불안함에 빠지지 않는 것과 같은 이치입니다."

어디에서 왔고
어디로 가야 합니까

스님이 출가하신 이유가 '어디에서 와서 어디로 가는지'에 대해 고민하셨기 때문이라고 들었습니다. 그 답을 얻으셨는지 궁금합니다. 제가 스물네 살이라 앞으로 어디로 가야 할지 막막해서요.

"그건 자기가 찾아야지, 남의 이야기를 들어서 뭐해요? 질문자 인생인데 질문자가 찾아야죠. 모든 인생이 다 이렇게 해서 이렇게 간다고 정해져 있다면 제가 찾은 길을 질문자가 따라가도 되겠지만 인생은 그렇지가 않습니다. 각자 인생의 길은 각자가 가는 거예요. 질문자의 길은 질문자가 스스로 찾아야 해요.

가는 길이 한 길밖에 없다면 저의 스승님이 제게 그리 물으실 이유가 없지요. 이리 가면 되니까 그냥 따라오라고만 하면 되잖아요. 그런데 저더러 '너, 어디 가니?' 하고 물었어요. 그냥 그렇게 물은 게 아니에요. 스승님이 '이리 와봐라' 하고 부르는데 제가 이튿날 시험이 있기 때문에 이야기 길어지기 전에 빨리 도망가려고 '저 오늘 바쁩니다'라고 말했단 말이에요. 그러면 빨리 보내줄 줄 알았거든요. 그냥 어디로 가냐고 물어본 게 아니고 제가 바쁘다고 대답하니까 '어, 그래? 어디 가는데 그리 바쁘냐?' 하신 거예요.

'이리 와봐라.'

'저 오늘 바쁩니다.'

'그래? 너, 지금 어디서 오는 길이야?'

'학교에서요.'

'학교 오기 전에는 어디서 왔어?'

'집에서요.'

'집에 오기 전에는?'

이렇게 자꾸 묻고 답하다 보니 결국은 끝이 '어머니 뱃속에서 왔습니다'가 되었어요.

'그러면 어머니 뱃속에서 태어나기 전에는?'

제가 답을 모르니까 '모르겠습니다' 했죠. 그랬더니 이번에는 지금 어디로 갈 건지 물어요.

'지금 어디로 갈거니?'

'도서관에요.'

'도서관에 간 다음에는?'

'집에요.'

'집에 간 다음에는?'

'내일 학교에요.'

'학교 간 다음에는?'

이렇게 자꾸 묻다보니 제가 '그럼 죽겠죠 뭐' 이랬어요.

그랬더니 '죽은 뒤에는?' 하고 물어요.

이번에도 '모르겠습니다' 그랬어요. 그러니까 벽력같이 고함을 치는 거예요.

'야 이놈아, 어디서 와서 어디로 가는지도 모르는 놈이 바쁘기는 왜 바빠?'

그러니까 스승님은 제가 바쁘다고 한 말에 질문한 거예요. 그래서 어디서 왔냐고 물었는데 모른다 하고, 어디로 가느냐고 물어도 모른다 하니까 어디서 와서 어디로 가는지도 모르는 놈이 왜 바쁘냐는 거지요. 어디로 가는 방향이 있으면 바쁘다는 게 이해되지만 어디 가는지도 모르면서 바쁘다니 말이 안 되잖아요.

처음에는 스승님이 말도 안 되는 질문을 나한테 한다고 생각했어요. 어디서 왔냐고 묻고 또 묻고 또 물어요. 가는 것도 학교 가면 됐지 그 다음은 어디 갈 건지 도대체 왜 묻나 싶었는데, 대화의 요점은 이거였어요.

'이리 와봐라.'

'저 바빠요.'

'너, 어디서 왔니?'

'몰라요.'

'어디로 가니?'

'몰라요.'

'그런데 왜 바쁘니?'

그제서야 제가 정신이 번쩍 든 거예요. '어, 내가 왜 바쁘지?' 왜 바쁜지 나도 모르겠어요. 어디로 가는지도 모르면서 빨리 가야 된다니 이상하잖아요? 제가 이렇게 저렇게 답한 걸 불교에서는 알음알이라고 해요. 책에서 본 이야기, 경험한 이야기, 생각한 이야기, 이렇게 아는 이야기를 알음알이라고 하는데, 결국 알음알이가 끊어지니 '너, 어디서 왔니?'라고 하니까 '모르겠어요'라고 하죠. 처음부터 모르겠다는 말이 나온 게 아니에요. 아는 소리를 자꾸 하다 보니 결국 어머니 뱃속까지 갔는데, 뱃속에서 나오기 전을 물어보니 그건 생각도 해본 적도 없고 책에서 본 적도 없어서 모르겠다고 한 거예요.

어디 가느냐는 것도 그래요. 도서관에 가고 학교에 가는 건 내가 다 아는 소리예요. 죽는다, 여기까지는 제가 안단 말이에요. '죽은 뒤에는?' 이건 책에서 본 적도 없고 생각해본 적도 없으니까 '모르겠어요' 이랬단 말이에요. 이렇게 정말 어디 가는지 모르는데도 지금 나는 바쁘게 가고 있잖아요. 그러니까 여기에서 의문이 생겨요. '왜 바쁘지?' 살다보면 바쁘지요. 바쁠 때마다 스스로에게 물어보는 거예요.

'왜 바쁘지?'

이 물음의 핵심은 현재 자기에게 깨어 있으라는 겁니다. 질문은 다양할 수 있어요. '너 누구니?'라고 할 수도 있고 '어디 가니?'라고 물을 수도 있고, '너 지금 뭐 하니?'라고 물을 수도 있어요. '너 누구니?' 이렇게 세 번만 물으면 대답이 궁해져요. 바쁘게 가길래 어디 가느냐고 하니까 모른다 하고, 이러쿵저러쿵 하면서 나를 내세우길래 네가 누구냐고 하니까 모른대요. 자기가 자기를 모른다는 거예요. 세상 온갖 것 다 아는 박사한테도 네가 누구냐고 물으면 '몰라요' 이래요. 화두라는 건 이런 거예요. 'Who are you(너는 누구냐)?' 'Who am I(나는 누구인가)?' 나, 나, 나라고 내세우는데 나라고 하는 이것이 무엇인가? '이것이 무엇인가(What is this?)'를 중국말로 하면 '시심마是甚麼'라고 해요. 이걸 한국말로 하면 '이뭣고'라고 해요. '나라고 하는 이것이 무엇인고'라는 뜻이에요.

이것을 탐구라고 해요. 남한테 듣고 하는 소리, 아는 소리 하는 게 아니라 자기가 정말 궁금한 것을 탐구하는 것이 자기 인생이에요. 그래서 스승님은 제가 제 인생을 살아가도록 방향을 잡아준 거예요.

지금까지는 어떤 인생을 살았어요? 초등학교도 엄마가 보냈으니 갔죠. 중학교도 부모가 가라 하고, 친구들도 다 가니까 따라 갔잖아요. 남이 장에 간다니 거름 지고 따라가는 거죠. 고등학교도 다들 가니까 따라 올라가고, 대학교도 전부 다 따라 올라왔잖아요. 졸업하니 또 취직해야 한다고 하죠. 스승님 말씀은 남 따라 가지 말고 '네 길을 가라, 네 인생을 살라'는 거예요.

대학 가면 취직해야 돼, 취직하면 결혼해야 돼, 결혼하면 애 낳아야 돼, 애 낳으면 또 키워야 돼, 그것도 중학교 고등학교 대학교 보내야 돼, 또 취직시켜야 돼, 결혼시켜야 돼, 손자 낳아야 돼, 손자 봐줘야 돼…. 인생살이가 굉장한 것 같지만 토끼 한 마리 태어나서 자라는 것과 아무 차이가 없어요. 세상의 흐름에 따라 그냥 쭉 흘러가는 것뿐이에요. 그래서 '너, 누구니?' '지금 어디로 가니?' '지금 뭐하고 있니?' 이렇게 물어보는 거예요. 저라면 질문자에게 '여기 왜 왔니?'라고 물어볼 수 있겠죠. 세 번만 물어보면 말문이 막혀서 '몰라요' 합니다. 이걸 무지라고 합니다. 우리 인생이 이렇게 무지 속에서 살아가는 거예요. 자기는 굉장히 똑똑한 척하고 살지만 실제로는 허황되게 사는 겁니다. 그걸 지적해준 것뿐이에요.

그러니 제 이야기를 듣고 '나는 어디로 갈 건가? 나는 무엇인가?' 이렇게 탐구를 해야 합니다. 스님도 부처님도 예수님도 하느님도 아닌 '내가 누구냐'는 겁니다. 내가 누구냐, 내가 지금 뭐하고 있느냐, 내가 지금 어디로 가느냐를 알아야 해요. 이걸 모르니까 인생이 괴롭고 한 치 앞도 못 보는 거예요. 저 사람 없으면 못 살겠다고 좋아하다가 금방 너 때문에 못 살겠다고 헤어지고, 또 그래도 그 사람이 나았다며 울어요. (청중들 웃음)

들어가고 싶은 직장에 재수까지 해가며 시험 쳐서 들어가 놓고 그 직장 때문에 못살겠다며 사표 내고 나오죠. 가게 하나만 내면 다 될 듯이 목을 매지만 그 가게가 또 잘 안 되면 가게가 고통의 덩어리가 되잖아요. 다들 애 낳으니 나도 낳겠다고 불상 코까지 베어 먹어서 아들 낳아놓고는 애 때문에 못 살겠다고 죽는 소릴 해요. 취직이 어떻고 결혼이 어떻고 하지만 딱 본질을 짚는다면, 괴로움의 원인은 자기가 누군지, 어디로 가는지, 지금 뭐하는지도 모르고 살기 때문입니다. 이게 요지예요. 이걸 먼저 찾는 게 중요합니다.

이런 걸 스승님이 딱 지적해준 거예요. 그때 그런 기회를 안 가졌으면 저도 친구따라 대학을 갔을 텐데, 그래서 안 갔어요. 제가 생각해보니 갈 이유가 별로 없었거든요. 그런데 스님이 되고 보니 스님들이 가는 길이 또 있어요. 가만히 생각해보니 거기도 갈 일이 별로 없어요. 그래서 안 갔더니 거기서 왕따가 되었어요. 그리고 사람들이 북한 때려잡자며 데모할 때 생각해보니 아니다 싶어서 안 따라 갔더니 또 왕따가 되었어요. 여러분은 왕따 당했다고 서러워하는데 저는 왕따를 당한 게 아니라 제가 전부를 왕따 시켜버렸다고 볼 수도 있죠.(청중들 웃음)

천 명이 자고 있는데 한 명이 깨서 책상에 앉아 있으니 천 명이 자면서 잠꼬대를 해요. '불이야, 불이야, 불이야!' 그러면 한 명이 천 명을 깨워요, 천 명이 그런다고 그 한 명도 따라가요? 깨어 있다면 잠꼬대 하는 사람이 비록 천 명이라 하더라도 '아이고, 이것들 잠꼬대가 심하구나' 이러고 천 명을 흔들어 깨워주잖아요.

그러니까 그 질문은 다른 게 아니고 '네가 네 길을 가라'는 겁니다. 네가 누구인지, 어디로 가는지, 뭐 하는지를 스스로 보라는 거예요.

저녁에 술 마시면서 다음날 속 쓰릴 것까지 생각 안 하잖아요. 주면 넙죽넙죽 받아 마시고 취해서 전봇대 껴안고 울고, 아침에 눈 떠보면 가관이죠. 그런데 저녁 되면 또 마셔요. 담배 피우는 사람은 담배 중에서도 더 좋은 담배 피우려고 야단이에요. 그런데 아무리 좋은 담배도 안 피우는 것보다는 건강에 안 좋아요. 이렇듯 우리가 어떤 것에 중독이 되어 한 방향으로 달려가면 진리의 말씀을 못 알아들어요. 마약은 이해가 되는데, '아무리 좋은 성형도 안 하느니만 못하다'고 하면 또 이해 안 되잖아요.(청중 웃음)

술 마시고 건강을 해치고 마약하면서 자기 건강을 해치듯이, 우리는 이런 중독 때문에 자기 시간과 재능과 인생을 낭비하고 있습니다. 소비중독이란 말 들어봤지요? 이 소비중독이 제일 무섭습니다. 많은 사람들이 많이 생산해서 많이 쓰는 게 잘 사는 것이라고 생각해요. 잘 사는 기준이 뭐예요? 1인당 콜라를 몇 병 마시느냐, 전기를 얼마나 쓰느냐, 물을 얼마나 쓰느냐, 병원 침대가 국민 몇 명당 하나가 배치가 되느냐…. 전부 소비로 계산하잖아요. 엄마가 물건을 사서 아이에게 생일선물로 주면 제일 먼저 '엄마, 이거 얼마짜리야?' 이러잖아요. 전부 돈으로 계산이 돼요. 지금 우리가 이런 세상에 살고 있는 거예요.

그런데 이 소비주의가 결국은 환경을 파괴해요. 한쪽은 자원을 고갈시키고 다른 한쪽은 오염물질을 양산해서 결국은 지구환경을 파괴합니다. 시간이 100년 걸리느냐 200년 걸리느냐 정도의 차이밖에 없지 결국은 공멸하는 거예요. 이치로 따지면 이 문명은 공멸할 수밖에 없어요. 다들 잘 살려고 하는데 잘 산다는 기준이 많이 생산해서 많이 소비하는 것이니까요. 현재 70억 인구 중에 OECD 가입국 12억 명이 이렇게 살아도 환경 문제로 세계가 난리인데 70억이 다 그렇게 가면 지구 환경이 어떻게 되겠어요?

그래서 지금의 문명은 이미 지속 가능하지 않고 종말은 예정되어 있는 거예요. 봄에 잎이 피고 여름에 무성하게 자라지만 이미 가을에 낙엽이 예정되어 있는 것과 같습니다. 마치 홍수가 나서 물살이 일 때 이 동네 저 동네 온갖 쓰레기가 떠내려와서 휩쓸려 내려가듯이 이 거대한 소비주의의 물결 속에 우리가 지금 휩쓸려가고 있는 거예요. 그 속에서 '누구는 눈을 성형했다는데 나는 못 고쳤다,' '누구는 눈이랑 코를 다 성형했다는데 나는 눈밖에 못 고쳤다' 이런 작은 걸로 괴로워하며 사는 거예요.

'너 어디서 왔니?', '너 어디로 가니?'라는 평범한 질문을 했는데 그 평범함이 지속되다 보면 평범을 넘어 우리의 삶의 본질에 근접해 갑니다. 스님만 된다고 문제가 해결되면 얼마나 좋겠어요? 그러면 인생 바꾸는 건 간단해요. 머리 깎고 옷 갈아입고 이름 하나 지어서 붙이면 되잖아요. 그런다고 인생이 바뀌겠어요?

그래서 이 질문은 '그래서 스님이 되었다'는 게 핵심이 아니에요. 내가 이 길을 가는 게 남 따라 가는 건지, 필요해서 내가 가는 건지, 남이 마시니까 목도 안 마른데 마시는 건지, 정말 내가 목이 말라서 마시는 건지 늘 돌아보라는 겁니다. 저 사람이 나를 좋아하니까 그냥 결혼하는 게 아니라, 저 사람이 어떻든 내가 결혼이 필요하면 하고, 천하가 다 해도 내가 필요 없으면 안 하는 거예요. 천하가 다 차를 사도 내가 필요 없으면 안 사면 돼요. 남들 다 산다고 따라 샀다가 타지도 않으면서 창고에 넣어둘 필요 없잖아요. 세상을 무조건 거스른다는 이야기가 아니라 자기 길을 간다는 이야기입니다.

시험 볼 때 긴장해서 실력 발휘를 못 합니다

제가 지나치게 긴장을 하는 편이라서, 무엇이든 준비를 열심히 하는데 50~70퍼센트밖에 실력 발휘를 못해요. 특히 시험에서 그렇게 되니까 너무 속상한데 어떻게 하면 나아질 수 있을까요? 그런 순간에 또 어떻게 대처해야 할까요?

"자기만 그런 게 아니라 모든 사람이 다 그래요. 여기 있는 사람에게 다 물어봐요. 시험 쳐서 내 실력만큼 나왔다 하는 사람 손 들어봐요.(환호와 박수) 그런 사람 한 명도 없어요. 모든 학생이 다 실수해서 생각보다 못 나왔다고 합니다. 생각보다 잘 나왔다 하는 사람은 백 명 가운데 한 명도 안 됩니다. 그 이유는 왜 그럴까요?

내가 실력이 100이라면 테스트를 하면 한 70이나 80 정도 나오는 게 정상입니다. 못 나오면 한 50 정도 나오고, 잘 나오면 한 90 정도 나오는 경우도 있지만 보통 70~80 나오는 게 모든 사람의 평균입니다. 그런데 인간은 자기 실력이 100이면, 자꾸 140을 기대합니다. 140을 기대하는데 70이 나오니까, 절반밖에 안 나왔다고 착각하는 겁니다.

실력이 100인데 140쯤 나왔으면 하는 기대 심리가 누구에게나 다 있습니다. 가장 대표적인 게 국회의원 선거나 시장 선거 때입니다. 선거 나오는 사람들을 보면 우리가 볼 때는 저 사람은 도저히 당선 가능성이 없는 것 같은데 본인은 될 수 있다고 합니다. 자기가 춘천고등학교 출신이면 동문이 몇 명이다, 자기가 김해 김씨면 김해 김씨가 몇 명이다, 자기 초등학교 동기가 몇 명이다, 자기 종교가 기독교면 기독교가 몇 명이다, 이렇게 계산하면 한 30~40퍼센트가 되는데, 이 사람들만 자기를 찍어주면 당선될 것이라고 착각하는 겁니다. 그런데 춘천고등학교 출신이라고 다 자기를 찍어주는 것이 아니고, 김해 김씨라고 다 자기를 찍어주는 것 아니고, 같은 초등학교 나왔다고, 같은 기독교인이라고 다 자기를 찍어주는 게 아니라는 얘기입니다. 어쩌면 자기 마누라도 자기를 찍을지 안 찍을지 모르는데 그들은 그렇게 계산을 합니다.(청중 웃음)

이런 건 다 숫자놀음에 불과합니다. 그래서 자기만 억울한 게 아니라 모든 사람들이 다 억울해합니다. 시험에 50퍼센트가 표현되면 그게 자기 실력이라는 겁니다. 실력이라는 건 내가 갖고 있는 최대용량을 말하는 게 아닙니다. KTX가 최대로 달릴 수 있는 속도가 350킬로미터인데 항상 350킬로미터를 달리나요? 아닙니다. 보통 200킬로미터로 달립니다. 가다가 속도가 더 느릴 때도 있고, 빠를 때도 있고, 평균 시속은 200킬로미터 정도 나옵니다. 그게 자기 속도이지 350킬로미터가 자기 속도라고 얘기하면 안 된다는 거죠.

저도 여러분들에게 얘기할 때 끝나고 나가서 '아, 그 사람에게 요렇게 얘기했으면 더 좋았을 텐데' 이런 게 있을까요, 없을까요? 있어요. 여러분들이 누군가와 말싸움하고 나서 집에 가서 곰곰이 생각해보면 '그때 그 말을 해줬으면 좋았을 걸' 하는 것도 비슷한 겁니다.

학생들이 논문을 쓸 때 주로 첫 페이지가 안 넘어갑니다. 왜 그럴까요? 잘 쓰려고 하기 때문입니다. 내가 아는 실력이 100이면 아무리 잘 써도 70 정도 나오는데, 자기 실력은 100인데 200을 바라니까 쓰긴 써도 써놓고 보면 자기 마음에 안 드는 거예요. 그래서 첫 페이지가 안 넘어가서 끙끙거리다가 시간 다 가버리는 겁니다. 그냥 생각나는 대로, 잘 쓰려고 하지 말고, 일단 써놓는 겁니다. 페이지가 100쪽이라면 읽어보지 말고 무조건 100장을 채우는 겁니다. 참고 문헌을 뒤지지도 말고, 생각나는 대로 써놓고, 다시 읽어보면서 수정하고, 근거가 없는 것은 근거를 찾아서 대고, 이렇게 두 번 세 번 고치다 보면, 석 달이면 석 달 안에 쓸 수 있습니다.

그것처럼 지금 질문하신 분도 잘 하려고 하는 게 지나칩니다. 그래서 앞으로 어떻게 한다고요? 대충 하세요. 어떻게 한다고요? 대충 하세요.

(질문자 웃음)

그리고 남한테 잘 보이려고 하는 건 피곤한 일입니다. 내가 잘 보이려고 한다고 다른 사람들이 잘 봐주나요? 아닙니다. 내가 잘 보이고 싶다고 남이 잘 봐준다는 건 상대를 우습게 아는 거예요. 다 자기들 눈이 있어서 자기가 알아서 봅니다. '날 못 봐 주세요' 해도 잘 보는 사람이 있고, '잘 봐주세요' 해도 못 보는 사람이 있어요.

남이 나를 평가하는 거에 너무 전전긍긍하면 죽을 때까지 남의 노예 생활을 해야 하는 겁니다. 그들에게 생각할 자유와 평가할 자유를 줘야 해요. 그걸 간섭하려고 하면 안 되고 그건 그 사람에게 맡겨야 합니다.

그래서 이렇게 평가하고 저렇게 평가하는 것을 보면서 '아, 저 사람은 저렇게 나를 보는구나' 이러면 됩니다.

기대가 낮으면 만족이 크고, 기대가 크면 불만이 커집니다. 기대를 낮추라고 하는 것은 노력하지 말라는 말이 아니라 기대를 낮출수록 만족도가 커진다는 얘기입니다. 그냥 생긴 대로 사세요.(청중 웃음) 이번에 시험을 잘 쳐서 90점이 나왔다고 내 실력이 늘어난 것도 아니고, 50점이 나왔다고 내 실력이 줄어든 것도 아니에요. 실력은 그냥 있는 겁니다.

봄이 되면 나날이 기온이 오른다고 하잖아요. 항상 일정하게 오릅니까? 오른다고 하지만 푹 올라갔다가 푹 떨어졌다가 하는데 길게 보면 올라갑니다. 요즘 가을에서 겨울로 가면서는 기온이 떨어져야 하는데 며칠 전에 추웠다가 요새 또 여름이 다시 온 것 같이 따뜻하잖아요. 모든 현상은 오르더라도 지그재그로 오르고, 내리더라도 지그재그로 내립니다. 내가 공부를 안 한다고 성적이 무조건 떨어지고, 공부를 죽어라 한다고 해서 성적이 무조건 올라가는 게 아닙니다. 어떤 때는 놀았는데도 오를 때도 있고, 죽어라 해도 떨어질 때도 있어요. 짧게 보고 평가하면 안 됩니다. 길게 보면서 다만 열심히 공부하면 그만큼 좋아질 확률이 높고, 공부 안 하고 놀면 떨어질 확률이 높습니다.

그런데 질문하는 학생은, 내가 이런 얘기를 해도 별 도움이 안 될 겁니다. 왜 그럴까요? 잘 보이고 싶은 것은 의식에서 일어나는 게 아니라 무의식에서 나도 모르게 일어나는 것이기 때문입니다. 어릴 때부터 항상 잘 보이려고 하는 게 무의식에 깔려있기 때문에 항상 떨리고, 그래서 실수를 더 많이 하게 되는 겁니다.

'아이고 인생 별 것 아니다. 대충 살자' 하는 것은 함부로 살라는 뜻이 아니에요. 잘 보이려고 하거나 잘 하려고 너무 신경 쓰지 말라는 겁니다. 사람들이 가끔 '어떻게 하면 웃을 수 있어요?' 이런 질문을 해요. '웃어야 한다'고 하니까 백화점 점원이나 스튜어디스처럼 이것도 노력해서 하려고 하는 거예요. 웃는 것을 거울보고 연습하니까 스트레스가 많죠. 편안하게 살면서 웃음이 저절로 나와야 합니다. 요즘 코미디 프로그램도 쥐어짜듯이 웃기는 것이 많잖아요. 별 것 아닌 것에 저절로 웃게 되는 것처럼 편안하게 웃는 게 좋습니다."

Steve

착해야 한다는 강박관념에서 벗어나고 싶어요

저는 '착하다'고 말해주는 사람에게 끌려다니고, 늘 착해야 한다는 강박관념이 있습니다. 어떻게 기도를 해야 할까요? 그걸 벗어나는 게 지금 저에게 가장 큰 과제입니다.

"질문자가 어떨 때 착하다고 해요? 저는 질문자가 착하다는 생각이 안 드는데요."(모두 웃음)

"제 스스로가 부모님 말씀을 잘 들어야겠다는 생각도 있고, 어른들 앞에서 잘 보여야겠다는 생각도 있는 것 같아요. 그런 생각이 사실은 스트레스거든요. '착하다'를 버리고 착함과 나쁨의 사이에서 적절하게 균형을 맞춰서 살 수 있는 방법이 없을지, 그러려면 절을 어떻게 해야 하는지 궁금합니다."

"착하고 나쁜 것을 적절하게 조화한다는 말 자체에 어폐가 있어요. 쉽게 말해 질문자는 욕심이 많은 사람이에요. 자기 마음대로도 하고 싶고, 남으로부터 인정도 받고 싶고, 이 두 가지를 다 하려 드는 거예요. 남의 칭찬을 받으려니 내 마음대로 하지 못해 스트레스를 받는 거예요.

첫 번째, 착하고 싶고 인정받고 싶다는 생각을 한다면 내 마음대로 하겠다는 생각은 버려야 해요. 내 마음대로 하지 말고 항상 엄마가 하자는 대로 하고, 선생님이 하자는 대로 하고, 어른이 하자는 대로 하면 스트레스를 하나도 안 받습니다.

두 번째, 내 마음대로 하겠다면 다른 사람과 갈등도 생기고 다른 사람으로부터 욕을 얻어먹는 게 당연해요. 그러니 내 마음대로 하고 싶으면 욕을 얻어먹어야 하고, 남한테 좋은 소리를 듣고 싶으면 자기 생각을 내려놓아야 된다는 거예요. 그런데 자기 생각을 움켜쥔 채 좋은 소리도 듣겠다는 것은 착한 것과는 아무런 관계가 없고, 나쁜 것보다 10배 더 나쁜 욕심쟁이에요.(청중 웃음) 욕심이 과해서 그래요. 그래서 이건 해결하기 어려워요. 두 가지 모순된 걸 다 쥐려고 하기 때문이에요.

쉽게 말해 지금 돈이 좀 궁해서 돈을 좀 빌리고 싶은데 나중에 갚을 생각을 하니 힘들어서 안 빌려야 할 것 같은 거예요. 그래서 '빌려야 합니까, 안 빌려야 합니까' 하고 고민하는 것과 똑같아요. 그건 욕심과 어리석음에서 나오는 거예요. 돈을 빌렸으면 갚아야 해요. 지금 돈을 빌리면 나중에 그 짐을 짊어져야 하고, 나중에 짐을 지기 싫으면 지금 돈을 빌리지 말아야죠. 이건 책임의 문제지, 둘 중 어느 쪽이 낫냐는 문제가 아니에요. 어떤 게 더 좋은 선택이냐는 없어요. 책임을 안 지고 싶기 때문에 선택에 고민이 생긴다는 이야기입니다. 그러니까 내가 하고 싶은 대로 하면 비난을 감수해야 합니다.

그러면 우리는 어떤 결정을 해야 합니까? 이것을 통해 이익을 얻거나 손실을 방지하려면 또 다른 손실을 일부 각오해야 합니다. 그것이 인생입니다. 그런데 질문자는 아무 손실도 보지 않고 아무 노력도 하지 않은

채 공짜로 먹으려 해요. 젊은 사람이 벌써부터 심보가 그러면 인생에 별로 비전이 없어요.(청중 웃음)

질문자는 스무 살이 넘었기 때문에 자기 마음대로 할 권리가 있어요. 그렇게 하면 이제 부모로부터 야단도 맞고 지원도 못 받는 손실을 감수해야 해요. 그리고 어쨌든 스무 살이 넘었으니 자립해야 하는데도 지금 부모한테 지원도 받고 유학도 가고 옷도 좀 좋은 걸 사 입으려면 부모님께 좀 비굴하게 굴어야 해요. 그걸 비굴하다 생각하면 안 돼요. 그건 지혜로운 거예요.(청중 웃음)

밖에 나가 돈 버는 것보다 부모에게 살랑거려서 돈 받는 게 더 효과적이라면 그것도 괜찮아요. 부모라는 존재는 자식이 말만 잘 들으면 돈을 줘도 아까워하지 않기 때문이에요. 그러면 회사 가서 돈 버는 게 이로울지 부모한테 살랑거려서 돈 받는 게 나을지 자기가 잘 판단해야죠. 부모 돈을 받는 게 나쁘다는 이야기가 아니에요. 제가 지적하는 것은 부모 말도 안 듣고, 즉 부모 간섭도 받기 싫어하면서 또 부모한테 의지하는 것은 옳지 않다는 것입니다. 잘 보이고 지원 받는 건 자기 재주예요.

어떤 선택을 하든 자기 마음이에요. 여러분이 재력이 있는 배우자와 결혼해서 돈을 얻으려면 그 사람한테 좀 비굴하게 굴어야 해요. 그런데 또 비굴하게 굴기는 싫잖아요. '사람은 평등한데 네가 나한테 왜 그러느냐' 이러면서 또 돈 많은 사람을 찾아요. 옛날부터 돈 있으면 돈 값을 하고, 인물이 잘났으면 인물값을 한다고 했어요. 그러니 자기가 선택해서 자기가 할 일이에요. '나는 돈 많은 사람 밑에 붙어서 종노릇을 좀 하더라도 좋은 옷 입고 사는 게 더 좋다' 이렇게 생각한다면 그렇게 해도 괜찮아요. 저는 그게 바보 같다고 말하지 않아요. 그런데 두 가지를 다 움켜쥐려고 하기 때문에 인생이 괴롭다는 것입니다.

내가 노예가 되고 싶다고 해서 노예가 된다면 다른 사람이 그걸 어떻게 막아요? 자기가 원하는 거잖아요. 다만 부처님 말씀은 어떤 인생을 살든 자기가 자기 인생의 주인이 되라는 것입니다. 주인이 된다는 것은 자기 선택에 대한 책임을 지라는 이야기지, 자기 마음대로 하는 게 주인 되는 게 아니에요."

무기력에서 빠져나오려면 어떻게 해야 하나요

철없는 청춘이 질문하겠습니다. 살다 보면 하루나 이틀, 길게는 일주일까지 무기력해져서 자기 생각에 빠져들 때가 있습니다. 그런 무기력함에 빠져들 때 어떻게 벗어나오고 어떻게 대처해야 하는지요? 스님께서는 이럴 때 보통 어떤 생각을 하시는지 궁금합니다.

"사람마다 다르겠지만 저는 20대 때 약간 무기력해지면, 경주로 가서 황룡사 터나 김유신 장군 묘 옆, 혹은 무열왕릉 묘 옆에 몇 시간이고 누워 있었어요. 눈 감고 가만히 누워서 1300년 전에 그 사람들이 활동했던 모습을 영화 보듯이 주욱 상상해보는 겁니다. 그러면 그 시대에 좋았던 것도 지나고 보면 반드시 좋은 평가를 받는 것이 아니라는 사실을 알 수 있어요. 예컨대 연애하다가 헤어진 일이 역사 속 인물에게 더 잘된 일일 때도 있고, 어떤 사람이 실패한 게 결과적으로 잘된 일인 경우가 역사에는 많습니다. 그렇게 옛일을 가만히 생각해 보면 내가 지금 겪고 있는 일이 아무것도 아니라는 자각이 되기도 했습니다.

간단한 무기력은 그렇게 해결을 했는데, 심한 무기력은 단식을 해서 극복을 했습니다. 5일 이상 굶으면 몸뚱이가 '뭘 먹어야지' 하고 살려고 합니다. 살려고 하는 욕구야말로 무기력을 극복하는 최고의 방법입니다. 무기력은 배부를 때 생기지, 배고프면 절대로 안 생깁니다. (청중 웃음) 제 경험을 이야기하는 겁니다. 배가 고파서 '죽을지도 모른다'는 생각이 일어날 때 '죽고 싶다'는 생각은 안 일어납니다. '살고 싶다'는 생각이 일어나지요. 자살을 하려고 산에 올라가서 나뭇가지에 줄을 매고 목에 거는 순간 호랑이가 나타나면 '아이고, 잘 됐다. 안 그래도 죽으려던 참이니 나를 물어 죽여라' 이러지 않아요. '사람 살려' 소리 지르며 줄행랑을 치지요. 또 자살하려고 목을 매달았는데 옆에서 폭탄이 터지면 도망갑니다. (청중 웃음)

무기력한 것은 의식의 문제지만 살고자 하는 욕구는 생존의 문제입니다. 어떤 의식도 생존을 토대로 하고 있습니다. 다시 말해 생존의 욕구가 더 근본이라는 겁니다. 정신이 약간 무기력해지면 자기 목숨을 자기가 죽일 수 있습니다. 남도 죽일 수 있듯이 자기도 죽일 수 있는 겁니다. 남을 죽이면 살인이고 자기를 죽이면 자살인데, 그건 정신이 약간 고장 나서 그런 거예요. 그런데 생존 자체가 위협에 부딪치면 무기력은 날아가 버립니다.

그래서 제 경험에 비추어서 말해 보자면, 질문자가 좀 굶어보면 어떨까요? 제가 직접 굶어 봤는데 4~5일을 넘어가면 '살아야지!' 이렇게 생각하는 게 아니라 몸에서 저절로 '살아야 되겠다' 하는 의지가 일어납니다. 그러면 무기력이 극복됩니다.

그런데 제가 그 이후에 몸의 한계를 시험해본 적이 있습니다. 무기력을 극복하고자 한 것이 아니라, 북한 동포들이 굶어 죽어 가는데도 제가 외면한 것을 반성해서 '저들은 굶어 죽는데 어떻게 나만 밥을 먹을 수가 있겠어? 나도 같이 굶어야겠다' 해서 30일 굶은 적도 있어요. 최대로 굶어본 건 2008년에 이명박 정부가 들어서던 때에 북한에서 또 대량 아사 사태가 일어나서 70일을 굶은 일입니다. 그래도 안 죽었습니다. 70일까지 굶어도 안 죽더라고요. 대신, 그렇게 굶을 때는 정신이 맑아야 됩니다. 일상생활은 아무 문제가 없는데, 심한 노동을 하거나 극심하게 분노하면 에너지 소모가 많아서 기력이 빨리 소진됩니다. 마음의 평정을 유지하면서 단식을 하면 일상생활은 아무 문제가 없습니다. 다만 해 보니까 말이 잘 안 나와서 강연은 조금 힘들더라고요. 49일이 넘어가니까 기력이 급격히 떨어져서, 명상을 하면서 단식을 계속 했습니다. 명상을 하면 에너지 소모가 적거든요.

또 여러분들은 단식이라고 하면 굶는다고만 생각하는데 안 그렇습니다. 단식을 하면 하루에 300그램의 순수한 살코기만 먹고 삽니다. 무슨 말일까요? 자기 살코기를 먹는 겁니다. 그래서 단식은 채식이 아니라 육식입니다. 몸무게를 재보면 하루, 이틀, 삼일은 무게가 급격히 줄어듭니다. 대변이 빠지니까요. 그 다음부터는 하루 평균 300그램씩 몸무게가 빠집니다. 매일 똑같지는 않고, 몸의 수분 함유량에 따라 조금씩 다르긴 합니다. 소변이 잘 안 빠지면 어제와 몸무게가 비슷하고, 소변이 빠져버리면 500그램이 빠집니다. 그래서 사람이 기초 체온을 유지하고 생각을 하고 약간 움직이는데 필요한 최소한의 에너지는 300그램이라는 사실을 알게 되었습니다.

그런데 명상을 시작하니까 평균 200그램씩 빠지고, 명상을 조금 더 하니까 평균 150그램씩 빠졌습니다. 머리 쓰는 데 에너지가 많이 드는데, 명상을 하면 머리도 거의 안 쓰고 대화도 안 하니까 에너지 소모량이 적어져서 체중감량의 정도도 덜했던 겁니다.

저는 단식을 할 때면 몸에 어떤 현상이 생기고 그로 인해 마음에는 어떤 작용이 일어나는지 늘 연구를 합니다. 다른 사람들은 '단식할 때 뭘 먹느냐? 복식은 언제 하느냐?' 이런 연구를 하지만 저는 그렇지 않았습니다. 굶는데 무슨 방법이랄 게 있겠습니까? 안 먹으면 되는 거지요. 그런데 '복식'은 문제입니다. 음식이 조금씩 들어오기 시작하면 욕구가 어떻게 일어나는지, 생명과 정신이 어떻게 작용하는지, 심리가 어떻게 변화하고, 몸이 어떻게 작용하고, 뭘 먹으면 설사를 하고, 뭘 먹으면 속이 불편한지, 음식의 양을 어떻게 늘려야 하는지, 이런 걸 본인이 체험해 보면서 연구하는 게 제일 확실합니다.

질문자는 5일 정도 굶으면 아마 의욕이 일어날 거예요. 무기력할 때 제일 좋은 것은 굶는 거예요. 무기력하다는 건 살고 싶지가 않다는 거예요. 그런데 약 먹거나 목매서 죽지 말고 그냥 굶어 죽으려고 해보면 됩니다. (청중 웃음)

마음이 확 사로잡혀서 목을 매거나 약을 먹고 죽으면 돌이킬 수 없게 되지만, 굶어서 서서히 죽어가는 동안 죽을지 살지를 자기가 다시 판단하게 되니까 '아이고, 살아야지' 하면서 기력이 다시 돌아올 거예요. 더 좋은 방법이 있다면 질문자가 찾아서 해 보세요."

5일 정도 굶으면 아마 의욕이 일어날 거예요.

무기력할 때 제일 좋은 것은 굶는 거예요.

무기력하다는 건 살고 싶지가 않다는 거예요.

전국 90회를 비롯해서 전 세계에서 진행된 100여 회의 강연에서
함께한 청중 5만 5천 명은 600여 명 질문자들의 얘기 속에서 때로는 함께 울고 웃으며,
지금 여기서 맛보는 참 행복을 찾았습니다.

5

문제 해결은 어리석음을 깨치는 것

알고 짓는 죄는 크고,

모르고 짓는 것은 죄가 작다고 하지만,

피해는 모르고 저지를 때가 더 큽니다.

우리의 고통은 무지 때문에 생기는 것입니다.

죄가 있다면 그것은 무지 때문에 생겨납니다.

밀린다 왕이 나가세나 스님에게 물었습니다 "알고 짓는 죄가 큽니까? 모르고 짓는 죄가 큽니까?" "모르고 지은 죄가 더 큽니다"라고 스님이 대답했어요. 왕이 "이해가 안 됩니다. 왜 그렇습니까?" 하니 스님이 왕에게 다시 물었습니다. "알고 잡은 불덩이에 손을 더 많이 뎁니까? 모르고 잡은 불덩이에 손을 더 많이 뎁니까?" "모르고 잡은 불덩이에 손을 더 많이 뎁니다." "죄도 그렇습니다."

이 세상에서는 알고 짓는 죄는 크고, 모르고 지은 것은 죄가 작다고 하지만, 상대편에게 주는 피해는 모르고 저지를 때가 더 큽니다. 본인이 알면 조심을 하게 되고, 죄를 지으면서도 머뭇거리면서 하게 되는데, 죄인 줄을 모르면 눈치도 안 보고 막 행하게 됩니다.

우리의 고통은 무지, 즉 알지 못하기 때문에 생기는 것입니다. 그러면 이 고통에서 벗어나려면 어떻게 해야 되느냐? 누구한테 용서를 빌거나 누가 대신 죄를 사해주는 것이 아니라 무지를 깨쳐야 됩니다. 즉 감은 눈을 떠야 됩니다. 죄라고 할 것이 본래는 없습니다. 죄가 있다면 그것은 무지 때문에 생겨납니다. 알지 못함에 원인이 있습니다. 그러므로 죄에서 벗어나는 길은 무지에서 깨어나는 것입니다. 무지로부터 벗어나면 모든 죄업은 사라지게 됩니다. 「천수경」에 이런 구절이 있습니다.

죄라고 하는 것은 이것이 죄라고 하는 스스로의 성품이 없다.
다만 어리석은 마음 따라 일어나는 것이다.
만약에 이 마음의 어리석음이 사라지면 죄업 또한 사라지게 된다.
이 어리석음도 사라지고, 이 죄업도 사라지고,
둘 다 텅 빈 그 자리가 진정한 참회다.

'제가 잘못했습니다.' 이것보다 더 진정한 참회는 무지로부터 벗어나는 것입니다. 여러분이 어떤 고통을 겪고 있든 그 문제의 해결은 누구한테 용서를 빌거나 누가 대신 죄를 사해주는 데에 있는 것이 아니라 자신의 어리석음을 깨치는 데에 있습니다.

불교인이 줄어드는 현실이 안타까워요

스님, 우리 동네에 와주셔서 감사합니다. 저는 조계사에 가서 '지금 뭐 하세요? 불교인이 줄어들고 있습니다. 불교신자가 씨가 마르게 생겼습니다' 이런 내용으로 1인 시위를 하고 싶습니다. 큰 교회에는 어린이집이 있고 유치원이 있는데 우리 동네의 가장 큰절에는 어린이집이 없습니다. 넓은 터에 쌀도 많고 시간 많은 보살님도 많은데 예쁜 어린이들이 와서 공부하고 놀면 나중에 어른이 돼서 똑똑한 불교 신자가 되지 않을까 하는 생각을 합니다. 천주교 신자나 기독교 신자들은 봉사활동으로 2인 1조가 되어 병원 병실마다 찾아다니며 '가톨릭 신자 안 계세요?' '교회 다니시는 분 계세요?'라며 신심을 다해서 기도해주십니다. 우리 불교 신자는 아무도 없습니다. 제가 안타까워서 조계종 포교원에 전화했는데 답이 없습니다. 아는 분이 췌장암에 걸려서 죽음 직전에 개종을 하셨어요. 그분 말씀이 '우리 절에서 어느 한 분이라도 자기에게 전화를 했더라면 개종을 안 했을 것입니다' 하더라고요. 이런 현실이 안타깝고 가슴이 아픕니다.

"질문하신 분 불교 신자죠?"

"네."

“그러면 부처님은 자기 것을 남에게 주라고 했습니까? 남의 것을 빼앗아 오라고 했습니까?”

“내 것을 남에게 줘야 합니다.”

“그래요. 그래서 불교 신자를 가톨릭에도 보내주고, 개신교회에도 보내주는 겁니다.(청중 웃음) 그런데 무엇이 잘못됐어요?”

“그런데 스님, 그러면 이 나라 사찰은 누가 지킵니까? 미얀마나 스페인에 가보면 신앙심이 없이는 어마어마한 성당이나 절을 지킬 수가 없습니다. 그것은 신앙심이 밑바탕에 깔려야 할 수 있다고 생각합니다. 우리나라 불교도 그렇습니다.”

“부처님이 형상에 집착하라고 했어요? 집착하지 말라고 했어요?”

“형상에 집착하지 말라고 했습니다.”

“그렇다면 부처님의 가르침이 절을 크게 세우고, 탑을 크게 세우는 것이 아니잖아요. 그것은 불교와는 아무 관계가 없는 중생들의 욕심일 뿐입니다. 그러니 교회를 크게 세우고 절을 크게 세우는 것은 세속적인 일입니다.”

“저는 신도가 줄어드는 것이 안타깝습니다.”

“신도는 안 줄어듭니다. 그동안 줄어든 것은 맞지만 계속 줄어들다가 바닥을 쳐서 갈 사람 다 가고 이제 더 이상 다른 종교로 갈 사람이 없습니다. 아직은 줄어드는 것은 노인들이 돌아가시기 때문입니다. 개신교는 계속 올라가다가 지금 정체가 되었습니다. 불교는 스님들이 노력하지 않아도 균형점에 이르렀습니다. 가톨릭도 이제 정체 국면에 들어섰고요. 종교 인구는 전체적으로 줄어들고 있습니다.

시간이 지날수록 가톨릭도 줄어들 것이고, 불교도 줄어들 것이고, 개신교도 줄어들 것인데, 왜 그럴까요? 교회에서 주일학교 다녀도 대학에 가면 교회에 안 다닙니다. 불교 대학생회만 인원이 줄어드는 것이 아니고 가톨릭 대학생회, 기독교 대학생회에 가보아도 모두 줄어들고 있습니다. 제가 고등학교 다닐 때는 불교학생회에 아무런 지원도 없고 스님이 안 계셔도 학생들이 굉장히 많았습니다. 제가 대학생 지도할 때만 해도 대불련 대학생불교연합회 대회를 하면 1~2천 명씩 모였는데, 지금은 온갖 지원을 다 해줘도 전국적으로 3백 명도 안 모인다고 합니다.

종교뿐만 아니라 민주당이나 새누리당 정당에도 청년 조직이 잘 안 된답니다. 지금은 말이 청년이지 40대가 청년입니다. 시골에 가면 청년회 회장이 60대인 경우도 있습니다. 전체적인 사회 변화이기 때문에 청년들에 관심을 갖는다면 스님, 목사님, 신부님, 교무님이 서로 경쟁하기보다는 오히려 젊은이들을 두고 힘을 합해서 무종교와 경쟁을 해야 합니다. 어느 종교에 가든 상관없이 젊은이들을 어떻게 정신적으로 풍요롭게 할 것인지 서로 머리를 맞대고 의논을 해도 갈수록 줄어들 겁니다.

제가 2014년에 유럽 29개 도시를 돌며 강연을 했는데, 유럽에도 나라마다 우리나라 절처럼 큰 성당이 있지만, 이런 어마어마한 성당에서 하는 주일 예배에 200~300명이 앉아 있었습니다. 수도원에도 할머니 수녀님만 계셨습니다. 수도원이 운영이 안 돼서 여행자 숙소로 바뀠습니다. 이것이 세계적인 추세입니다. 미얀마, 스리랑카, 필리핀, 남미 등은 아직 돈 맛을 덜 봐서 천주교, 개신교, 불교 등의 신자가 많습니다. 돈에 덜 물든 곳은 아직 괜찮습니다. 유럽도 마찬가지지만 한국에도 스님이 되겠다고 하는 사람이 매년 줄어듭니다. 외국인 노동자를 데려와야 하듯이 신부나 스님 될 사람들도 동남아에서 데려와야 할 처지입니다. 그러니 너무 불교에 집착하지 마십시오. 그들은 불자가 아니라 욕망에 집착한 사람들일 뿐입니다. 그런 불자는 교회나 성당에 신자가 부족하다고 하면 좀 보내줘야 합니다.

그리고 불교 신자들도 병문안을 가서 환자를 위로해주는 것은 좋지만, 교회에서는 와서 위로해주는데 절에서는 병문안 안 온다고 개신교로 개종을 했다면 그 사람은 불교에 대해서 전혀 모르는 사람입니다. 불법을 공부하고 수행을 하여, 죽음에 대한 두려움이 없는 해탈과 열반을 추구하는 것이 아니라 아들 대학에 붙게 해달라고 하고 출세나 복만 빌다가 나이 들어 병석에 누워 있는데 교회에서 와서 위로해 주니까 개신교로 따라가는 겁니다.

이런 기복적인 신앙은 부처님의 가르침에 맞지 않습니다. 앞으로 세상이 살기가 좋아지면 복을 비는 것으로는 안 됩니다. 청춘 캠프에 청년들 1천여 명이 모였는데 저는 그곳에 가서 불교 이야기는 안 하고, 인생 이야기만 합니다. 불교인이라면 다른 나라나 다른 종교에 대해서도 일체중생을 어여삐 여기는 통 큰 마음을 가져 보세요."

중도는 지나치지도 않고 부족하지도 않은 것입니다.

아무 생각이 없는 것이 중도입니까

중도가 어떤 것인지 일상생활에서 사례를 들어서 알려주시면 좋겠습니다. 생각이 끊기거나 숙면을 할 때처럼 그냥 일상에서 아무 생각 없이 생활하는 상태가 중도인지요? 양 극단에 치우치지 않는 중도는 지고한 행복이라는데 어떤 것인지 궁금합니다.

"옛날에 정토회 청년 회원 중에 한 명이 서암 큰스님께 여쭈었어요. '차 타고 가면서 차창 밖을 보다보면 가끔 아무 생각 없이 멍할 때가 있잖아요. 그것이 무념무상의 경지인 선정에 든 때입니까?' 하고요. 무념무상이라 하니까 그럴 때 아무 생각이 없는 것 같아서 물은 거예요. 그러자 큰스님께서 '그건 멍청한 거야'라고 하셨어요. (청중 웃음)

선정은 세 가지 요건을 갖춰야 해요. 첫째, 마음이 고요해야 합니다. 마음이 들뜨거나 긴장하면 안 돼요. 둘째, 어느 한군데에 마음이 딱 집중되어 있어야 해요. 호흡이면 호흡, 화두면 화두, 이렇게 한군데에 집중해야 합니다. 볼록렌즈로 햇살을 모아 집중시키면 불이 붙죠? 그럴 정도로 딱 집중해야 해요. 셋째, 집중된 상태에서 알아차림이 유지되어야 합니다. 아주 미세한 것까지 또렷이 알아차려져야 해요. 잠들 때는 알아차림이 없어요. 편안하긴 한데 멍청한 거예요. 군인이 초소에서 총 들고 서서 개미 한 마리 지나가는 것까지 알아차릴 정도로 집중해서 살피고 있다 해도 이때는 긴장되어 있어요. 긴장되어 있으니 편안하지 않아요. 고요한 가운데 딱 집중해서 또렷이 알아차려야 합니다. 이걸 다 갖추어야 해요.

실제로 해보면 어때요? '긴장을 풀고 편안히 하세요' 하면 멍청해지기 쉽고, '알아차림을 유지하세요' 하면 긴장하기 쉽지요. 그렇게 여러 번 시행착오를 거듭하다가 시간이 경과하면서 치우치던 것이 조금씩 덜해집니다. 긴장이 풀리면서 졸리기는 하지만 처음에 비하면 조금 알아차림이 생기고, 또 긴장도 조금 줄어들면서 편안한 가운데 눈 감고 또렷이 알아차림을 유지할 수 있게 돼요. 지금 여러분들은 눈 감고 10분만 있으면 다 졸아요.(청중 웃음)

눈 뜨고 있으면 덜한데 눈 감고 있으면 머릿속에서 온갖 망념이 정신을 못 차릴 정도로 일어나요. 그런데 그런 가운데 또렷이 깨어 있어야 합니다. 코끝에 집중해서 들숨과 날숨의 호흡에 깨어 있고, 화두를 참구할 때는 '이 뭣고' 하고 화두에 깨어 있고요. 당연히 처음에는 잘 안 돼요. 자전거 타기를 처음 배울 때 힘든 것과 똑같아요. 그러나 자꾸 연습하면 넘어지고 넘어지는 걸 반복하다가 나중에는 탈 수 있게 되듯이 고요한 가운데 깨어있기인 선정에도 들게 됩니다.

그래서 선정은 이 세 가지 요건인 편안한 가운데 집중해서 또렷이 알아차려야 해요. 편안하기는 한데 멍청하다면 그건 선정이 아니에요. 알아차림은 있는데 긴장되어 있다면 그것도 선정이 아니에요. 고요하려고 애쓰면 선정이 아닙니다. 여러분은 참선하면서 애쓰지요? '안 졸아야지, 망상을 없애야지, 화두를 놓치지 말아야지' 이렇게 '해야지' 하는 것은 긴장하는 것이에요. '해야지' 하는 마음이 없어져야 합니다. 아무 할 일이 없어야 해요. '깨달아야지' 하는 것도 망상이에요. 다 내려놓아야 합니다. 그런데 여러분들은 다 내려놓으면 5분 안에 머리 박고 졸아요. (청중 웃음)

그렇다고 머리 박고 조는 게 잘못됐다는 게 아닙니다. 그런 과정을 거친다는 말이에요. 자전거 타다가 넘어지듯이 그렇게 졸다가 졸지 말라고 하면 또 이를 앙 다물고 긴장하고, 긴장 풀라고 하면 또 졸고, 졸지 말라고 하면 또 긴장하고…. 이러다 보면 처음에는 왔다 갔다 하지만 시간이 흐르면 조금씩 치우치는 폭이 줄어들어요. 5일, 10일, 한 달 하다 보면 조금씩 진폭이 줄어들어서 '이런 게 명상인가' 하고 조금씩 감이 옵니다.

그런데 '알았다, 이게 명상이구나' 하면 마음이 들떠요. 들뜨면 다시 또 명상이 잘 안 돼요. '안 되네' 하고 좌절해도 또 잘 안 돼요. 그러니 되고 안 되고에 좌우되면 벌써 명상은 안 됩니다. 다만 꾸준히 해야 해요. 농구선수가 연습할 때 공이 골대에 들어가면 연습 그만해요? 들어간 공도 다시 주워들고 또 던지지요. 안 들어가고 튀어나오면 '에잇!' 하고 그만둬요? 그래도 계속하지요. 공이 골대에 들어가든 안 들어가든 연습할 땐 아무 상관이 없어요. 들어갔다 나와도 받아서 다시 던지고, 옆에 부딪혀서 튀어나와도 주워서 다시 던지면서 계속 연습하듯이, 명상도 되고 안 되고를 논하면 벌써 안 되는 거예요. 되면 들뜨고 안 되면 가라앉잖아요. 그러니 되고 안 되고를 다 놓아버리고 다만 할 뿐이어야 합니다. 꾸준히 해나가면 긴장하거나 멍청해지는 간격도 점점 좁혀지고 앞으로 나아갈 수 있습니다.

이걸 중도라고 해요. 중도는 이쪽도 저쪽도 치우치지 않는 것입니다. 중도를 설명하자면 간단해요. 이 건물과 저 건물 사이에 밧줄을 매달아 놓고, 작대기 하나 쥐고 줄타기를 해요. '어떻게 해요?' 이렇게 물으면 '왼쪽으로도 치우치지 않고 오른쪽으로도 치우치지 않고 똑바로 가면 됩니다'라고 답해요. 이게 중도예요.(청중 웃음)

왼쪽으로 치우치는 것이 쾌락의 극단, 오른쪽으로 치우치는 것이 고행의 극단입니다. 이쪽은 멍청해지는 것이고 이쪽은 긴장하는 거예요. 긴장하지도 않고 멍청해지지도 않고, 그저 편안한 가운데 알아차림이 유지되면 된다는 겁니다. 그런데 실제로 줄 위에 올라가서 해보면 한쪽으로 자꾸 기울게 돼요. 기울어져 떨어졌다가 다시 올라가서 이번에는 이쪽으로 안 기울어지려고 하다가 다른 쪽으로 또 기울어져요. 또 그쪽으로 안 기울어지려면 또 반대쪽으로 처박아요. 그렇게 열 번, 스무 번 해도 계속 한 발도 못 가고 떨어집니다. 그러면 여러분은 '나는 안 돼'라고 하거나 '줄타기, 이건 원래 안 되는 거야'라고 하거나 '줄이 문제야'라고 합니다.

그러나 어렵지만 가능성은 있습니다. 어려움은 현실이고 가능성은 희망입니다. 희망을 성취하려면 연습을 많이 해야 합니다. 백 번, 천 번, 만 번, 십만 번, 백만 번, 연습할 때 몇 번 떨어졌다는 건 계산할 필요가 없어요. 떨어지면 또 올라가고 떨어지면 또 올라가고 다만 할 뿐입니다. 그러면 한 발 가다가 떨어지고, 두 발 가다가 떨어지고, 세 발 가다가 떨어지겠죠. 처음에는 제자리에서 한 발도 못 가다가 한 발 갔다고 '되네!' 하면 탁 떨어집니다. 무작정 연습하는 게 아니라 바른 관점에서 연습을 계속 하면 조금씩 발전이 있습니다. 이쪽으로 가다 떨어졌으니까 반대쪽으로 힘을 줬는데 또 너무 많이 줘서 떨어졌어요. 그러면 다음에는 기울어질 때 힘을 좀 작게 주겠죠? 그런데 또 너무 작게 주면 다시 떨어집니다. 그렇게 자꾸 연습을 하면 계속 떨어지는 가운데에서도 꾸준히 좋아져서 나중에는 저절로 그때그때 힘을 조절하면서 까딱까딱 앞으로 나아갑니다. 줄타기 하는 사람들 한번 보세요. 마냥 편안하게 가요? 까딱거리면서 가는 거예요.

이처럼 중도는 지나치지도 않고 부족하지도 않은 것입니다. 음식을 먹을 때 알맞게 먹으라고 하죠. 너무 많이 먹으면 과식이고 너무 적게 먹으면 영양실조가 됩니다. 알맞게 먹는 것, 그게 중도예요. 일을 할 때도 일에 집착해서 '과로'해도 안 되고, 몸에 집착해서 '게으름'을 피워도 안 됩니다.(청중 웃음)

일에 집착하면 몸을 상하게 되고 몸에 집착하면 일을 못하게 돼요. 그걸 적절히 조절해서 몸도 건강을 유지하고 일도 효율적으로 하는 것이 중도입니다. 중도는 이렇게 생활의 모든 면에 적용됩니다. 말을 너무 많이 하면 수다스럽다 하고 말을 너무 적게 하면 의사전달이 안 되죠. 그러니 적절하게 해야 해요. 이 '적절하다'가 모든 경우에 똑같은 게 아니에요. 상대편에 따라서 달라져요. 시간과 공간에 따라 그 적절함은 늘 바뀌는 거예요. 그 시공간에 따른 중도, 그때그때에 맞는 중도를 '시중'이라고 해요. 수행은 시중을 해야 해요. 그때그때 중도를 지켜야 해요. 중도라는 것이 '이것과 저것의 중간' 이런 식으로 정해진 게 아니에요.

그래서 먼저 이 중도의 이치를 알고, 연습을 많이 해서 몸과 마음으로 증득하고 모든 경우에 적용해 나가야 합니다. 부부지간에도 중도를 지켜야 해요. 너무 집착하면 상대가 속박당한다고 싫어하고, 너무 놓아두면 무관심하다고 싫어합니다. 그러니까 적절하게 조정해야 합니다. 속박이다 싶으면 약간 놓아주고, 무관심이다 싶으면 약간 간섭해주세요. 그런데 여러분들은 '도대체 나보고 어쩌란 말이냐?' 이러잖아요. (청중 웃음)

조금 말 붙이면 '귀찮다' 그러고, 조금 놓아두면 '외면한다' 그러니, '나보고 어쩌라고?' 이렇게 악을 쓰잖아요. 애들도 마찬가지예요. '이러면 이게 문제고, 저러면 저게 문제고. 도대체 어쩌란 말이야?' 대부분 그렇죠. 중도가 안 되서 그런 거예요. 그러니까 '어쩌란 말이야' 하지 말고 '조금 과했구나,' '조금 모자랐구나' 이렇게 조절할 줄 알아야죠. 상대의 반응을 보면서 중도로 나아가야 됩니다. 사람에 따라 이게 다르기 때문에 어떤 사람은 좀 놓아주는 것을 좋아하고, 어떤 사람은 조금 간섭받아야 자기에게 관심 가져 준다고 좋아합니다. 이렇게 시간과 공간, 사람에 따라 다 달라요. 같은 사람이라도 그 사람의 상태에 따라 또 다르고요. 아플 때는 약간 더 관심을 가져주는 게 좋고, 자기 일에 몰두해 있을 때는 약간 관심을 놓아주는 게 좋겠죠. 그럴 때도 늘 똑같이 하면 안 돼요.

방에 불을 땔 때도 겨울에는 장작 10개를 때고 봄에는 5개를 때고 여름에는 안 때야 합니다. 그런데 겨울에 한 달 내내 장작 10개를 때다 보면 봄이 되어도 계속 10개를 때는 거예요. 옆에서 덥다고 해도 계속 땝니다. 여름에 10개 때면 사람 더워 죽어요. (청중 웃음)

그것처럼 갓난아기 때는 100퍼센트 극진히 돌봐줘야 하지만 아이가 점점 크면서 돌봄을 줄여가다가 스무 살이 되면 완전히 끊어야 해요. 그런데 오래 반복되면 습관이 되잖아요. 어릴 때 돌보던 습관이 붙어서 커도 계속 돌보는 거예요. 그래서 부모는 어릴 때는 잘 돌봐준 최고의 은인이었는데, 크면 인생의 최고 장애물이 돼요. 그러다보니 우리 속에 부모를 향한 애증이 있는 거예요. 어릴 때 도와준 걸 생각하면 너무너무 감사하지만 커서도 잔소리하고 간섭하는 걸 생각하면 너무너무 귀찮죠. 미워하다가도 도움 받은 생각이 무의식에서 올라오니까 또 그리워하고, 그리워서 집에 가보면 또 간섭하니까 싫죠. 그래서 멀리 떨어지면 그립고 가까이 가면 귀찮고 그렇잖아요.

제비가 새끼를 키우는 걸 보면 중도를 알 수 있어요. 제비를 보면 언제 새끼가 깨어나고, 언제 울고, 언제 집에서 떨어지는지, 어미가 새끼에게 어떻게 먹이는지, 한 번 보고 마는 게 아니라 올해도 보고 내년도 보고 그다음해도 보고 한 10년 보다보면 '아, 새끼를 저렇게 키우는구나' 하고 알 수 있어요.

이렇게 예의주시하면, 다시 말해 탐구를 계속하면 온갖 것에서 다 배울 수 있어요. 일이 안 된다 해도, 안 되는 가운데서도 가만히 보고 왜 안 됐는지를 안다면 그건 된 것보다 더 큰 경험을 얻었다고 볼 수 있어요."

굶어 죽는 아이들은 전생에 무슨 죄를 지었나요

가난한 나라에 태어나서 굶어 죽어가는 어린 영혼은 무슨 과보를 받아서 그렇게 고통을 받는지요?

"이 질문은 잘못된 생각에 기초하고 있습니다. 장애가 있는 아이를 낳으면 '내가 전생에 무슨 죄를 지어서 이런 과보를 받나'라고 말하죠? 이 말은 장애가 잘못에 대한 징벌이라는 뜻이에요. 이건 굉장히 잘못된 생각이에요. 장애가 있거나 여자로 태어났거나 키가 작은 게 왜 징벌입니까? 동성애자로 태어난 게 왜 징벌입니까? 내 마음에 안 드는 것, 내가 원하지 않는 것은 다 징벌이에요? 이건 부처님의 가르침이 아니고 그냥 옛날 권선징악적 인과응보의 신앙입니다.

부처님의 가르침은 '여자로 태어나도 행복할 권리가 있다. 장애아로 태어나도 행복할 권리가 있고 인간의 존엄한 가치가 있다. 그러니 존중하라'는 것입니다. 얼굴이 검게 태어나도 행복할 권리가 있고 인간으로 존중받을 권리가 있습니다. 피부 빛깔로 그 사람을 차별하거나 징벌이라고 말하지 말라는 것이 부처님의 가르침입니다.

그런데 부처님의 가르침을 엉뚱하게 잘못 적용하고 있어요. 사람이 태풍에 휘말려서 죽었다면 '저 사람은 전생에 무슨 죄를 지어서 태풍에 휘말려 죽었느냐' 이렇게 생각하는 것은 징벌적 사고방식입니다.

대부분의 사람들은 내가 나를 보호하고 내 가족을 보호하는 정도로 충분합니다. 조금 더 범위를 넓히면 우리 이웃을 보호하고 우리나라 사람들을 보호할 책임이 있는데, 이렇게 갑자기 태풍을 당하거나 기근을 당하거나 하는 재해를 당했을 때는 내 자식이 아닌 남의 자식이라도 도와야 하고, 내 친척이 아닌 이웃 사람이라도 도와야 하고, 내 나라 사람이 아닌 다른 나라 사람이라도 돌보라고 한 것이 부처님의 가르침이에요. 바람이 부는 게 왜 징벌이고, 비가 오는 게 왜 징벌이에요? 그건 다 옛날의 인과응보적 사고방식입니다. '벌을 준다'는 권선징악적 개념에서 나온 거예요.

태어나면서 주어진 것을 인과응보적으로 해석하면 안 됩니다. '전생에 복을 많이 지어서 왕으로 태어났다' 이렇게 생각하니까 왕권의 부당함을 지적하지 못하잖아요. '전생에 죄가 많아서 종으로 태어났다'고 생각하니까 신분 혁명을 못 일으키잖아요. 부처님은 그래서 계급제도를 부정했어요. 그런데 우리는 위대한 부처님의 가르침에 귀의하지 않고 원시적인 권선징악의 인과응보적 신앙에 기초한 사고 방식에 젖어 있어요.

그러니 장애아를 낳았을 때 자기 마음에 안 든다고 해서 '전생에 내가 무슨 죄를 지어서 이런 장애아를 낳았나' 이렇게 생각하면 안 돼요. 장애를 가진 이 아이도 인간으로서 존중받을 권리가 있고, 이 아이 나름대로 행복하게 살 권리가 있습니다. 그걸 내가 도울 수 있을 만큼 도울 뿐이에요. 이건 갖다 버릴 대상도 아니고, 붙들고 평생을 울면서 살 대상도 아닙니다. 이 아이를 돌보는 것은 나지만 이 아이 때문에 내 인생을 불행하게 살아야 할 아무런 이유도 없어요. 내가 할 수 있는 만큼 하고, 내가 부족하면 사회에 도움을 청해 협력해서 해결하면 됩니다. 장애아 교육 시설에 맡겨야 한다, 안 맡겨야 한다, 이게 문제가 아니에요. 시설이 이 아이를 더 잘 돌볼 수 있다면 아이와 떨어지는 아픔이 있더라도 시설에 보내야 하고, 내가 힘들더라도 집에서 돌보는 것이 이 아이에게 더 행복을 줄 수 있다면 내가 돌봐야 합니다. 돌보는 것이 왜 나에게 불행이에요? 불교식으로 말하면 복 짓는 일인데요. 과거에 진 빚을 갚는다는 사고보다는 복을 짓는다고 더 긍정적으로 생각하면 되잖아요.

『금강경』과 『육조단경』을 자세히 살펴보세요. '전생에 죄를 많이 지어서 태풍에 사람이 죽었다' 이런 이야기는 어디에도 없습니다. '어떻게 하면 이 무지를 깨치느냐? 사물을 어떻게 있는 그대로 볼 거냐?' 이런 이야기만 있어요. 피부색이 검기도 하고 희기도 한데, 왜 검은 건 나쁘고, 흰 건 좋은 거예요? 그건 백인우월주의에서 나온 거예요. 그냥 피부 색깔일 뿐입니다. 눈은 보라고 있는 기관이에요. 그러니 보는 기능만 잘 작용하면 되는데, 왜 꼭 눈 모양이 동그래야 예쁜 눈이에요? 그래 봤자 먼지만 많이 들어갈 뿐인데요.(청중 웃음)

숨 쉬라고 있는 코가 크면 좋다고 하니까 엉덩이 살을 베어 붙여서 코를 크게 만들지요. 흰 피부색이 좋다, 동그란 눈이 좋다는 건 개인 취향이니까 괜찮지만 그걸 두고 '전생에 복을 많이 지어서 그렇게 되었다'거나 '하늘의 벌을 받아 그렇게 되었다'고 말하면 안 돼요. 사람의 생겨남은 전생의 죄나 하늘의 징벌과는 아무 관계없이 그냥 유전인자에 따라 생겨난 거예요. 사람에 따라 이런 얼굴 저런 얼굴을 좋아하는 건 개인 취향이니까 우리가 어쩔 수 없어요. 누가 나보고 못생겼다 해도 그걸 가지고 시비할 필요는 없어요. 그 사람이 보기에 그 사람의 취향에 안 맞는다는 뜻일 뿐이에요. '그건 네 취향이지. 나도 너 같은 생김새는 내 취향에 안 맞아' 이러면 되죠. 이제 좀 이해가 됩니까? 좀 자유로워졌어요?"

"네."

"여러분은 다 부처님처럼 행복할 수 있는 존재들이에요. 그런데 왜 세상 사람이 만들어놓은 틀에 갇혀서 헐떡거리며 살려고 해요? 내가 아버지 없이 태어난 게 무슨 죄예요? 아이는 꼭 부모가 결혼식을 해야만 태어나는 게 아니라 남자 여자가 만나면 태어나요. 10년을 만나도 애가 안 생길 수도 있고, 하룻밤 만났는데 생길 수도 있어요. 그냥 생물학적 원리에 따라 태어난 아이가 전생의 죄랑 무슨 관계가 있어요? 그걸 가지고 엄마가 괴로워하니까 아이에게 문제가 생기는 거예요.

사람은 다 똑같은데 주변에서 어릴 때부터 '왕자님, 왕자님' 해주니까 자기가 왕자인 줄 착각하고 주변에서 '너는 천민이다, 종이다' 하니까 종인 줄 알고 살잖아요. 사람의 존재에 무슨 왕자와 천민이 따로 있겠어요? 어린 아이를 찾아가서 '너는 달라이라마다' 하고 계속 세뇌를 하니까 달라이라마가 되고, '너는 하층민이다' 하니까 하층민이 되잖아요. 린포체가 환생을 한다고 하면 왜 전부 남자로만 환생을 합니까? 티베트에서는 린포체라는 환생자가 3천 명 정도 된다는데, 그 중 여자가 한 명도 없어요. 티베트 불교가 신앙으로서는 훌륭할지 몰라도 그게 무슨 부처님의 진리의 가르침이라고 할 수 있겠어요? 일곱 살짜리 린포체를 데려다 놓고

50~60살 된 어른들이 그 앞에 가서 절을 하고 복을 빌고 난리를 피워요. 티베트 사람이 그러는 건 이해됩니다. '저 사람들 신앙이 저렇구나' 하면 되는데, 한국 불자들이 왜 거기에 현혹되어서 난리를 피워요? 물론 신앙으로서는 존중해야 합니다. 자기가 그렇게 믿겠다는데 그걸 어떡해요?

인도에 가면 쥐를 신으로 섬기는 쥐 사원이 있어요. 가보면 쥐가 바글바글합니다. 정성껏 준비한 공양물을 가져가서 쥐한테 올려요. 인도에는 뱀을 신으로 섬기는 것도 있어요. 부처님의 제자가 되었던 우루벨라 가섭도 원래 뱀을 신으로 섬겼잖아요. 뱀을 신으로 섬기는 것이 용 신앙이에요. 팔부신장들 중 하느님 다음에 두 번째가 용왕님이잖아요. 경주에 가보면 곳곳에 용 신앙에 관련된 이야기가 많이 나와요. 그러니까 남의 신앙을 비난하면 안 돼요. 쥐를 섬기는 신앙도 존중하는데, 어린아이를 섬긴다고 비난하면 안 되겠지요. 무당도 동자신을 받드는 경우가 있잖아요. 무슨 신앙이든 그 사람들의 신앙은 존중해야 합니다. 자기가 그렇게 믿겠다는데 어떡할 거예요? 그러나 진리의 차원에서는 그렇지가 않다는 이야기입니다."

인간은 누구나 행복할 권리가 있고
인간으로 존중받을 권리가 있습니다.

전생에 죄가 많아서 이렇게 사나요

저는 전생과 후생에 대해서 스님께 여쭤보고 싶습니다. 지금 제가 남편 간병을 18년째 하고 있는데, '네가 전생에 죄가 많아서 그 업을 따라가니까 후생에 또 다시 이렇게 안 살려면 이 업을 다 닦고 견뎌라' 하고 말씀들을 하시거든요. 그래서 제가 전생에 얼마나 많은 죄를 지어서 이러고 살고 있는지 여쭙고 싶습니다.

"그러면 제가 하나 거꾸로 물어볼게요. 병원에 있는 간호사들은 전생에 얼마나 죄를 많이 지어서 그렇게 매일 환자만 보살피며 살고 있을까요? 또 병원에 있는 간병인들은 전생에 얼마나 죄가 많아가지고 자기 남편도 아니고 자기 가족도 아닌 남의 가족인 환자를 이렇게 돌아가면서 간병을 해야 될까요? 어떻게 생각해요? (청중 웃음) 왜 아픈 환자를 돌보는 것을 죄라고 생각하지요? 아픈 환자를 돌보는 것은 좋은 일이잖아요. 그런데 왜 그걸 죄값이라고 생각합니까? 지금 결혼생활이 몇 년 째에요?"

"35년 됐습니다."

"18년이면 절반을 간병했네요. 그 전 17년도 남편한테 별로 도움을 못 받았나 봐요? 도움을 받았으면 빚 갚는다고 생각할 수도 있지만…. 그러니까 17년 결혼 생활도 남편 도움을 못 받은 데다가 18년을 다시 병간호만 한다고 생각하니까 계산을 해보니 밑지는 장사 아니에요? 그죠?

그러면 '왜 이렇게 밑지는 장사를 계속해야 되느냐' 생각해보니 '아, 이게 전생의 빚이구나. 그러면 빚을 갚아야 되겠다' 이렇게 계산이 되면 조금 받아들이기가 낫겠지요. 그런데 '진짜 빚을 졌을까?' 이게 이제 궁금하다는 얘기 아니에요? 그럼 만약에 제가 전생에 빚진 거 없다고 질문자한테 말하면 남편을 어떻게 할 거예요?"

"이 빚을 못 갚으면 후생이 있다고 말씀들을 하시는데 후생에 가서도 또 이렇게 살고 싶지는 않거든요. 그래서 정말로 후생이 있다면 이생에서 좀 힘들더라도 다 갚아야 되지 않겠나 하면서 견딘다는 생각으로 하고 있습니다."

"만약에 전생에 빚진 게 없으면 후생에 갚을 것도 없을 거 아니에요. 그래서 스님이 '당신 내가 보니까 전생에 빚진 거 없어' 이렇게 얘기하면 자기는 지금 남편을 어떻게 할 거냐고 묻는 거예요. 남편 갖다 버릴 거예요? 남편한테 내가 아무것도 빚진 게 없다면 어떻게 할 건지를 물어보는 거예요."

"같이 안 살 것 같습니다."

"그럼 남편은 누가 보살펴요? 남편 엄마가 돌봐야 돼요?"

"남편이 엄마가 없어서 만나게 됐습니다."

"남편이 엄마가 없으니까 시집살이는 안 했을 거 아니에요? 이것이 시집살이라고 생각해야지요. 그러니까 여러분들 왜 시집살이를 힘들어해요? 이럴 때 남편을 엄마한테 줘버리면 되잖아요.(청중 웃음) 그런데 지금 질문자는 줄 곳이 없잖아요. 그럼 남편을 어디에 갖다 버리려고 그래요?"
"남편이 엄마가 없어서 제가 엄마처럼 잘해주고 싶어서 만났는데 해주면 해줄수록 저한테 자꾸만 기대고 이러다 보니…. 자녀는 남매가 있는데 서른다섯 살과 서른 살입니다."
"그럼 애들은 어떻게 생각해요? '엄마, 아빠 버려라' 이렇게 생각해요?"
"절대로 그런 말은 안 하고 '엄마는 부처님 좋아하니까 큰아들 하나 더 키운다고 생각하세요'라고 해요."
"그거 나쁜 자식들이네요. 그건 스님이 할 얘기인데. 제 법문을 어디서 듣고 가서 자기들이 거기에다 써먹었나요?(웃음) 손자들도 있어요?"
"네, 있습니다."
"손자들 봐 달라 소리는 안 해요?"
"네."
"그런데 질문자가 남편을 안 돌보면 할머니가 되어서 손자 돌보는데 등골이 빠질 거예요. 남편이 무슨 병이에요?"
"알콜성 치매에다가 중풍이 세 번씩이나 재발을 했어요. 지금은 술을 안 먹습니다."
"그러면 치매 상태인데 의사가 볼 때는 한 팔십까지 살겠다 그래요?"
"예. 1년에 한 번씩 신수 보러 가면 저보다 오래 살 거라고 해요. 남편은 전생에 덕을 많이 쌓아서 대통령보다 더 많은 복을 누리고 있다고 합니다. 만사에 걱정이 없고 아무것도 하는 게 없으니까요."
"그래요. 그 말은 맞는 것 같아요. 마누라 하나 잘 만난 것이 큰 복이지요."

"저는 항상 원망하는 마음을 못 버리고 있어서 이걸 좀 버리고 싶은데 잘 안 되더라고요. 항상 '네가 그때 돈 좀 벌어 두었으면 지금 좀 편할 텐데,' '네가 방해만 안 했으면 지금 네가 이렇게 누워 있어도 너를 덜 미워할 텐데,' '내가 아플 때 네가 나한테 좀 잘했으면' 자꾸 그런 마음이 생겨요. 힘들 때는 '지금은 벗어나고 싶다,' 버리겠다는 게 아니고 이제는 시설이나 병원에라도 보내고 싶고, 좀 벗어나고 싶고, '안 보면 좀 편할까' 싶은 생각이 들어요. 그래서 전생과 후생이 있는지, 정말 이생에서 제가 병원에 데려다 놓는다든지 입원을 시킨다든지 해서 또 죄를 짓게 되면 후생에 또 다시 이렇게 살아야 되는지 여쭙고 싶습니다."

"질문자는 죄 지은 거 없어요. 입원시키고 싶으면 입원시키세요. 질문자는 잘못한 거 하나도 없고 질문자가 지금 바라는 것은 한 사람으로서 행복하게 살고 싶은 정당한 권리예요. 너무나 당연한 것이고 정당한 요구입니다. 그리고 다른 사람은 모르겠는데 제가 보기에는 죄 지은 것도 없고 빚진 것도 없어요. 이제 어떻게 할래요?"(청중 웃음)

"부모 때문에 힘들어하는 사람들이 참 많더라고요. 그래서 항상 힘들 때마다 저는 그 부분에서 힘을 얻었는데, 저는 그래도 용돈 드릴 부모님이 계시는 것도 아니고 비록 가난해도 항상 그런 쪽으로 비교를 하면서 긍정적으로 보고 살았어요."

"그래요. 남편이 집에 누워 있어요? 다리는 어때요?"

"완전히 누워 있지는 않은데 그냥 아기입니다."

"어디 가서 바람피우고 그래요?"

"거동을 할 때는 그런 것도 조금 있었습니다. 몇 년 전에는 국민연금이

나오고 그러니까 그걸 노리고 접근하는 여자가 있더라고요."

"그 사람한테 넘겨주지 그랬어요? 저 같으면 박수치고 잘됐다 했겠어요.(청중 웃음) 얼마나 좋은 기회예요? 덤터기 씌우듯 확 넘겨줘 버리지요. 그런데 또 그때는 질투해서 안 넘겨주고 뺏어왔지요. 그래서 전생 때문에 그런 것이 아니라 자기 고생은 자기가 만든 거예요. 지금 질문자는 직업은 가지고 있어요?"

"네."

"그럼 지금 똥오줌 다 받아내요? 똥오줌은 자기가 가려요?"

"지금은 그 정도는 아닙니다. 밥은 직접 떠먹어요."

"그 정도면 아주 괜찮네요. 제가 아는 어떤 분은 똥오줌 다 받아내고, 밥 다 떠먹여주면서 20년 가까이 살았어요. 그래서 진짜 도망가려고 하다가 나한테 물었는데 제가 몇 마디 해줬어요. '전생에 지은 죄는 아니다. 가고 싶으면 가고, 말고 싶으면 말고 마음대로 해라. 그런데 가게 되면 이런 일이 있을 거고, 있게 되면 이런 일이 있을 거다' 그랬더니 한참 고민을 하다가 뒷바라지를 잘했는데 그분 경우는 다행인지 아닌지 제 기도문을 받고 3년 만에 남편이 돌아가셨어요. 그래서 그분이 남편 돌아가시고 저한테 와서 엄청나게 고마워했어요. 왜 그랬을까요? 만약에 못 참고 나가버렸으면 장례식장에도 오지 못하고, 자식들에게도 아버지 버린 사람이라고 원수지고 이랬을 것 아니에요? 그런데 끝까지 보살피고 나니까 이 아주머니가 어떤 결정을 해도 일가친척 그 누구도 한마디 말을 못한다는 거예요. 끝까지 병수발을 했기 때문에요. 아이들도 엄마가 재혼 한다, 뭐 한다 해도 더 이상 할 말이 없겠죠. 그래서 완전히 자유인이 되었어요. 그러니까 내생이라는 건 멀리 볼 필요가 없어요. 우리는 내일 어떻게 될지를 모르기 때문입니다. 자기가 딱 그만 두고 갔다가 만약에 이분처럼 3년 만에 남편이 돌아가시면 자기는 후회할까요? 안 할까요?"

"후회하죠."

"그럼 애들 보는 앞에서 얼굴이 설까요?"

"그것 때문에 지금 살고 있습니다."(질문자 웃음)

"그러니까 내생이 아니라 금생에, 곧 미래에 이런 재앙이 닥칠 수도 있다는 거예요. 사실 어떤 여자든 남편과 여행도 다니고 그러고 싶겠죠. 그런데 이렇게 병수발을 하고 질문자가 경제적인 책임도 져야 하고 간호도 하는데, 남편이 이렇게 해주면 고마워할 것 같아요? 고마워하면 저한테 묻지도 않았을 거예요. 고마움은 털끝만큼도 없고 짜증내고 성질냅니다. 왜 그럴까요? 입장을 한번 바꿔 놓고 생각해보세요. 내가 중풍이 들어서 하루 종일 누워 있고, 아침부터 저녁까지 남편이 올 때까지 기다려야 한다면 이렇게 환자로 누워 있는 게 나을까요? 숫제 내가 건강해서 돈도 벌고 환자를 간호하는 게 나을까요? 자기는 둘 중에 하나 선택하라고 하면 어떤 게 낫겠어요?"

"예. 병간호하는 걸 선택하겠습니다."

"그러면 입장이 유리한 사람이 짜증낼까요? 불리한 사람이 짜증낼까요? 남편이 짜증을 내고 화를 내고 물건을 집어 던진다 하더라도 자기가 누워 있는 게 낫겠어요? 내가 건강하고 누워 있는 남편의 불평을 받아주는 것이 낫겠어요? 내가 건강한 것이 낫겠지요. 그런데 거기다가 짜증까지 안 낸다면 아주 좋은 조건이지요."

“제가 며칠 전에도 심하게 아파서 병원에 실려 간 적이 있어요. 그런데 남편은 본인만 배부르고 본인만 죽을까봐 걱정이에요. 그렇게 실려 가서 입원까지 했는데도 말 한마디도 없고, 아는 척도 안 하고 그러니까요.”

“방금 질문자가 남편의 지능이 어린애 정도라고 그랬잖아요. 어린애가 그걸 어떻게 알아요? 질문자가 남편에게 정상적인 남자로서의 기대를 갖기 때문에 지금 이렇게 괴로운 거예요. 남편은 환자잖아요. 본인이 바라듯이 그렇게 다 되면 그게 어떻게 환자에요? 그러니까 육체만 멀쩡하고 큼지막하다고 어른이 아니에요. 남편은 아무것도 모르는 거예요. 알고도 무관심한 게 아니고 병이 나서 의식 수준이 어린아이같이 그렇게 되어 있는 거예요. 그러니까 다른 뇌 작동은 다 멈추고 생존을 위한 뇌만 작동을 하는 수준이란 말이에요. 질문자가 남편에게 잘못된 기대를 하고 있는 거예요. 어디 기댈 데가 없어서 어린애한테 기대요?

질문자의 입장은 충분히 이해가 되요. 그래도 멀쩡한 남자 만나서 남은 여생이라도 좀 남부럽지 않게, 꼭 부자가 아니더라도 정상적인 생활을 좀 해보고 싶다는 마음은 저도 충분히 이해가 되는데 지금 시어머니가 없어서 갖다 맡길 데도 없잖아요. 아들한테 맡기면 어때요?”

“아들은 아직 결혼을 안했습니다.”

“결혼 안 했으니까 맡기지요. 결혼했으면 못 맡기지요. 자기 남편도 안 돌보겠다는데 시아버지를 모시겠다는 며느리가 어디 있겠어요? 질문자는 고생하기 싫고 남의 젊은 여자는 고생하라고요? 결혼을 안 했기 때문에 가능하다 이 말이에요. 그런데 질문자가 아들한테 맡기기에는 아들을 너무 사랑해가지고 안 맡기고 싶다 이거 아니에요? 그건 너무 이기적이에요."

"저도 며느리 될 사람한테 맡기고 싶지는 않고요. 아들도 이제 한 번씩 와서 보면 엄마가 힘들어 하고 자꾸 아프니까 아빠보다 덜한 사람들도 보호원에 모시는데 시설 좋은 곳에 모시는 것도 자기는 찬성이라고 하더라고요. 딸도 있는데 딸하고는 이런 얘기를 안 해봤고요."

"딸은 모실 수 있지요. 딸한테 맡겨버리세요. 남편 입장에서는 시설에 맡기는 걸 싫어해요?"

"본인한테 그런 얘기는 안 해봤고 저도 아직까지는 내생이 겁이 나서 그럴 마음은 못 먹겠어요. 내생에 또 이렇게 살라고 할까 봐요."

"첫째, 의사 선생님하고 의논해보세요. 환자 상태를 봐서 집에서 모신다고 꼭 환자한테 좋다고 말할 수는 없습니다. 그 다음에 아이들하고 의논을 하고요. 일단 남편을 시설에 한번 모셔보세요. 한번 모셔보면 본인이 처음에는 거부하지만 시간이 지나서 적응을 할 수 있으면 그곳에 적응하는 게 좋아요. 질문자가 돌본다고 꼭 좋은 건 아니에요.

둘째, 도저히 적응을 못 하면 가족과 의논해서 집에 모시더라도 딸, 아들, 본인 이렇게 셋이서 역할분담을 할 필요가 있어요. 5일은 엄마가 모시고, 토요일은 아들이 모시고, 일요일은 딸이 돌보고. 이렇게 정하고 질문자는 주말에는 자유시간을 가질 수 있도록 한번 해보면 좋겠네요.

전생에 죄를 지어서 그런 게 아니에요. 이것이 전생에 죄를 지어서 그런 것이라면 그건 남편이 나쁜 사람이라는 얘기밖에 안 되거든요. 신체장애나 병은 죄가 아니에요. 우리가 장애아를 낳았다 그러면 내가 전생에 무슨 죄를 지어서 장애아를 낳았나 하는데 이 말은 장애를 징벌로 보는 거예요. 부처님의 가르침은 비록 장애아라도 그는 행복하게 살 권리가 있다는 것입니다. 지금 남편도 비록 신체적으로 병이 들어도 그분도 행복하게 살 권리가 있습니다. 그렇기 때문에 우리는 그분도 보호 받고 살 수 있는 조건을 갖춰 줘야 해요.

지금까지는 이것을 한 가족, 즉 아내, 부모, 자식에게만 맡겼기 때문에 이런 일이 생기게 되면 가족들에게 너무 큰 부담이 되었지요. 그러나 이제는 우리 공동체가 껴안자고 해서 지금은 국가가 책임을 져주는 것이 사회보장 제도예요. 그러니 이걸 전적으로 개인이 책임져야 된다는 것은 과거 사회의 관습이고 현대 사회에서는 꼭 '이건 내 책임이다'라고 생각할 필요가 없습니다. 그래서 이것은 사회에서 우리가 함께 책임져야 할 문제에요. 이런 환자가 있더라도, 이런 자식을 낳아도 누구나 행복하게 살 권리가 있기 때문에 오히려 엄마가 '꼭 내가 데리고 키워야 된다'가 아니라 사회 시설에서 키우는 것도 좋은 방법입니다. 다만 갖다 버리듯이 하면 안 된다는 것입니다. 그건 사회적인 악이 된다 이 말이에요.

그러니까 이건 가족과 의논을 하고 그 다음에 의사의 진찰 결과를 보고 결정하면 됩니다. 사회적으로 봐도 시설에 맡기는 게 사회적 노동력을 활용하는 측면에서 더 효율적일 때도 있습니다. 질문자가 오히려 더 열심히 일을 해서 경비를 부담하면 서로 역할 분담이 되기 때문에 꼭 질문자가 보살피지 않아도 됩니다. 그것 때문에 내생에 벌 받을 일도 없어요.

내생이라는 건 이거예요. 질문자가 지금 18년이나 보살펴 왔는데 여기서 그냥 팽개치다시피 하면 그 과보가 자녀들과의 관계에서 도로 원수가 되는 일이 발생하면 이것을 내생이라고 말할 수 있습니다. 질문자가 고생을 한 건 환자도 환자지만 다 자녀들과 잘 지내려고 그런 거 아니에요? 그런데 전생, 후생이라는 말은 왜 생겼냐? 지금 어차피 주어진 현실을 긍정적으로 받아들이라는 뜻이에요.

빚 갚는다고 생각하라는 건 이 현실을 긍정적으로 받아들이라는 말이에요. 사실은 전생에 빚진 것도 없고 또 내생에 벌 받을 일도 없습니다. 다만 이렇게 신체가 불편한 사람은 누가 돌봐도 돌봐야 되잖아요. 질문자와 그래도 인연이 된 사람이니까 이 세상에서는 이 사람을 돌보는 데 질문자가 제일 앞장서야 됩니다.

그러나 질문자도 행복하게 살 권리가 있기 때문에 아이들과 의논을 해서 당분간 시설에 좀 모시고, 또 안 되면 집에 좀 모셔오고, 또 힘들면 시설에 좀 모시고요. 집에 모실 때는 주말마다 번갈아가면서 아이들의 도움을 좀 얻고요. 내 자식이라고 봐주고 그러면 자기만 힘들어지는 거예요. 시설에 모시더라도 반드시 주말에는 질문자가 가서 돌보고요. 그렇게 한번 의논해보세요."

"예. 감사합니다."(청중 박수)

"좀 길어졌네요. '그래, 네가 전생에 빚졌다. 그러니까 죽을 때까지 갚아라'고 하면 딱 1분 만에 말할 수 있는데 차마 그렇게는 말을 못하겠네요. 그런데 '빚진 것만 갚으면 된다' 이렇게만 생각하시는데 왜 그렇게만 생각하세요? 빚진 것은 없습니다. 지금 저축하고 있는 중입니다. 저축을 많이 해놨기 때문에 앞으로 잘될 거예요. 내생은 걱정도 하지 마세요. 제가 보증할게요.(청중 웃음)

질문자가 간호해 주면 남편은 좋은데 질문자가 힘들잖아요. 그러니까 오래 할 수가 없어요. 또 나한테는 좋은데 남한테 손해되는 것도 오래 지속이 안돼요. 왜 그럴까요? 그 사람이 가만히 있지를 않지요. 그러니까 내 행복이 지속 가능하려면 나도 좋고 남도 좋아야 돼요. 남편 간호하는 것을 '복 짓는다' 이렇게 생각하면 간호하는 게 행복해요. 수녀님들은 자기 남편, 자기 자식도 아닌데 장애인들과 환자들을 돌보잖아요. 바로 이런 것이 복 짓는 거예요. 그러니까 그분들은 천국에 가는 겁니다. 전생에 죄를 많이 지어서 지금 수녀가 된 게 아니고 복을 지어서 천국에 가려고 하는 겁니다.

이처럼 누구는 복 지으려고 타인을 이렇게 돌보는데 남도 아니고 누구입니까? 내 남편이잖아요. 그러니 복 좀 지으세요. '내가 전생에 무슨 죄를 지어서 이렇게 됐다' 그렇게 생각하지 말고 '남편이 병이 났으니까 남도 이런 일 하면서 복을 짓는데 이참에 나도 복이나 좀 짓자' 이렇게 생각해 보세요. 이렇게 복 지어 놓으면 다음에도 괜찮고 내생에도 괜찮아요. 아시겠죠? 그러니까 천국 가는 티켓을 쥐고 있는 거예요. 극락 가겠다고 나무아미타불을 열심히 부르지만, 복을 지으면 저절로 극락에 가게 돼요. 이렇게 마음을 조금 가볍게 가지세요. 생각을 바꾸면 누구나 다 행복할 수가 있습니다."

복을 빌면 안 되나요

신앙에 대한 의문입니다. 저희 집안은 다 기독교인데 저 혼자 절에 다닌 지 얼마 되지 않았습니다. 기독교에서 하나님한테 빌면 원하는 대로 이뤄진다고 하는 것에 회의를 느꼈고, 가족들이 강요하는 것도 싫어서 교회에서 등을 돌렸어요. 그런데 저 역시 염원이 있으면 부처님께 이뤄지게 해달라고 기도하는데, 그런 기복적인 면이 불교 이치상 어긋난다고 아까 말씀하셔서 지금 혼란스럽습니다.

"이치로 따지면 기복신앙은 기독교나 불교의 가르침에 다 어긋납니다. 그러나 현실을 보면 이 세상 사람들은 다 복을 받고 싶어 해요. 남의 복을 훔치는 것도 아니고, 하나님이나 부처님께 복 달란다고 해서 복을 주는지 안 주는지도 확실치 않으니 그걸 굳이 나쁘다고 말할 필요는 없습니다.

기복은 부처님이 가르치신 '인연과보의 법칙'에도 어긋나고, 예수님의 가르침에도 어긋나요. 진정한 기독교인이라면 복을 받으려 들기보다는 복을 지어야 해요. 원래 기독교 가르침에 따르면 복을 짓고도 칭찬받으려 들지 말아야죠. 좋은 일을 하고 이 세상에서 대가로 받은 상은 작지만, 천국에 가서 받은 상은 매우 크다고 하잖아요. 이 말의 핵심은 복을 많이 받고 적게 받고에 있지 않아요. 좋은 일을 하고도 이 세상에서 칭찬받으려 하지 말라는 것입니다. 하나님께서 다 알고 계셔서 나중에 천국에 오면 큰 상을 내릴 테니 이 세상에서 작은 칭찬에 연연하지 말라는 가르침이에요. 불교에서 말하는 무주상보시無住相布施와 같아요. '내가 복을 짓고도 복 받을 생각을 안 하면 그 복은 한량이 없다' 이걸 무루복無漏福이라고 합니다. 표현 방법이 좀 다를 뿐 가르침의 내용은 같아요.

복 달라고 빌면서 부르는 이름만 부처님, 하나님이 서로 다르지, 사람의 심리는 똑같아요. 그러니 복 빌려고 굳이 교회 다니다 절에 올 필요가 있겠어요? 개인적으로 교회가 싫어서 절에 오는 것은 괜찮지만, 와놓고 하는 행동이 똑같다면 굳이 올 필요가 없잖아요.(청중 웃음)

'하나님, 복 주세요', '부처님, 복 주세요' 하고 기도하면, 될 때도 있고, 안 될 때도 있어요. 사람들은 되면 '가피 입었다', '은혜 입었다' 하고 좋아하지만 안 되면 '기도해봤자 아무 소용이 없네. 믿어봐야 소용 없네'라고 말합니다. 이 말은 자기 신앙을 스스로 부정하는 거예요. 하나님이나 부처님에게 나를 바치는 게 아니라 하나님이나 부처님을 내 욕망을 채우기 위해 종 부리듯이 부리려드는 거예요. '내가 원하는 걸 내놔라, 안 내놓으면 너를 안 믿겠다.' 이건 신앙이 아니에요. 복을 비는 것 자체가 나쁘다는 게 아니라, 그 속내를 살펴보면 참 신앙이 아니기 때문에 문제라는 겁니다.

그러면 어떻게 기도해야 할까요? 기독교 신자라면 아침에 일어나서 '하나님, 오늘도 주님의 은혜 속에서 잘 살고 있습니다. 감사합니다' 이렇게 해야죠.

감사 기도를 한다는 것은 복을 이미 받았다는 뜻입니다. 이게 믿음이에요. 이미 받았기 때문에 감사 기도를 하라는 겁니다. 여러분들이 몰라서 그렇지, 이미 복을 한량없이 받은 거예요. 이미 복을 받았으니 이것저것 생각할 필요 없이 감사 기도를 하면 됩니다. 그분은 모든 걸 다 아시는 분이니까 내 마음도 이미 다 아시거든요.

성경에, '기도할 때 은밀히 하라' 이런 말씀도 있잖아요. 그런데 우리는 자기가 원하는 걸 조목조목 짚어서 이야기하고, 그것도 모자라서 마이크 대놓고 큰 소리로 기도해요. 그분이 전지전능하다는 걸 못 믿어서 조목조목 이야기 안 하면 잊어버리고, 크게 이야기하지 않으면 못 알아듣는 나 같은 수준일 거라고 생각해서 그래요. 그러나 그분은 이미 내 마음을 다 아시는 전지한 분이시잖아요. 불교식으로 표현하면 관세음보살님은 눈이 천 개라서 다 보시고, 손이 천 개라서 다 구제하십니다.(청중 웃음)

그런 분이 왜 내 요구를 안 들어주실까요? 쥐가 쥐약 든 고구마를 먹고 싶어 안달하는데, 입이 안 닿아서 '하나님, 부처님, 이거 좀 먹게 해 주세요' 하고 빌면 저렇게 간절히 원하니까 먹도록 그 소원을 들어주어야 할까요?

우리가 원하는 것이 때로는 안 이루어지는 편이 좋을 때가 굉장히 많아요. 간절히 빌어서 결혼했는데 지금 결혼 생활로 골치 아프고, 간절히 빌어서 애 낳았는데 지금 애 때문에 죽겠다고 하잖아요. 그러니 기도할 때는 '주여, 뜻대로 하옵소서'라고 해야 해요. 전지전능하신 분이 보셔서 내가 원하는 대로 이뤄지는 게 나으면 그리 해주시고, 안 이루어지는 게 감사 기도를 한다는 것은 복을 이미 받았다는 뜻입니다.

이게 믿음이에요. 여러분들이 몰라서 그렇지

이미 복을 한량없이 받은 거예요.

그러니 이것저것 생각하지 말고 감사 기도를 하면 됩니다.

나으면 또 그렇게 해주세요. 그러면 원하는 대로 이루어져도 감사하고 안 이루어져도 감사하니 신앙에 어긋날 이유가 없어요. 절과 교회를 오락가락하며 전전할 이유가 없습니다.

기도하는 우리는 하나님의 진정한 뜻을 모릅니다. 그러니 '주여, 뜻대로 하옵소서' 이렇게 기도해야 해요. 이게 신앙 고백이에요. 질문자도 교회 가서 '주여, 뜻대로 하옵소서' 이렇게 기도하든지, 절에 가서 절하면서 '부처님, 감사합니다. 오늘도 이렇게 행복하게 살고 있습니다' 이렇게 기도하면 계속 행복해지고 고민도 줄어듭니다. 문화가 달라서 나는 교회보다 절이 좋다. 이런 건 자기 취향에 따라 선택하는 거니까 괜찮아요."

"교회는 사랑이라고들 말하는데 겪어보니 이중적인 느낌이 많이 들어서 싫어요."

"절에 가도 마찬가지예요."(청중 웃음)

"하나님의 가르침이 거짓되다는 생각이 들었고요, 용서와 사랑으로 구원한다는 하나님이 자신을 믿지 않는다는 이유로 불신자들을 불에 던져버리는 이야기를 듣고 환멸을 느꼈어요. 그 신이 과연 자비의 신인가 의문이 계속 들고요."

"그렇게 생각할 수도 있어요. 그런데 우리가 믿는 종교가 불교라고 하지만 대부분은 힌두교이고, 기독교라 하지만 대부분은 유대교에 가깝습니다. 질문자가 다닌 교회는 이름만 기독교일 뿐 유대교라고 생각하면 돼요. 예수님 이후의 하나님은 용서의 하나님입니다. 참된 크리스천이라면 천당에 갔을 때 스님도 와 있다면 반가워해야 합니다. 그런데 대부분은 '이교도가 여기 어떻게 왔지? 안 믿어도 오는데 괜히 믿었나?' 이러기 쉽습니다. 크리스천이라면 천국에서 저를 만나면 '하나님, 감사합니다. 이교도도 구원하시니 참으로 너그러우신 분입니다' 이렇게 기뻐해야 합니다. 이게 사랑의 하나님입니다.(청중 웃음)

크리스천들과 기독교가 그리 못 하는 건 현실입니다. 마찬가지로 불교도 원래의 가르침을 잘 따르지 못해요. 그러나 이건 인간의 문제이지, 부처님이나 예수님의 문제는 아니에요. 예컨대 시어머니가 절에 지극정성으로 다니면서 정작 며느리 대하는 건 형편없다면 그 며느리는 절에 안 다닙니다. 반발심으로 교회에 가버려요. 질문자는 가족들이 교회에 극성이면서 실제 말이나 행동은 다른 걸 보고 실망했잖아요. 그건 인간의 잘못이지 하나님의 잘못이 아닙니다. 그래도 다시 돌아간다면 하나님께서 다 용서해주십니다. 질문자가 절에 좀 다닌다고 해서 자비하신 하나님이 벌주시지는 않아요.

옛날에 어떤 할머니 한 분이 이런 이야기를 제게 했어요.

'스님, 하나 물어볼게요. 제가 고3 손녀딸 때문에 입시 합격 기도를 하는데 기도 성취가 안 될 것 같아요. 손녀딸이 사실은 교회에 다니거든요.'(청중 웃음)

그래서 제가 그랬어요. '할머니, 걱정하지 마세요. 부처님이 아무렴 할머니 마음 같을까요?' 고등학생이 교회 좀 다닌다고 해서 붙을 시험도 떨어지게 만드는 건 부처님이 아니에요. 그러면 대자대비하시다는 표현을 안 써야죠. 그러니 교회에 다니든 절에 다니든 그런 거 걱정하지 마시고, 질문자가 열심히 기도만 하세요."

"주옥같은 말씀 감사합니다."

절에서는 죄 사함을 받지 못해 마음이 무거워요

기독교에서는 주 예수만 믿으면 죄 사함을 얻었다고 해서 마음이 금방 밝아지는데 불교에서는 인연과보의 이치라고 설명하니까 기도를 해도 마음이 무겁습니다. 교회 다닐 때는 죄 사함을 받았는데 불교 공부하러 절에 오니까 다시 죄인이 된 것 같아 어떻게 기도해야 할지 모르겠고 아침 정진할 때 옛날의 죄업이 툭툭 떠올라 괴롭습니다. 스님의 밝은 법문으로 다시 죄 사함을 받고 싶습니다.

"죄를 사하고 싶으면 교회를 가세요.(청중 웃음) 불교에서는 죄라고 할 게 본래 없다고 가르칩니다. 죄가 없는 게 나아요, 있는 죄를 사함을 받는 게 나아요?"

"죄가 없는 게 나아요."

"부처님 당시의 인도에서는, 사제인 브라만, 즉 바라문들이 말하길 '아무리 죄를 많이 지어도 성스러운 강가 강에 가서 목욕을 하면 죄가 다 씻겨 없어져서 하늘나라에 태어난다'라고 했어요. 부처님의 제자 중 가미니라는 젊은 제자가 그 말을 듣고 의문이 생겼어요.

'아무리 죄를 지어도 강가 강에서 목욕만 하면 죄 사함을 받는다면 밥 얻어먹고 나무 아래서 잠자고 다 떨어진 옷 입고 매일 명상하면서 힘들게 수행하지 않아도 되지 않나? 호의호식하고 남 때리고 물건 빼앗고 예쁜 여자 추행하고 성질나면 욕하고 술 취해서 행패부려도 강가 강에 가서 목욕만 하면 죄가 다 없어진다면 왜 부처님은 우리더러 이렇게 힘든 길을 가라 그러실까?'

그래서 부처님에게 물었습니다.

'저 바라문들이 말하기를 아무리 죄를 많이 지어도 강가 강에서 목욕만 하면 모든 죄가 다 사해지고 천국에 간다는데 그 말이 맞습니까?'

이 질문에 답하기가 참 어려워요. '틀렸어'라고 하면 남의 종교를 비방하는 게 됩니다. 비방하지 않으려고 '그 말도 일리가 있다'라고 하면 진리에 어긋납니다. 부처님은 이렇게 말씀하셨어요.

'그들의 말이 맞다면 강가 강에 사는 물고기가 가장 먼저 하늘나라에 가겠구나.' (청중 웃음)

'그들의 말이 맞다면'은 상대를 배척하지 않고 수용한 거예요. 그렇다면 사람은 목욕을 잠시 하고 말지만 물고기는 거기서 태어나고 평생 살다가 죽지 않습니까. 바라문들이 말하는 이치대로라면 물고기가 하늘나라에 가장 먼저 가겠죠. 이 말을 듣고 '그래서 하늘나라에 태어난다는 거예요? 안 태어난다는 거예요?' 이렇게 묻는 사람은 어리석은 사람입니다.

이게 깨우침이에요. 내가 의문을 가졌는데 부처님의 말씀을 듣고 내가 깨달아버리는 거예요. 부처님이 간다고 하니까 간다, 못 간다고 하니까 못 간다고 하는 게 아닙니다. 부처님과 대화를 나누다가 내가 알아버린 거예요. 그러면 앞으로 다른 사람들이 하늘나라에 태어나는지 여부를 두고 아무리 논쟁을 벌여도 나는 상관이 없어요. 이걸 깨달아버렸으니까요.

그래서 가미니가 이렇게 대답했습니다.

'알았습니다, 부처님. 알았습니다, 부처님. 잘 알았습니다, 부처님.'

여러분도 깨달았을 때는 이렇게 대답해야 해요. 이렇게 말하면 '작은 것이라도 스스로 깨달았구나' 하고 알 수 있는데, 대답만 듣고 그냥 앉아 버리면 '내 생각하고 다르네요'라는 뜻이에요."(모두 웃음)

"비슷한 이야기를 하나 더 하겠습니다. 가미니가 또 질문했어요.

'저 바라문들이 말하기를 사람이 아무리 죄를 많이 지어도 죽을 때 바라문들이 하늘나라에 태어나라고 축원해주면 하늘나라에 태어나고, 사람이 아무리 착하게 살아도 죽을 때 바라문들의 축원을 받지 못하면 지옥에 간다고 하는데 사실입니까?'

저라면 '아까 이야기했잖아!' 하면서 죽비로 머리통을 한 방 때렸을 겁니다.(청중 웃음) 그래서 경전을 읽을 때마다 부처님이 존경스럽습니다. 말도 안 되는 질문을 해도 일일이 대답해 주시잖아요. 부처님은 가미니를 연못가로 데려가서 돌멩이를 연못에 집어던지셨어요.

'가미니야, 돌멩이가 어떻게 되었느냐?'

'물 밑으로 가라앉았습니다.'

'왜 가라앉았느냐?'

'돌멩이가 물보다 무거우니까요.'

'그렇다면 이 연못가에 바라문들이 둘러서서 '돌멩이야, 물 위로 떠라' 하고 기도하면 돌이 물 위로 떠오르겠느냐?'

'안 뜹니다.'

'왜 안 뜨느냐?'

'무거운 게 밑으로 가라앉는 것은 자연의 이치이기 때문입니다.'

'그렇다. 너의 말과 같다. 사람이 살아있는 생명을 죽이고, 남의 물건을 빼앗고, 성추행을 하고, 거짓말로 남을 괴롭히고, 술 마시고 취해서 남을 괴롭히면 그 지은 업은 검고 무거운 것이어서 저절로 지옥으로 가느니라.'

그리고 부처님은 연못에 기름병을 던졌습니다. 병이 가라앉자 병 속에 들었던 기름이 물 위로 떠올랐습니다.

'가미니야, 기름이 어떻게 되었느냐?'

'물 위에 떴습니다.'

'왜 물 위에 떴느냐?'

'기름이 물보다 가벼우니까요.'

'그렇다면 이 연못가에 브라만들이 둘러서서 '기름아, 물 밑으로 가라앉아라'라고 기도하면 기름이 가라앉겠느냐?'

'안 가라앉습니다.'

'왜 그렇겠느냐?'

'가벼운 게 위로 뜨는 것은 자연의 이치니까요.'

'그렇다, 가미니여. 죽어가는 생명을 살려주고, 가난한 자를 위해서 베풀고, 괴로워하는 자를 위로하고, 진실을 말하고, 취하지 않아 맑은 정신을 가지면 그 지은 업은 희고 가벼운 것이어서 저절로 하늘나라로 가느니라.'

'알았습니다, 부처님. 알았습니다, 부처님. 잘 알았습니다, 부처님.'

질문자는 이 이야기의 뜻을 알겠으면 절에 다니시고 '못된 짓 실컷 하고 죄 사함 받는 게 훨씬 편하고 좋다' 그러면 교회 가시되, 불교대학은 이왕 입학했으니 마치고 가세요. (청중 웃음)

그런데 이건 기독교와 불교의 차이가 아닙니다. 부처님은 진리를 말씀하셨고, 부처님 이전의 인도에서는 마음대로 살다가 죽어도 하늘나라는 가고 싶다는 바람을 해결하기 위해서 이런 신앙이 만들어진 거예요.

예수님은 어떻게 가르쳤을까요? 마태복음 25장 31절에 이런 이야기가 나옵니다. 성경 원문 그대로의 인용은 아니고, 쉽게 풀어 말씀드려 보겠습니다. 최후의 심판 날, 주께서 오셔서 산 자와 죽은 자를 다 일으켜 세워 양떼와 염소떼를 나누듯 좌우로 나눈 뒤 한쪽에 있는 사람들에게 이르셨어요.

'천국이 너희의 것이니라.'

'주여, 저희가 어떻게 천국에 갑니까?'

'너희들은 내가 굶주렸을 때 먹을 것을 주었고, 목마를 때 마실 것을 주었고, 헐벗었을 때 옷을 주었고, 병들었을 때 치료하였고, 나그네 됐을 때 영접했고, 감옥에 갇혔을 때 면회를 왔느니라.'

'주여, 저희가 언제 그런 일을 했습니까?'

'이 세상에서 가장 작은 자 하나에게 행한 것이 곧 나에게 행한 것이니라.'

그리고 반대편의 사람들에게는 이렇게 이르셨습니다.

'너희들은 영원히 지옥의 불 속에 들어가리라.'

'주여, 저희가 왜 지옥에 떨어져야 합니까?'

'너희들은 내가 굶주릴 때 먹을 것을 주지 않았고, 내가 목마를 때 마실 것을 주지 않았고, 내가 헐벗었을 때 입을 것을 주지 않았고, 내가 병들었을 때 치료하지 않았고, 내가 나그네 됐을 때 영접하지 않았고, 내가 감옥에 갇혔을 때 면회 오지 않았느니라.'

'주여, 언제 주께서 그러신 적이 있고 저희가 언제 주께 그렇게 하지 않았습니까?'

'이 세상에서 가장 작은 자 하나에게 하지 않은 것이 곧 나에게 하지 않은 것이니라.'

못된 짓 하면서 교회만 열심히 다닌다고 천국 가는 게 아니에요. 천국 가는 기준은 '네가 어떻게 행했느냐'입니다. 배고픈 자에게 먹을 걸 주었는가. 헐벗은 자에게 입을 것을 주었는가. 병든 자를 치료하였는가. 목마른 자에게 마실 것을 주었는가. 나그네를 잘 보호해주었는가. 억울하게 감옥에 간 사람을 보살폈는가.

부처님의 가르침과 예수님의 가르침이 다른 게 아니에요. 성인의 가르침은 그런 용어를 쓰든 안 쓰든 다 인연과보를 말하고 있습니다.

유대교든 힌두교든 어떤 민속신앙이든 성인이 출현하기 이전의 믿음은 그저 나쁜 행동을 하고도 벌 안 받고 쉽게 천당 갈 수 있다고 하고, 복은 하나도 안 지어놓고 자기에게 복을 달라고 하면 복을 준다고 가르쳤어요. 또 성인이 출현하기 이전은 인과응보의 사고방식이었지만, 성인이 출현한 이후의 가르침은 인연과보예요. 이게 다른 점입니다.

인과응보는 일본에 지진이 나서 많은 사람이 죽었을 때 '일제강점기 때 못된 짓 하더니 천벌 받았다', '하나님 안 믿어서 벌 받았다' 이렇게 보는 거예요. 장애아를 낳았을 때 '내가 전생에 무슨 죄를 지어서 이런 애를 낳았나'라고 하는 것이 인과응보적 사고방식입니다.

부처님의 가르침은 장애인으로 태어난 것은 죄의 과보가 아니며, 장애인으로 태어났어도 그는 행복할 권리가 있고 인간으로서 존엄한 대우를 받을 권리가 있다는 것입니다. 전생에 죄를 많이 지어 이러저러하게 태어난 것이 아니며, 피부색이나 성별이나 장애 유무 같은 것으로 인간을 차별할 수 없다고 하는 것이 불교입니다. 여자든 남자든, 한국 사람이든 일본 사람이든, 기독교인이든 불교인이든, 장애인이든 비장애인이든, 모든 사람은 다 부처가 될 성품이 있습니다. 기독교의 표현을 빌자면, 모든 사람은 다 하나님의 사랑하는 아들딸입니다.

사제들만 하나님의 아들이고 유대인만 구원을 받는 게 아니라 이방인도 구원받을 수 있다는 거지요. 전통 유대교에서는 구원의 기준이 '유대인이냐 아니냐'였습니다. 인종적·민족적인 문제를 기준 삼았어요. 유대인이면 다 구원받고 유대인 아닌 이방인은 구원을 못 받는다고 했어요. 그런데 예수님께서는 이방인에게도 구원이 있다고 말씀하셨습니다. 그것을 예수님께서는 이렇게 말씀하셨어요. '네 이웃을 너 자신처럼 사랑하라.'

예수님은 '누가 저의 이웃입니까'라는 질문에 답하면서 '길에 강도를 당한 사람이 쓰러져 있는데 아무도 돌보지 않았다. 사제와 레위인이 그를 보고도 그냥 지나갔다. 그런데 사마리아인이 지나가다가 그를 불쌍히 여겨서 보살폈다. 누가 쓰러져 있는 그에게 이웃인가?'라고 물었습니다. 사람들이 사마리아인이라고 대답하자 예수님께서는 '너도 가서 그렇게 하라'고 하셨습니다. 이게 '선한 사마리아인' 이야기입니다.

사마리아인은 당시 유대에서 가장 멸시당하는 이방인이었어요. '네가 유대인이냐, 아니냐'가 구원의 기준이 아니라 '여기 병든 사람에게 네가 어떻게 행했느냐'가 기준이라는 이야기예요. 이런 점을 똑똑히 알고 교회를 다니십시오.

기독교라 하더라도 예수님의 가르침과 관계없는 걸 구분하세요. 기도하면 죄가 사해진다고 믿는 건 좋지만, 그건 예수님의 참 가르침이 아니라 예전 사고방식입니다. 인연과보는 콩을 심어야 콩 싹이 트고 팥을 심으면 팥 싹이 튼다는 원리입니다. 복을 지어야 복을 받고, 저축을 해야 목돈을 타요. 빚을 냈으면 빚을 갚아야 하고, 갚기 싫으면 다음부터는 빚 내지 말아야 합니다. 그러니 내가 어려움에 처한 사람을 돕는 것은 과거에 진 빚을 갚는 과정이거나 내가 지금 저축하는 과정, 이 둘 중 하나입니다. 그러니 어려움에 처했을 때도 괴로워할 이유가 하나도 없어요. 지은 인연의 과보를 기꺼이 받든지, 아니면 기꺼이 복을 지으면 됩니다. 이런 도리를 알면 살면서 이런저런 일이 일어나도 괴롭지는 않게 됩니다."

지은 인연의 과보를 기꺼이 받든지,

아니면 복을 지으면 됩니다.

이런 도리를 알면

이런저런 일이 일어나도 괴롭지 않습니다.

내가 분명히 있는데
왜 '무아'라고 합니까

불교에서 무아無我라고 하는데, 저는 내가 있는 것처럼 느껴집니다. 방안에 혼자 있을 때도 내가 분명히 존재하는 것처럼 느껴지는데 왜 자꾸 없다고 하는지 잘 모르겠습니다.

"빗대어 설명해보겠습니다. 물은 분명히 존재합니다. 그런데 물의 실체가 있습니까? '이게 물이다'라고 하는 근본 알갱이가 있는지 한번 생각해 봅시다. 물의 근본 알갱이를 조사하려면 물을 한 방울 떠서 쪼개보면 되겠죠. 쪼개고 또 쪼개서 더 이상 쪼갤 수 없는 최소의 알갱이가 수없이 결합해서 물이 된다고 할 때 그 근본 알갱이를 물 분자라고 부릅니다. 불교 공부하려면 이렇게 고등학생 정도의 과학 지식은 갖춰야 해요.(모두 웃음)

물 분자는 이제 더 이상은 쪼갤 수가 없다고 생각했는데, 나중에 이것도 쪼갤 수 있는 방법이 나와서 쪼개 보니 더 이상은 물이 아닌 게 되어 버렸어요. 물 분자의 분자식은 H_2O인데 그걸 한 번 더 쪼개버리면 H_2와 O_2가 됩니다. 이 두 가지는 물이 아니에요. 물은 아무리 분해해도 물이어야 할 텐데, 물 아닌 것이 되어 버렸습니다. 바꾸어 말하면 물 아닌 것이 결합해서 물이 된 겁니다. 이럴 때 우리가 '물의 실체는 없다'라고 말할 수 있습니다. 물의 작용은 있지만 물의 실체는 없어요.

물은 있지만 물의 실체는 없고, 산소는 있지만 산소의 실체는 없어요. 산소라는 원자가 단독자인 줄 알았는데 나중에 알고 보니 그 속에는 양성자가 있고 중성자가 있고 전자가 있었습니다. 즉 산소는 여러 개의 소립자가 결합한 것이에요. 소립자가 지금은 이런 형태로 결합해 있어서 산소 원자이지만 달리 결합해버리면 다른 원자가 돼 버리는 것입니다. 즉 산소 원자 속에 있던 양성자가 몇 개 밖으로 떨어져 나오거나 몇 개가 더 붙으면 다른 원자가 됩니다. 그것을 실험으로 증명한 게 원자량이 제일 많은 92번 우라늄을 붕괴시킨 거예요. 이게 원자탄으로 쓰이는 핵분열입니다. 또 원자번호가 제일 작은 중수소 두 개를 융합시킨 게 수소폭탄으로 쓰이는 핵융합이에요.

고정불변한 원자가 결합하는 것은 화학법칙인데, 이 화학법칙에서는 질량 불변의 법칙이 성립합니다. 질량 불변의 법칙, 배수 비례의 법칙, 일정 성분비의 법칙 이런 세 가지 법칙 기억나요? (청중 웃음)

그런데 이 핵 변화에서는 질량 불변의 법칙이 성립하지 않고 질량 감소가 일어납니다. 물리변화나 화학변화와는 차원이 달라요. 그 감소된 질량은 에너지로 바뀌었습니다. 이게 아인슈타인의 $E=mc^2$이라는 에너지-질량 등가 공식이에요. '작용은 하지만 그 안에 고정 불변하는 실체가 없다'는 사실은 물질계에서는 이미 증명이 다 되었어요. 이걸 무아라고 할 수 있습니다. 작용은 하지만 실체는 없다는 거예요. 그런데 우리는 작용을 하니까 실체가 있는 것처럼 느낍니다.

이걸 정신세계에 적용하면 이렇습니다. 결혼해 아이가 있는 여성이 아이와 있을 때는 엄마라 불리고, 남편과 있을 때는 아내라 불리고, 부모님을 만나면 딸이라고 불리고, 절에 오면 신도라고 불리고, 가게에 가면 손님이라 불립니다. 인연에 따라 이렇게 불리고 저렇게도 불려요. 엄마의 역할, 딸의 역할, 아내의 역할, 손님의 역할, 신도의 역할은 있지만 그 사람이 그 중 어느 하나인 '무엇'이라고 말할 수는 없어요. 그렇다고 아무것도 아니라는 뜻은 아닙니다.

그런데 내가 엄마 역할을 오래 하다 보면 내가 엄마라고 생각하기 쉽고, 아내 역할을 오래 하다 보면 내가 아내라고 생각하기 쉽습니다. 그러나 남편이 죽으면 나는 더 이상 아내가 아닙니다. 그런데 우리는 아내 역할을 한 30년 하다보면 남편이 죽었는데도 내가 계속 아내라는 생각이 듭니다. 아내라고 생각하지 않으면 재혼해도 되는데, 자기가 아내라고 생각하니 결혼을 못 하는 거예요. 아내니 딸이니 하는 것은 모두 관계맺음에 의해서 불리는 이름일 뿐입니다. 역할만 있지 '아내'라고 하는 실체는 없습니다.

전통적으로 인도에서는 사물에 이런 실체가 있다고 생각했어요. 그래서 저 하늘에는 브라만이라는 신이 있고 내 속에는 아트만이라는 작은 신이 있어서 이 둘이 만나 하나가 되는 것, 즉 범아일여梵我一如가 곧 해탈이라고 했습니다. 부처님은 아트만이라고 하는 그런 고정 불변하는 실체는 없다고 했어요. '아트만'에 'un'을 붙여서 'Unatman'이라고 한 걸 한자로 옮긴 게 '무아無我'입니다.

질문자가 방안에 앉아서 '내가 있다'고 하지만 과연 뭐가 있습니까? 몸뚱이가 있다고 대답하겠지만, 그 몸뚱이가 나입니까? 몸은 '내 몸'이라고 하지 '나'라고 하지 않습니다. 생각 역시 '내 생각'이라고 하지 '나'라고 하지 않아요. 용어를 '나의 몸', '나의 생각', '나의 느낌', '나의 물건' 이렇게 쓰니까 '나'라는 게 있어야 한다고 생각하지요. '나'라는 것이 있고 나서 그것의 몸, 그것의 생각, 그것의 느낌, 그것의 소유라고 해야 말이 되잖아요. 그런데 그것이 뭐예요?"

"모르겠어요."(청중 웃음)

"그게 뭔지 연구해보세요. 그래서 유명한 선문답에 'Who are you?'라는 것이 있습니다.

'너 누구냐?'

'아무개입니다.'

'아무개가 너냐, 너의 이름이냐?'

'저의 이름입니다.'

'이름을 물은 게 아니다. 너는 누구냐?'

'딸입니다.'

'딸은 네 엄마와의 관계다. 관계를 물은 게 아니다. 너는 누구냐?'

'선생님입니다.'

'그것은 너의 직업이다. 직업을 물은 게 아니다. 너는 누구냐?'

이렇게 우리가 탐구해 들어가야 합니다."

"인연에 따라 달라지는 것이라고 하셨는데, 그럼 그 인연은 왜 생기는 거예요?"

"인연이 왜 생기기는요, 살다 보니 생기는 것이죠."(청중 웃음)

"네, 감사합니다."(청중 웃음, 박수)

"저는 여러분들이 불교 공부 안 하는 걸 보면 좀 안타까워요. 이렇게 연구하면 이것이 과학이자 철학이고, 제대로 알면 이것이 곧 인생이고, 이것을 잘 실천하는 것이 곧 자유와 행복으로 가는 길인데 왜 안 하려는지 모르겠어요.

저는 처음부터 불교를 믿은 게 아니라 친구 따라 간 경우입니다. 경주에 역사 유적지가 많기 때문에 역사 유적지 보호반에 들어갔다가 절에 다니게 된 거예요. 처음엔 불교가 별로였어요. 애가 태어나자마자 걸었다는 소리나 하잖아요.(청중 웃음) 그런데 고등학교에 들어가면서부터 불법에 대해 조금씩 알게 됐어요. 처음에는 불교문화를 다루었기에 저는 별로 관심이 없었는데, 고등학교 1학년 때 처음으로 법문을 들으면서 불교의 진리에 대해서 알게 됐어요.

제가 제일 혹했던 것은 불교의 우주관이었어요. 저는 과학자가 되는 게 꿈이었기 때문에 불교를 부정적으로 보다가 불교의 우주관을 접하고 놀랐습니다. 보통은 지구에만 사람이 산다고들 하는데, 불교는 이 우주에 사람 사는 세상이 여기만 있는 게 아니라고 해요. 온 우주에 수없이 많이 있고, 그것도 갠지스 강의 모래알 수만큼 많다고 합니다. 그러면 이게 아인슈타인의 우주론과 거의 비슷한 거예요. 태양계에서 지구 하나에만 생명이 산다고 치더라도 이 은하계에는 태양계 같은 것이 2천억 개가 있다고 해요. 생명이 살 가능성이 있는 곳이 최소 2천억 개라는 뜻입니다. 그런데 대우주에는 이런 소우주, 즉 은하계 우주 같은 것이 1천억 개 이상이라는 거예요. 『금강경』을 읽어보면 갠지스 강의 모래알 수만큼 많은 수의 갠지스 강이 있고 그 모든 갠지스 강의 모래알 수를 합친 만큼 많은 삼천대천세계가 있다고 하니 둘이 좀 비슷하잖아요.

각 세계마다 1년의 길이와 각 생명의 수명도 우리와 다르다고 합니다. 천상으로 올라갈수록 1년의 길이가 길고 수명도 길어요. 예컨대 우리 수명이 100년이라면 사왕천에서는 수명이 5백 년이고 그 위의 도리천에서는 5천 년이고, 그 위로 올라가면 더 길어요. 반면 지옥 쪽으로 내려가면 수명이 짧아서 찰나에 나고 죽는다고 해요. 그런데 실제로 생명 세계를 보면 세균이나 바이러스 같은 건 나고 죽는 주기가 짧고 코끼리나 거북이 같은 것은 길잖아요. 지구만 봐도 이렇게 수명이 다양하니 저 우주로 나가면 훨씬 더 수명이 긴 생명이 있을 거예요.

1년과 하루의 길이도 달라요. 1년은 지구가 태양을 한 바퀴 도는 것을 기준으로 삼잖아요. 다른 행성에 가면 태양을 한 바퀴 도는 기간이 지구와 달라서 지구보다 태양에 가까운 것은 1년이 짧고, 지구보다 태양에 멀리 있는 것은 1년이 길어요. 하루도 그렇습니다. 지구가 한 바퀴 자전하는 것이 하루인데, 수성이나 화성은 한 바퀴 도는 게 우리와 시간이 달라요. 그러니 하루의 길이도 다르고 1년의 날 수도 다르죠.

이런 게 과학에서는 지극히 당연하지만, 어떤 종교도 그런 이야기를 한 데가 없어요. 그런데 불교에서는 수명도 다르고 1년의 길이도 다르고 하루의 길이도 다르다는 이야기를 하니까 혹한 거예요. 저는 처음에 불교 사상보다는 그 우주론 때문에 혹했어요. 그래서 공부하다 보니 철학적인 측면에서도 대단하다는 걸 알게 됐습니다. '무아無我'와 '무상無常' 같은 것은 사회과학적인 요소예요. 유물론적 변증법의 핵심 사상도 결국은 '이 세상의 모든 것은 연관되어 있고 그 연관이 변한다'라는 원리예요. 그러니 이것은 철학적으로도 굉장히 심오하고 과학적으로도 모순이 없습니다.

부처님이 물질을 연구하고 생명을 연구한 건 아닙니다. 부처님은 주로 정신세계만 연구했는데, 이 정신세계의 작용 법칙이 물질세계의 법칙과 근본적으로 같은 거예요. '제행무상諸行無常'에도 그런 내용이 나와 있어요. '제행'이라고 할 때의 '행'은 물질, 생명, 정신이라는 세 가지로 나눕니다. 물질세계, 즉 우주는 성주괴공成住壞空하고, 생명은 생로병사生老病死하고, 정신은 생주이멸生住異滅합니다. 정신작용도, 생명작용도, 물질작용도 모두 변화해요.

성주괴공을 딱 들었을 때 저는 H-R도가 생각났어요. 지구과학 배울 때 공부했죠? 별의 빛깔과 밝기, 크기와 거리를 조사해서 별의 생성과 소멸을 나타낸 표 있잖아요. 우주의 성간물질이 그래프 상 아래쪽에 모여 있다가 태양과 같은 주계열성이 되고 그것이 나중에 거성이 되고 그것이 백색왜성이 돼요. 별의 수명, 즉 별의 생성과 소멸을 나타내는 표입니다. 현재 우리의 태양은 1백억 년 정도 유지되는데 다른 항성이 태양보다 크면 수명이 짧고 태양보다 작으면 수명이 길어요. 저는 이런 공부를 고등학교 때 다 했어요.(청중 감탄, 웃음)

그때 제가 과학을 좋아했기 때문에 불교의 이런 요소를 과학과 비교해 보면서 크게 놀랐어요. 처음에는 그래서 좋아하게 됐고, 그렇게 공부를 하다 보니 불교에 심취하게 되었어요. 다른 사람들처럼 복을 받기 위해서가 아니었습니다. 처음엔 우주관이 좋아서 호의적이었고, 그 다음으로 '너는 누구냐?' 이런 문답을 하면서 인생에 대한 의문을 갖게 되고 그 문제를 파고들어서 여기까지 오게 되었습니다.

그러니 이건 젊은 사람들이 공부해볼 만한 가르침이에요. 그리고 이 공부를 하면 고뇌가 많이 없어집니다. 괴로워할 일 같지만 한 발만 떨어져서 보면 별로 괴로울 일이 아니란 걸 알게 돼요."

나도 이롭고 남도 이롭게

어떤 경우에도 자신을

행복하게 하는 것을 '성불'이라 하고,

우리가 사는 이 세상을

아름답게 가꾸는 것을 '정토'라고 합니다.

농사를 짓기 위해 콩이든 배추든 상추든 심을 때 잘 자라게 하려면 두 가지 요소가 갖춰져야 합니다.

첫째, 씨앗이 좋아야 합니다. 씨앗이 안 좋으면 아무리 땅이 좋아도 신통치 않아요. 그래서 종자 개량을 하거나 좋은 씨앗을 선택해야 해요. 둘째, 아무리 씨앗이 좋아도 기후와 땅이 안 좋으면 잘 못 자라요. 셋째, 잘 돌보지 않으면 벌레가 먹든지 거름이 부족하든지 물이 부족해서 잘 못 자랄 수 있습니다. 그래서 좋은 땅에 거름도 주고 물도 주고 병충해도 막아주는 보살핌이 있어야 합니다.

수행은 씨앗을 개량하는 것과 같습니다. 주위 환경을 그대로 두고도 여러분들이 조금 더 수행을 하면 그만큼 행복도가 높아져요. 땅은 그대로 두고 좋은 종자를 심으면 소출이 좀 늘고, 같은 종자라도 땅을 잘 가꾸면 역시 소출이 늡니다. 그런데 두 가지 다 하면 더 좋겠죠. 그래서 우리는 먼저 자신을 아름답게 가꾸어 나가는 수행을 하고, 우리가 사는 세상을 좀 더 좋은 세상으로 만드는 사회 변혁 운동도 같이 하는 것이 좋습니다.

이것을 불교에서는 상구보리하고 하화중생한다고 합니다. 위로는 깨달음을 구하고 아래로는 중생을 구제한다는 뜻입니다. 어떤 경우에도 자신을 행복하게 하는 것을 '성불'이라고 하고, 우리가 사는 이 세상을 전쟁이 없도록, 굶어 죽는 사람이 없도록, 병든 사람이 없도록, 차별받는 사람이 없도록 아름답게 가꾸는 것을 '정토'라고 합니다. 이 성불과 정토를 동시에 추구하는 사람이 보살입니다. 또 다른 말로는 '자리이타'라고 합니다. 나도 이롭고 남도 이롭다는 뜻입니다. 이것이 정토세상입니다.

역사의식을 가져야 하는 이유

역사를 아는 것과 모르는 것의 차이가 뭔지요?

"역사 문제가 나오면 늘 하는 이야기가 있습니다. 일제강점기 때 태어난 한 학생이 소학교에 들어가 전교 수석을 했어요. 이 아이 꿈이 인생을 크게 한번 성공하는 것인데, 시골에서 자라 도시 중학교까지 가서도 1등을 했어요. 대도시에 있는 고등학교에 가서도 1등을 했어요. 서울 경성제국대학교에 가서도 1등을 하고, 학교 다닐 동안 고시 합격을 거쳐 졸업하자마자 지방의 검사가 되어 옛날에는 영감 소리를 들었습니다. 더 열심히 해서 서른도 안 돼 지검장이 되었어요. 그러면 시골에선 완전 출세한 사람이지요.

근데 어느 날 자고 일어나니 나라가 해방이 됐어요. 어제 저녁까지 성공한 인생이 오늘 아침에 실패한 인생이 돼버렸어요. 친일매국노가 돼버린 거지요. 일제강점기의 지검장 정도면 일제 앞잡이 중 핵심인물이잖아요. 근데 이 사람이 남을 때린 것도 아니고 남을 죽이거나 욕한 것도 아니고 술 먹고 행패부린 적도 없어요. 개인적으로는 아무런 잘못도 하지 않은 사람이에요. 근데 왜 어제 저녁까지 대성공을 거둔 사람이 오늘 아침부터 비난받는 실패한 인생이 되느냐? 옛날식으로 얘기하면 '사주가 나빠서 그렇게 되었다. 전생에 지은 죄의 과보를 받았다' 그리 생각할 수 있잖아요. 달리 설명이 어렵잖아요.

하지만 이게 설명이 되는 게 역사의식이에요. 일제강점기에도 사람들은 다 나름대로 인생의 과제가 있었어요. 농부, 학생, 장사하는 사람 등 각 개인은 나름대로 삶의 과제가 있었지만 3천만 민중의 공통된 과제는 나라의 독립이었습니다. 내가 밭을 일구는 농부라도, 장사를 떠난 장사꾼이라도, 기생이라도 그 누구라도 나라의 독립이 되어야 한다 했지요. 일본의 식민지 지배로 이익을 보는 사람도 일부 있었지만 전체 국민의 입장에선 손해였지요.

그처럼 그 시대에 그 사회의 모든 구성원이 해결해야 할 과제를 시대적 과제라 하는데 공동체의 일원인 나는 두 가지 존재의 측면이 있는 거예요. 내 개인의 인생도 있지만 공동체 구성원으로서의 삶도 있는 거예요. 나라가 잘 되면 나도 덕을 보고 나라가 망하면 나도 손해를 보지요. 그래서 개인 윤리만으로는 설명이 안 돼요. 구성원으로서 나의 존재 방식이니까. 그래서 내가 사는 방식이 전체가 나아가는 방향과 같은 방향이 되어야 합니다.

시대의 과제를 환경문제라고 보면 내가 많이 벌어 많이 쓰는 게 역방향이 될 수도 있는 것과 같아요. 만약에 앞에 말한 사람이 시대적 과제를 인식했다면 일반 범죄는 법대로 벌을 주는 등 검사로서 역할을 하지만, 독립운동과 관계되면 형을 감해주거나 자기 나름대로 기여하는 방법을 찾아볼 수가 있겠지요. 그런데, 잘못하면 일제로부터 배신자로 찍혀 위험할 수도 있지만, 그러나 이렇게 할 때 독립이라는 방향에 동참할 수 도 있어요. 역사의식이 이래서 중요합니다.

근데 역사의식이 없으면 눈앞에 보이는 이익만 추구하게 됩니다. 그러면 자기가 예측할 수 없는 불행을 자초하게 되죠. 남이 보면 그 불행이 당연한데, 본인은 억울할 수가 있지요. 그래서 개인은 첫 번째 자기 인생의 목표를 성취해야 합니다. 두 번째 공동의 과제를 두고 거기에 기여하는 길에 동참해야 합니다. 빈곤할 땐 경제건설을 하고 억압받을 땐 민주화운동에 동참하는 것이 공동의 과제에 동참하는 길입니다. 이런 시대적 과제를 모르면 개인의 성공은 일시적 성공으로 끝날 뿐더러 재앙으로 닥쳐올 위험이 있어요. 그래서 역사의식이 있어야 합니다.

그러면 지금 우리의 시대적 과제는 뭘까요? 앞으로 30년 지나서 지금의 우리 사회를 되돌아봤을 때, '우리가 이 시점에서 이것을 풀어야만 지속적으로 발전이 되었겠다' 하는 문제는 무엇입니까? 바로 통일입니다. 그런데 지금 시대에 보면 통일은 오히려 시대적 과제가 아닌 것처럼 느껴집니다. 일제강점기에서 독립이라는 시대적 과제를 본 사람은 1퍼센트도 안 되었어요. 알아도 행동하기가 어려웠어요. 산업화시대에 일부 사람들이 조국 근대화를 부르짖을 때도 다들 말도 안 된다고 했지만 지금의 대한민국을 만들었잖아요. 민주화 운동을 두고도 당시에는 무모하다고 했지만 지금 보면 역사적으로 큰 가치가 있는 일이었습니다.

지금 우리 대한민국은 분단 상태로는 더 이상 발전하기 어렵습니다. 지금까지는 분단 상태로도 성장이 가능했기에 굳이 통일 안 하고도 살 수 있었지만, 이제 분단 상태에서는 더 이상 성장은 없습니다. 여기서 안주하고 정체하다 몰락으로 갈 건지, 아니면 여기까지 왔으니 더 나아갈 건지는 우리의 선택이에요. 고구려, 발해 멸망 이후 우리 영토는 한반도 내로 축소되어, 조선시대에 이르러서야 겨우 반도를 회복했어요. 그리고 늘 강대국에게 밀리는 약소국으로 전락했잖아요. 그러나 고구려, 발해 이전에는 동북아의 중심 국가였어요. 통일은 천 년의 한을 푸는 것이고, 천 년의 꿈을 실현하는 거예요.

남북이 통일 되면 영토가 9만 8천 평방킬로미터에서 21만 평방킬로미터가 되고, 인구가 5천만에서 7천 5백만이 됩니다. 그러면 이탈리아나 영국을 능가합니다. 조금만 내부 정비가 되면 스페인이나 이탈리아는 경쟁이 안 돼요. 지금 남한만으로는 어림없지만 통일이 되면 모든 면에서 세계 10위의 경제국에 진입할 수 있는 가능성이 열립니다.

그리고 통일 한국이 일본과 중국까지 협력해 동아시아 공동체를 만들면 이 동아시아 공동체의 경제력이 세계 경제집단 중 제일 커집니다. 그러면 유럽에서 미국으로 이동했던 세계 문명의 중심이 아시아로 와서 동아시아시대가 도래합니다. 빈말이 아니라 1세기, 즉 100년 정도만 우리가 이렇게 해나가면 충분히 가능성이 있어요. 21세기 초에 우리가 남북통일을 이룩하고, 중엽에 동아시아 공동체를 만들어 나간다면, 21세기 말엽에는 동아시아시대가 도래하고, 우리가 그 동아시아시대의 중심국가로 설 수 있습니다. 반드시 그렇게 된다는 건 아니지만 이런 가능성이 있어요.

통일을 해도 그저 통일에 머무르면 안 됩니다. 통일은 첫 발걸음이에요. 통일을 이루어서 동아시아 공동체로, 나아가 세계 문명의 중심으로 간다면 고구려와 발해 멸망 이후 천 년의 꿈을 실현하는 겁니다.

우리가 미래 100년을 이렇게 그려본다면 남북 간에 일어나는 지금의 작은 이해관계와 다툼 정도는 능히 극복할 수 있습니다. 북한도 남한도 서로 여러 가지 상처를 입어서 적대감이 있는 건 사실이에요. 그러나 이 감정에 치우치면 우리에게는 미래가 없습니다. 이런 감정은 이해하지만, 감정을 뛰어넘어야 해요.

그러려면 예수님께서 '주여, 저들을 용서하소서'라고 하신 것과 같은 서로에 대한 용서가 있어야 합니다. 자꾸 과거의 악감정만 주장하면 우리에게 희망은 없습니다. 감정을 뛰어넘을 수 있어야 민족중흥을 향해서 나아갈 수 있습니다.

이렇게 볼 때 우리의 자부심은 무엇이 되어야 하겠습니까? 우리 아이들이 나중에 엄마 아빠 세대는 무엇을 했냐고 물을 때 뭐라고 답할 수 있을까요? '증조할아버지 세대는 나라의 독립을 이루었고 할아버지 세대는 조국 근대화를 이루었고 아버지 세대는 민주화를 이루었다면, 나는 무엇을 할 것인가?' 그래서 우리 공동의 과제를 해결해야 한다는 것입니다. 이렇게 개인의 행복뿐 아니라 시대의 과제를 우리가 함께 해결할 때 자부심이라고 하는 새로운 공동의 행복이 발생합니다.

그런 면에서, 청년들이 너무 개인 문제만 생각하니까 앞이 깜깜하다고 느끼는 게 아닌가 싶습니다. 우리는 개인적으로도 삶을 긍정적으로 봐야 하지만, 공동체적으로도 우리에게 주어진 이 위기를 기회로 삼을 수 있어야 합니다.

그러면 그런 나라를 누가 만들 것인가? 바로 우리가 만들어야 합니다. 그러니 이제는 말뚝만 보고 표를 찍어주고, 깃발만 보고 표를 찍어주고,

지역감정이나 이념에 너무 따라가지 말아야 해요. 우리가 나라의 주인이기 때문에 우리가 선택권을 가져야 합니다. 나라의 통일과 평화, 국민의 행복을 위해서 일하는 사람들에게 표를 찍어주는 지혜와 용기가 있어야 합니다. 이런 것을 '정치적'이라고 한다면 정치는 좋은 거예요. 이런 변화를 우리가 우리 손으로 일으켜야 합니다.

청년 세대의 문제를 어떻게 해결해야 할까요

현재 저희 세대를 3포 세대, 5포 세대, 길게는 7포 세대라고까지 부르고 제 주변 친구들도 취업이나 결혼, 집을 구하는 게 다 어렵다고 합니다. 그런데 많은 청년들이 TV에서 하는 먹방(먹는 방송)이나 아이 키우는 방송 프로그램에 열광하고 있고, 청년들이 이런 세대 문제에 대한 해결점을 찾고 있지는 않는 것 같습니다. 현재 기득권층도 도무지 이런 문제들을 해결해 주지 않을 것 같은데 어떻게 해야 청년 스스로 깨어날 수 있는지, 또 어떠한 행동으로 나아가야 사회가 개선될 수 있는지 궁금합니다.

"청년들 스스로 이 문제를 해결하는 길을 찾을 수밖에 없지 않을까 싶어요. 이 세상에 어떤 것도 누군가가 시혜적으로 100퍼센트를 해결해주는 경우는 없습니다. 필요한 사람이 요구를 해야 그것도 겨우겨우 이루어지는 게 이 세상일이에요. 그래서 예부터 '목마른 자가 우물을 판다'라는 말이 있지 않습니까? '궁하면 통한다'는 말도 있단 말이에요. 누군가가 해주기를 원하면 답이 없습니다.

어른들은 여러분들이 불행한 세대라는 생각을 전혀 안 해요. 여기에 문제가 있는 겁니다. 여러분들은 다 대학을 나왔지 않습니까. 그런데 기성세대는 대부분 대학을 못 나왔기 때문에 '우리가 노력해서 너희가 혜택 받았다' 이렇게 생각을 해요. 그리고 '너희들은 고생을 모르고 자랐다. 우리는 고생을 참 많이 했다. 이 좋은 세상에서 힘들다고 아우성칠 게 도대체 뭐가 있냐?' 이렇게 생각하는 거예요. 여러분이 생각할 때는 우리 사정을 모른다 하지만 그분들이 살아온 경험에서는 그렇게 생각할 수밖에 없는 거예요. 그렇기 때문에 이 문제는 기성세대를 원망한다고 해서 해결될 수 있는 것이 아닙니다.

제가 조언을 할 수 있는 건 두 가지에요. 하나는 우리가 너무 우리의 요구만 생각하지 말자는 것입니다. 예를 들면 요즘 청년들이 연애를 못한다고 해서 제가 물어보았어요.

'연애를 왜 못하느냐? 여자 친구가 없어서 못하니?'

'아니요.'

'그럼 왜?'

'커피 집에 가서 커피 마실 돈이 없어서 못해요.'

'그러면 자판기 커피 마시면서 산책하면서 하면 되지 않느냐.'

'연애를 어떻게 그런 커피 먹으면서 해요? 분위기 있는 커피 집에 가서 해야지요.'

그런데 이게 다 멋을 부리는 것 아닙니까. 물론 이해는 돼요. 그러나 서로 좋아한다면 공원 벤치에 앉아서도 얘기를 나눌 수 있고 또 보온병에 커피 타 가서 나눠 먹으면서 얘기할 수도 있는 거잖아요.

그러니까 생각을 좀 바꿔야 돼요. 모든 걸 다 그럴 듯하게 하고 살려면 끝이 없어요. 지금만 안 되는 게 아니라 10년 후에도 안 되고 20년 후에도 안 되고 100년 후에도 안 됩니다. 그때 가면 그때 조건에서 또 다른 요구가 생기기 때문에 그래요. 그래서 제가 주로 하는 일은 여러분들이 지금의 시류에만 빠져서 사물을 보지 말고 조금 다른 각도에서 사물을 보도록 하는 거예요.

그리고 다른 하나는 여러분들이 힘을 모아야 돼요. 내년에 국회의원 선거가 있지 않습니까. 국회의원 선거에서 청년들이 정치인들에게 '청년들을 위한 취업 문제, 주택 문제를 해결하기 위해 당신이 무엇을 할 수 있느냐? 대안을 내 놓아라.' 이런 걸 요구해서 중요한 이슈로 만들고, 그런 공약을 하는 정치인들에게 투표를 하는 구체적인 행위가 필요하다는 겁니다. 그리고 대통령 선거를 할 때는 이런 젊은이들의 요구를 내걸어야 해요. 지역에서는 지역적 이슈를 내걸고, 또 계급 계층마다 다 자기의 이슈를 내걸듯이 젊은이들도 자신들의 이익을 위해서 대한민국 국민으로서 마땅히 누려야 할 권리를 모두가 힘을 합해 공동으로 대응하는 게 필요합니다. 중요한 것은 선거에서 이슈로 만들어서 투표를 통해 그 힘을 보여줘서 청년 정책을 국회, 행정부가 수용하도록 영향력을 행사해야 합니다.

예를 들면 등록금 문제의 경우 정부 예산이 없다 하지만 이명박 대통령 때 4대강 개발하는 데 22조 원인가 썼다고 하지 않습니까. 이런 돈의 일부만이라도 대학생들의 학자금으로 지원한다면 반값 등록금도 충분히 실현할 수 있습니다.

인도 같은 나라는 가난한 나라이지만 대학 등록금과 학비가 거의 없습니다. 시험 볼 때 시험 보는 비용만 조금 내면 돼요. 인도가 잘살아서 그런 것이 아니에요. 사회 시스템이 어떻게 되어 있느냐의 문제입니다. 그러니 우리가 필요한 것을 지속적으로 요구해야 됩니다.

그런데 학비를 자기가 벌어서 내는 것이 아니라 부모가 내다보니까 조금 요구하다가 안 되면 그만 두어 버린단 말이에요. 만약 학비를 여러분 자신이 직접 벌어서 낸다면 요구가 지금보다는 훨씬 강할 것입니다. 그래서 저는 여러분들이 자신들의 어려움을 해결하기 위한 구체적인 실천 행동을 했으면 합니다. 꼭 길거리에서 데모하는 것만 말하는 게 아니고 인터넷상으로, 여러 통로를 통해서 지속적으로 행동으로 표현하는 게 필요합니다. 그럴 때만이 사회는 변할 수 있습니다.

우리가 일본에게 나라를 빼앗겼을 때 '우리나라가 독립되었으면 좋겠다', '일본 놈들은 나쁘다.' 이렇게 말만 한다고 독립이 되는 것이 아닙니다. 나라의 독립을 위해서 희생을 감수하고 투쟁을 했을 때 독립이 되는 것입니다. 또 우리가 독재 정권에 맞섰을 때도 두려워하고만 있었다면 민주화가 이루어질 수 없었습니다. 수많은 젊은이들이 학교를 퇴학당하고 감옥에 가고 이렇게 자기희생을 통해서 결국은 민주화를 가져 오지 않았습니까. '그러니 너희도 희생해라' 이런 얘기를 하려는 것이 아닙니다. 지금은 그렇게 죽을 일도 없고 감옥에 갈 일도 없잖아요.

지금은 투표만 잘해도 얼마든지 사회를 변화시킬 수가 있어요. 그런 면에서 여러분들이 헌법에 보장된 우리의 권리를 명심하면 좋겠습니다. '대한민국은 민주공화국이고, 모든 권력은 국민으로부터 나온다.' 이 헌법 정신에 충실하게 우리들의 정당한 요구를 적극적이고 지속적으로 표현하는 행동이 필요하다고 생각합니다."

통일해야 하는 이유는 오직 경제성장에 있나요

통일의 필요성을 이야기할 때 너무 성장 측면만 강조되는 것 아닌가 우려가 됩니다. 우리의 통일이 세계 평화의 측면에서, 또 문명적으로 어떤 모범이 될 수도 있지 않을까요?

"한국 사람들은 아직도 관심 있는 부분이 성장입니다. 그런데 많은 사람들이 통일은 마치 성장을 저해하는 것처럼 이해하는데 그렇지가 않고 오히려 통일이 성장의 지름길이라는 측면에서 말씀드린 겁니다.

경제 외적인 것도 한번 생각해 보세요. 지금 남북이 분단되어 있을 때는 남한의 국립묘지가 북한 입장에서는 적군의 묘지가 되고, 북한의 열사 능은 남한 입장에서 보면 적군의 묘지가 되잖아요. 만약 제가 북한을 방문해서 열사 능을 참배했다고 하면 남한에서 난리가 나겠죠. 그런데 만약 통일이 되면 이것을 어떻게 해결해야 돼요? 북한의 열사 능을 다 파헤쳐서 없애야 되나요? 남북한이 합의해서 통일을 하면 북한의 열사 능을 우리의 국립묘지처럼 인정해야 되겠지요. 지금 한국 정부가 신라의 김유신 장군 묘는 잘 단장해주고 백제의 계백 장군 묘는 없애버렸어요? 아니잖아요. 당시에는 서로 싸우는 적국이었지만 통일된 한국에서는 백

제도 우리의 조상이고, 신라도 우리의 조상이잖아요. 그러니 경주 가면 김유신 장군은 김유신 장군대로 존경을 받고, 부여에 가면 계백 장군은 계백 장군대로 존경을 받잖아요. 그것처럼 통일된 한국의 국민들은 북한의 열사 능에 가서 참배를 하게 되겠죠. 전라도 사람들이 김유신 장군묘를 참배하고 경상도 사람들이 계백 장군 묘를 참배하듯이 말이죠. 북한 사람들도 남쪽의 국립묘지를 참배하게 되겠죠. 또한 이것은 우리가 산업화와 민주화를 다 인정하면 민주화 운동 출신들도 박정희 대통령의 묘소를 참배해야 되고, 산업화 일꾼들도 김대중 대통령의 묘소를 참배해야 하는 것과 같습니다.

이것은 예수님께서 말씀하신 '원수를 사랑하라'는 가르침이 현실에서 실현되는 것입니다. 인류 역사에서 이런 일은 쉬운 일이 아니에요. 이런 경우가 별로 많지 않아요. 남북한이 통일된다는 것은 평화만 유지되는 것이 아니라 도저히 상식적으로 안 된다고 했던 문제가 현실로 다가오는 것이 됩니다. 이것은 정신적인 문명 차원에서 보면 중생이 부처 되는 수준으로 가는 것과 같습니다. 이런 경험이 있다면 우리가 팔레스타인-이스라엘 평화 문제에 대해 할 말이 있지 않을까요? 대만과 중국에 대해서, 또 각 나라에서 일어나는 민족적 갈등과 종교적 갈등에 대해서도 우리가 할 얘기가 있게 되겠지요? 우리는 300만 명이나 서로 죽이고 싸웠는데도 이렇게 공동번영을 합의했다고 말할 수 있게 되고, 모든 평화 문제에 있어서 연구 대상이 되고, 문학작품에서는 서로 갈등하는 사람들을 함께 아우르는 작품이 나올 수 있잖아요. 지금은 북쪽을 조금이라도 인정하는 작품을 쓰면 종북주의라고 하면서 난리가 나잖아요. 이런 것으로부터 자유로워진 사고의 폭발력은 경제적 수치로는 계산이 안 되는 일들입니다. 분단시대에 자란 우리들로서는 상상도 못했던 어마어마한 일들이 새로이 벌어질 것입니다.

창조력을 가져야 통일이 되는 것이 아니라 통일을 해야 창조력이 꽃필 수 있습니다. 그래서 제가 통일을 더 선행적으로 말씀드리는 것입니다. 그런데 여러분들은 지금 분단시대에 살고 있기 때문에 통일 이후에 벌어질 일들이 상상이 안 될 것입니다. 양적 팽창이라고 하는 성장 문제는 수치화될 수 있으니까 구체적으로 말씀드릴 수 있지만, 정신 문명적이고 경제 외적인 이런 어마어마한 요소는 수치화할 수 없어요. 그러나 그런 것이야말로 경제적인 이익보다 더 큰 폭발력을 가져온다고 말씀드릴 수 있습니다.

우리 사회의 시대적 과제는 국내적으로는 경제 민주화가 이뤄져서 복지사회로 나아가는 것입니다. 그래서 북한 주민들이 볼 때도 '아, 한국 사람들이 참 잘사네' 하면서 함께 살고 싶도록 되어야 합니다. 한국에서 제일 밑바닥 층이 되더라도 북한의 중상층보다는 더 낫겠다 싶으면 통일에 대한 욕구가 올라가겠죠. 그래서 한국 사회의 민주주의를 조금 더 심화시키고 복지사회를 만드는 것은 북한 주민들로 하여금 통일하고자 하는 욕구를 갖게 만들기 때문에 그것이 곧 통일운동이 됩니다.

또 반대로 한국 사람에게는 통일이 되면 우리들 전체의 부가 커져나간다는 점에서 통일이 절실히 필요합니다. 그래서 통일과 한국사회를 개혁하는 것이 별개의 문제가 아닙니다. 또 그것을 만들어가는 과정 속에서 내 인생도 의미가 있어지고요. 개인이 당장 행복해지기 위해서는 여러분들이 마음 공부를 해야 합니다. 욕심을 좀 내려놓아야 합니다. 여기에서 더 나아가 공동의 비전을 좀 더 키우면 우리에게는 보람이라는 새로운 행복감이 생겨납니다.

먼저, 개인이 행복해야 합니다. 늘 최선을 다하되 대신 결과에 연연하지 않아야 합니다. 최선을 다했는데 결과가 기대에 못 미치면 보통은 괴로워져요. 그러나 최선을 다한다는 얘기는 지금 재미있다는 얘기이고, 결과에 연연하지 않는다는 것은 나중에 좋다는 얘기입니다.

둘째, 혼자서 어떤 일을 하는 것도 재미있지만, 공동으로 목표를 세워 놓고 그 목표를 달성하기 위해 함께 노력하면 동지애가 생기고 사람에 대한 신뢰가 생기고 하는 일에 보람이 생깁니다. 여러분 개인들도 물론 목표를 성취하는 데 재미를 느껴야겠지만 그것은 지속적이지 못합니다. 어떤 일이든 지속적이 되려면 개인의 꿈과 공동체의 꿈이 같은 방향으로 가야 합니다. 여러분들이 개인은 행복하고 우리 사회에는 희망이 되는 그런 일들을 해 나가시면 좋겠습니다.

한국 사회의 민주주의를 심화시키고

복지사회를 만드는 것은

북한 주민들로 하여금

통일하고자 하는 욕구를 갖게 만들기 때문에

그것이 곧 통일운동이 됩니다.

창조력을 가져야 통일이 되는 것이 아니라

통일을 해야 창조력이 꽃필 수 있습니다

우리 대에
통일이 될까요

저는 중국에 오래 살다가 한국에 왔습니다. 중국에 살 때는 쫓겨 다니느라 생각을 못했는데 여기 오니 고향 생각, 가족 생각이 너무 많이 납니다. 우리 대에 통일이 되겠습니까?

"통일의 가능성은 매우 높아졌습니다. 또 정치적으로 꼭 통일이 안 되더라도 남북한이 자유롭게 왔다 갔다 할 수 있어, 오고가는데 크게 지장이 없는 상황은 조만간 올 것입니다. 지금 북한은 체제를 유지하기가 어려울 정도로 경제나 사회구조 같은 하부구조가 거의 붕괴됐습니다. 그런데 주체사상, 정치, 군대 같은 상부구조는 아직도 탄탄하지요. 하지만 하부구조가 약하기 때문에 상부구조 역시 장기적으로는 유지하기가 어렵습니다. 개선을 해서 살아남든지 개선을 못하면 붕괴가 되든지 두 가지 길이 있는데 개선을 한다는 것은 내부에서 개혁개방 정책을 취한다든지 해서 서서히 변화되는 것이고 붕괴된다는 것은 갑자기 폭발적으로 변화가 오는 거겠죠.

북한은 이름은 인민공화국이지만 현실은 왕조와 같습니다. 결정권이 한 사람에게 다 있기 때문에 인민들이 아무리 반발을 해도 쉽게 안 무너집니다. 또 정권이 무너져도 북한이라는 국가는 유지될 가능성이 높으므로 나라가 없어지는 건 아닙니다. 더구나 만약 북한에 변고가 생기더라도 중국은 조중동맹을 근거로 개입할 수 있고, 미국은 힘으로 밀어붙여 개입할 수 있지만 현재와 같이 남북이 적대 상태에서는 우리가 개입할 수 있는 국제법상의 근거가 없습니다.

남북한 간 교류협력이 잘 되어 국가 연합의 형식이라도 취해 놓으면 만일의 사태에 가장 먼저 개입할 수 있는 법적 권한이 우리에게 있고, 국제적으로도 저건 코리아 내부 문제라고 쉽게 받아들이겠지만 지금은 그렇지 않기 때문에 남한 정부가 통일 정책을 좀 더 적극적으로 펴나가야 하는 겁니다. 물고기 잡으려면 미끼를 줘서 통 속으로 들어오게 해야 하잖아요. 그런데 국민들도 그렇고 자꾸 감정적으로 대응하니까 지금 상황이 안 좋은데, 이성적으로 대응하면 여러분들의 아픔도 좀 더 짧아지고 남북한 모두의 미래에 큰 이익이 될 수 있습니다.

탈북 난민들도 지금 여기 있으면 북한에서보다는 잘살지만 남한 사람만큼 성공하기는 현실적으로 힘들잖아요. 장기적으로 인생의 목표를 통일조국이 건설될 때 내가 고향으로 가서 내 고향을 건설하는 역할을 하겠다고 하면 여러분에게 더 큰 희망이 될 수 있습니다. 통일이 되면 정치 체제나 경제 구조가 남한 체제 중심으로 통일이 될 가능성이 높기 때문에 여러분이 불이익을 받을 일은 없습니다. 그러니 이성적으로 생각하면 여러분이 통일에 앞장서야 합니다. 한일 관계가 나빠지면 일본에 사는 한국 사람들이 힘들 듯이 남북관계가 나빠지면 여러분이 가장 힘들고 북쪽 가족들도 더 큰 고통을 받습니다. 지금 힘들어도 통일을 지향하면 여러분들이 여기서 배운 앞선 지식이나 기술과 모아놓은 자본을 가지고 고향에 가서 성공할 수 있고 통일 조국 건설에도 크게 기여할 수 있습니다. 여러분들에게도 쨍하고 볕들 날이 있을 테니 지금 처지를 비관하지 말고 희망을 가지고 사십시오."

분단의 상처와 가족의 카르마

저는 지금 심리학 박사과정에 있습니다. 그런데 제 문제를 고민하다가 가족 이야기까지 거슬러 올라가게 됐어요. 저희는 납북자 가족으로 아버지가 외아들이셨어요. 저는 이혼을 했는데 '가족이 다 겪은 외상으로 인해서 지금의 내가 고통 받고 있지 않을까?'라는 생각까지 올라가면서 이 주제를 연구해보려는 생각이 들었습니다. 납북자에 대한 관심을 사실 많은 분들이 갖고 있진 않아요. 또 이런 연구는 돈도 명예도 되지 않으니 다른 분들이 나서서 하실 일은 아닌 것 같습니다. 저는 그런 일을 겪은 가족의 일원이기도 하고, 제가 성인이 되었으니 아버지나 돌아가신 할머니의 마음을 좀 헤아려보고 싶은 마음에서 이 주제를 연구하고 싶다는 생각을 하게 됐습니다. 그러나 시간강사로 일하며 생계를 해결하느라 힘들고 제 그릇이 작다 보니 진척을 잘 못했습니다. 스님의 통일 이야기를 듣다 보면 납북자에 대한 관심이 더 이상 뒤로 미루어져서는 안 되겠다는 생각이 듭니다. 통일과 관련된 많은 혜안을 가진 스님께서는 납북자 가족에 대한 생각이 어떠신지요? 스님의 말씀을 듣고 제 연구에 대한 자세와 태도와 생각을 정비하는 기회를 갖고 싶어서 여쭙습니다.

"어떻게 납북이 되셨어요?"

"아버지가 태어나기 전에 할아버지가 납북되셔서 할머니께서 혼자 아버지를 낳아 키우셨어요. 할머니가 13남매 중 장녀였기에 굉장히 힘들게 살다 열여덟 살에 시집갔는데 열아홉 살에 남편이 납북되는 일을 당하신 거예요. 아들을 혼자 낳아 키우느라 너무 힘들게 키우셨고, 그런 어려움들 때문에 저희 부모님이 갈등을 겪고, 그러다보니 저도 자라서 부모님을 미워하고 남편과도 이혼하게 된 것 같습니다."

"할아버지가 한국전쟁 때 납북됐어요, 그 뒤에 납북됐어요?"

"한국전쟁 때로 알고 있습니다."

"전쟁 중에 그리 되셨다는 이야기네요. 그냥 납북이 된 거예요, 전쟁에 나갔다가 실종이 된 거예요?"

"할아버지가 공무원이셨대요. 그런데 성정이 올곧아서 바른 말씀을 잘 하시다 보니 평소 마을에서 좀 못마땅해 하는 사람이 있었나 봐요. 점심 식사를 하다가 '잠깐 가자'는 호출을 받고 '죄 지은 것도 없으니 금방 다녀오겠다' 하고 가셨는데 그 길로…."

"납북에는 두 가지 종류가 있어요. 당시 남쪽 정부에서 고위직에 있거나, 과학자거나, 문학가거나, 예컨대 쓸 만한 사람이기 때문에 데려가서 자기들 정부에 요직으로 앉히거나 중요한 기술자로 쓰기 위해 납북하는 경우가 있었습니다. 두 번째는 스스로 가는 월북이 있습니다. 지금은 그렇지 않지만 해방 전후의 그 당시에는 지식인 소리 듣는 사람은 거의 대부분이 사회주의자였습니다. 당시 사회분위기가 그랬어요. 게다가 당시 미군정이 실시되면서 친일 관료들을 다시 데려다 썼습니다. 경찰을 만들려니 일제강점기 때 경찰하던 사람들을 데려다 쓰고, 행정을 하려니 일제시대 때 관리 했던 사람을 데려다 쓰고, 재판을 하려니 일제강점기 때 판사 하던 사람을 데려다 쓰고, 군대를 만들려니 일제강점기에 일본군인 하다 온 사람을 쓰게 된 거예요. 이렇게 친일파를 전문가라고 해서 복권시켜 등용하니 친일청산을 제대로 못한 겁니다.

그런데 미국이 볼 때는 어쨌든 국가 재건을 하려면 지식과 기술을 가진 사람이 필요하니까 일제강점기 때 그런 기술을 갖고 일한 사람들을 재등용한 거예요. 미국이 한국의 독립과 자주성에 큰 관심이 있는 건 아니니까요. 그래서 요즘도 일본 재무장과 관련해 우리한테 '위안부니 뭐니 지나간 이야기는 그리 중요하지 않으니 그만하라' 이렇게 압력을 가하잖아요. 그런데 우리는 그게 단순히 지나간 과거의 이야기가 아니라 뼈에 사무친 이야기잖아요. 이렇게 서로 견해가 다른 거예요. 미국은 기술적인 면만 생각해서 등용했고, 우리가 보면 친일파가 죄다 재등용된 거예요. 해방될 때 다 죽을 줄 알고 숨어있던 친일파가 이렇게 재등용되고, 또 당시 독립운동 한 사람들이 대부분 사회주의자다 보니 미군정의 이런 정책에 반발이 심했습니다. 그러니 다시 권력을 잡은 친일 성향의 사람들이 자기를 방어하기 위해서 반공으로 분위기를 몰아가서 독립운동 한 사람을 거꾸로 공산주의자로 몰아 척결했어요. 이게 한국 사회를 지금까지도 분열시키는 갈등의 한 원인이 되었습니다.

제가 물어보려고 하는 것은 할아버지가 그런 사람으로서 약간의 자발성을 갖고 북으로 갔는지, 즉 월북인지, 아니면 납치되다시피 끌려간 것인지 입니다. 거기에 따라서 또 평가가 다를 수 있어서 물어보는 겁니다."

"후자였던 것 같고요. 그때 굉장히 젊으셨기 때문에…."

"북쪽에 간 뒤에는 어떻게 됐는지 연락이 일체 없고요?"

"수년 전 이산가족 찾기를 할 때 아버지께서 찾으려고 노력하셨어요. 처음에는 찾았다고 했는데, 행사 전날 동명이인이라고 통보받아 만남이 무산되고 굉장히 실망하셨어요. 그때까지는 할머니도 살아 계셨기에 마지막 기회라고 했는데 놓쳐서 굉장히 안타까워 하셨어요."

"그러면 어쨌든 납북인 걸 확인했군요. 한국전쟁 때 억울하게 죽은 사람들이 참 많아요. 노근리 학살 사건이나 4.3 사건 등이 그렇죠. 그걸 지금까지는 '4.3 제주 반란'이나 '여수 순천 반란'으로 부르면서 죄다 일방적으로 매도했어요. 그래서 오랜 세월을 모함과 오해 속에서 보내야 했지만 억울한 사람들이 수십 년을 꾸준히 노력한 끝에 결국 김대중, 노무현 정부 때 들어와서 '제주도 양민 학살 사건'이라고 복권되었습니다. 광주 민주화 항쟁도 처음에는 폭동이라고 했지만 수십 년간 민주화 투쟁을 거친 끝에 '광주 민주화 항쟁'으로 복권되었고, 망월동 묘지도 국립묘지가 되었습니다.

이렇게 밝혀진 사건들은 가족이든 동지든 목격자든 그들이 너무너무 억울하다는 것을 알고 누군가가 온갖 모함과 핍박을 겪고 오해를 받으면서도 살아남아서 줄기차게 자료를 모으고 증언을 했기 때문에 밝혀진 거예요. 이보다 더 많은 사건들은 아직 역사 속에 묻혀 있습니다. 나서서 줄기차게 문제를 제기한 사람이 없었기 때문입니다. 그래서 노무현 대통령 때는 진실화해위원회라고 해서 이런 피해자들의 하소연을 받아주고 재조사하고 재판도 다시 하도록 도와주는 국가 부서를 만들기도 했는데,

이명박 대통령 때 와서 다 없애버렸죠.

질문자가 심리학을 전공했다니 납북자 가족들의 심리에 대한 연구를 해보면 좋겠습니다. 최소한의 생존을 위한 밥벌이는 청소를 하든 심리학 강의를 하든 질문자의 책임이고 자유예요. 밥벌이를 해결한 나머지 시간에는 틈나는 대로 납북자 가족들을 만나 사연도 듣고 심리를 연구해보세요. 그러면 질문자의 연구는 단순히 납북자 가족에서 그치지 않고 이산가족의 문제가 되고, 분단의 문제가 됩니다.

또 질문자는 이산가족이 됨으로 해서 한 가정 안에 분단이 미치는 영향을 직접 체험했어요. 할머니가 남편 없이 혼자 사느라 정신적으로 힘들게 살면서 아버지를 키웠어요. 할머니가 힘들었기 때문에 아버지는 심리적으로 당연히 불안과 억압이 있을 수밖에 없었습니다. 그런 아버지가 성장해 어머니와 결혼하니 자기의 그 업식이 아내를 힘들게 했어요. 어머니는 이런 남편을 만난 게 억울하니까 또 힘들어하며 질문자를 키웠고요. 그래서 질문자는 아버지에 대한 저항감이 생겼고, 남편을 만나 살다가 남편의 어떤 행동으로 질문자가 아버지에게 가지고 있던 상처가 덧나서 자기도 모르게 저항하게 되고, 그래서 이혼까지 이어지게 되었습니다.

이런 분단의 고통을 잘 살펴보면 우리가 말하는 여러 가지 국가적 불행만 발생시킨 게 아니라, 개인 한 사람 한 사람에게도 영향을 미치고 있습니다. 한 대代로 끝나는 게 아니라, 겉보기에는 멀쩡히 잘 먹고 살지만 마음속 깊이 내재되어 계속 흘러내려가요. 질문자의 아이에게도, 손자에게도 계속 이어질 겁니다.

질문자는 이런 문제를 심리학적으로 접근해 연구해보세요. 자기가 경험한 것이니까 조사하기 쉽잖아요. 돌아가시긴 했지만 할머니가 어땠는지 아버지한테 이야기 들어서 조사하고 그것이 아버지에게 어떤 영향을 줬는지 살펴보고요. 아버지의 그런 카르마를 어머니가 이해하고 수용해 줬다면 질문자에게 전이가 안 됐을 텐데, 어머니도 아무것도 모르니까 그저 억울하다고 감정적으로 대응하다 보니 카르마와 상처가 질문자에게 내려왔어요. 남편이 질문자를 수용해주든 질문자가 남편을 수용해줬다면 아이에게는 전이가 안 될 텐데 질문자도 상처를 어쩌지 못해 그게 아이에게 또 전이되었어요. 아이가 방글방글 웃으니까 내가 이렇게 살아도 애한테 무슨 피해를 주는지 모를 뿐이에요. 앞에서 제가 이혼하겠다는 아이 엄마에게 엄마 자격이 없다고 말하니까 여러분들은 '스님은 애를 안 낳아봐서, 남자라서 저런 소리 하지' 이런 생각하면서 억울하게 여길지 모르지만, 여러분 대부분은 이 카르마의 흐름을 잘 모릅니다.

분단으로 인해서 전쟁이 일어나고, 그 전쟁으로 납치가 일어났어요. 그리고 그 상처가 한 대에 끝나는 게 아니라 대를 이어가고 있습니다. 이것은 심리학적으로 연구할 필요가 있는 문제예요. 이것이 요즘 말로 하면 '트라우마'입니다. 미군들이 베트남전에 참전했다가 다리 부러지고 팔 부러져서 돌아온 것만 치료를 했지, 사람이 죽는 것을 보고 또 사람을 죽이면서 느꼈던 마음의 충격이나 아픔은 치유하지 않았기 때문에 전쟁이 끝나고 돌아온 군인들이 미국 사회에 적응하지 못하는 문제가 생겼어요. 그래서 육체의 상처처럼 정신적으로도 상처가 있다는 사실을 알게 되어 '트라우마'라는 말이 나왔습니다.

요즘은 무슨 사건이 생기면 몸만 치료하는 게 아니라 마음의 치료도

병행합니다. 교통사고가 나도 몸만 치료하는 게 아니라 놀람병을 치료해야 해요. 운전하다가 한번 사고를 당하면 다음에 운전대를 못 잡거나 차가 급정거만 해도 놀라는 것은 트라우마, 즉 정신적인 상처가 있다는 것입니다. 그 트라우마가 치유되지 않았기 때문에 자기 조절이 잘 안 되는 거예요. 이런 점을 알아서 상처를 치유해가는 게 마음공부입니다.

그러니 질문자가 경험한 자기 가족부터 연구해보고 다음으로 다른 열 가족도 더 연구해보세요. 각 가족의 공통점은 뭐고 차이점은 뭔지, 열 가족 중 한 가족이라도 이걸 극복한 사례가 있다면 그걸 어느 대에서 누가 어떻게 극복해냈는지, 그렇지 않은 경우 이 트라우마가 유전인자처럼 몇 대까지 흘러 내려가는지 연구해보세요.

그 상처가 지금 우리 민족 공동체 전체에도 흘러내려가고 있습니다. 그러니까 북한에서 태어나서 아버지가 일제강점기 때 판사를 했던 사람의 예를 들어볼게요. 광복된 뒤에 공산주의자들이 들어오더니 '친일 청산'이라고 해서 아버지를 잡아가고 재산을 몰수해버렸어요. 아이 혼자 살아남아서 남쪽으로 도망 왔습니다. 그러면 이 상처 때문에 '공산주의'라고 하면 '무조건 때려죽일 놈, 철천지원수'라고 생각합니다. 이런 사람을 보고 극보수라고 이야기하는데 그 사람은 그런 상처를 가지고 있는 거예요. 그 반대도 마찬가지입니다. 일제의 지배와 분단, 좌우 대립으로 인한 전쟁, 그 이후 남과 북 모두에 들어선 독재 정권들, 이런 역사가 사람들에게 준 상처가 이루 말할 수 없습니다. 통일이 돼야 역사도 바로잡히고 이 상처도 치유가 되는 거예요. 지금은 이런 이야기 해봤자 동조할 사람이 거의 없으니까 저도 요즘은 통일 되면 경제적으로 큰 이익이라는 이야기를 주로 하지만, 실제로는 이 보이지 않는 마음의 상처가 엄청납니다. 통일은 이걸 청산할 수 있어요.

그러니 질문자가 가족의 입장에서 이것을 연구하는 것은 통일에도 굉장히 중요한 일입니다. 남북의 정치문제 같은 건 다른 사람에게 맡기고, 질문자는 자기 문제, 즉 나의 상처로부터 출발해보세요. 이 상처가 모여 결국은 민족의 상처가 되어 한국 사회를 분열시키고 있으니 이런 것을 연구하는 겁니다. 그러나 그 연구로 박사 학위 따겠다거나 돈 벌 생각은 하지 마세요. 꾸준히 30년 연구해서 나이가 60, 70 쯤 되면 전문가가 될 수 있어요. 아무도 안 알아줘도 통일된 뒤에는 '아, 그분이 이런 아픔을 연구해서 이렇게 정리해 놓았구나' 하고 알아줄 사람이 있을 겁니다. 그걸 해서 밥벌이로 삼겠다고 하면 관심 없는 정부에 대해 실망하여 불평하고 자신을 한탄하게 돼요.

소재는 아주 좋습니다. 그러나 관건은 질문자가 인생을 어떻게 살 거냐 하는 문제예요. '그런 거 연구해서 뭐하나. 그건 밥이 안 된다' 해서 자기 밥벌이만 할 수도 있지만, 요즘은 한국 사회가 그래도 살 만한 사회니까 통일부 같은 곳에 프로젝트를 제출해 볼 수도 있어요. 나의 아픔에만 그치는 게 아니라 분단이 가져온 우리 민족의 아픔을 살펴보고, 앞으로 분단을 극복하기 위해 이 사람들의 아픔을 어떻게 치유해야 할지도 찾을 수 있잖아요. 통일부나 통일 관련 단체에 그런 프로젝트가 선정되면 먹고 사는 문제도 해결되고 연구도 할 수 있습니다. 그런데 그런 프로젝트를 질문자에게 준다는 보장은 전혀 없어요. 그러니 먹고 사는 건 질문자가 해결하고, 프로젝트 제출은 계속하고, 연구도 꾸준히 계속하라는 겁

납북자 가족들을 만나 사연도 듣고 심리를 연구해보세요.

그러면 질문자의 연구는 단순히 납북자 가족에서 그치지 않고

이산가족의 문제가 되고, 분단의 문제가 됩니다.

니다. 스님도 이런 통일 강연을 누가 돈 대줘서 하는 게 아니잖아요."

"맞는 말씀인데요. 제가 그릇이 좀 작고 불안감이 굉장히 높은 사람이어서 아직은 어렵습니다."

"그릇이 작으면 안 하면 되죠.(청중 웃음) 할 수 없는 이야기는 할 필요가 없어요. 질문자가 그 연구를 하려면 그런 방향으로 해나가면 되고, 못하겠다면 그냥 안 하면 됩니다.

그런데 핵심은 이거예요. '내 괴로움이 이산가족 때문에 생겼다' 이렇게 단정해서 말을 하면 안 됩니다. 그 출발점은 맞는 말이긴 하지만, 내가 사생아로 태어났든, 이산가족 집안에서 태어났든, 성추행을 당했든, 과거는 다 지나간 이야기예요. 지금 나는 그런 우여곡절을 겪고도 이렇게 살아있습니다. 그러니 나는 행복할 권리가 있고, 행복할 수 있어요. 수행자라면 이렇게 해탈을 해야 해요. 내가 먼저 행복해진 뒤에 이런 문제를 연구하는 건 괜찮습니다. 그런데 '이런 배경이 있기에 나는 괴로워할 수밖에 없다'라고 자기의 괴로움을 합리화하기 위해서라면 그런 연구를 맨날 해봐야 나한테 하나도 득이 안 됩니다. 저도 제가 어떻게 고문당했는지 어떻게 살았는지 이야기를 꺼내기 시작하면 끝도 없어요.(청중 웃음) 그런 건 별로 중요하지 않아요. 과거에 내가 어떻게 살았든 지금 나는 행복해야 합니다. 과거는 너무 따질 필요가 없어요."

"네, 그런 차원에서 연구해 보겠습니다. 길게 보려 하고, 이걸로 돈을 벌거나 하는 건 아예 생각하지 않고요. 스님께서 방금 해주신 말씀도 잘 이해했습니다. 재미있게 연구해 보겠습니다."(청중 웃음과 박수)

자기 이익만 챙기기 바쁜 한국 사회, 변화가 가능할까요

대한민국의 위정자들이 국민을 위한 봉사나 통일에 주안점을 두지 않고 자기 이익만 추구하는 것을 많이 봅니다. 그러다 보니 여론이 나눠져서 서로 상대를 비난하며 다투고, 선거도 지역주의에 휩쓸리는 것을 보니 '정치나 경제의 주체가 되는 큰 세력들을 바꿀 힘이 나에게 없다', '대한민국의 변화가 정말 어렵다'는 생각이 들어 점점 무관심해집니다. 그럴 때 마음을 어떻게 다스려야 변화를 만드는 데 동참할 수 있을까요?

"좋은 질문입니다. 그렇게 된 데에는 두 가지 원인이 있습니다. 하나는 개인의 성향 문제이고 하나는 제도의 문제예요.

개인의 성향부터 이야기해보겠습니다. 어릴 때부터 누가 아프다고 하면 팔도 주물러 주고 물도 떠주며 보살피는 심성이 있던 사람들이 의사가 되면 의사의 본분을 다하겠죠. 그런데 본인은 전혀 그런 심성도 생각도 없는데 학교 성적이 좋으니까 주변에서 '의사 되면 돈 많이 번다' 해서 의대에 보냅니다. 부모든 아이든 돈 벌기 위해 의사가 되니까 아무리 히포크라테스의 선서를 읽고 의사의 본분을 이야기해도 소용이 없습니다. 의대에 간 뒤에도 제일 돈을 많이 번다는 성형외과로만 몰려가고 일반

외과 수술은 기피해서 요즘 외과 의사가 부족하다고 합니다. 이렇게 돈 많이 벌려고 의사가 됐으니까, 돈을 못 벌면 주변에서 '너는 의사가 돼서 왜 돈도 못 버느냐'라는 말을 듣습니다. 처음부터도 잘못되었지만 중간에 정신을 차리려 해도 주위 사람들 때문에 멈출 수가 없어요. 돈을 못 벌면 실패자가 됩니다. 그러니 아픈 사람이 없으면 의사가 제일 좋아해야 할 텐데도 오히려 '환자가 왜 안 올까' 하고 걱정하는 거예요. 이 말은 '좀 아파야지. 그것도 이왕 아프려면 좀 크게 아파야지'라는 말입니다.(청중 웃음)

게다가 돈 벌려고 과잉진료를 해서 검사 안 해도 될 것도 다 검사합니다. 그래서 요즘은 의사의 의술을 못 믿는 게 아니라 과잉진료를 못 믿어서 이 병원 저 병원을 전전합니다. 의료보험 사기며 여러 가지 부정이 생기는 이유도 출발이 이렇고 주변에서도 그런 시각으로 보기 때문입니다. 그래서 삶이 괴로우니 주말 되면 술을 마시거나 골프를 치면서 다른 걸로 스트레스를 해소하는 거예요.

법대 가는 것도 마찬가지예요. 어떤 사람이 법을 몰라서 시민으로서의 당연한 권리를 빼앗기는 걸 보고 정의감을 느낀 사람이 법대에 가서 판사든 검사든 변호사가 돼야 정의를 세우는 일을 할 텐데, 문과에서 공부 잘 하는 학생에게는 덮어놓고 법대 가라고 해요. 변호사 되면 돈 많이 번다고요. 그러니 아무리 유명한 판사든 검사든 변호사든 권력이나 돈에 약할 수밖에 없어요. 지위가 높고 경력이 오랜 법조인들이 대부분 불쌍하고 억울한 사람들을 변호하지 않고 대형 로펌에 가서 재벌 탈세하는 걸 뒤처리해주고 돈을 법니다. 그런 걸 해야 돈이 많이 벌리니까 고위 법관 출신들은 그런 쪽에서 일하지요.

개인이 문제라고도 할 수 있지만, 우리 사회가 지금 이렇게 잘못돼 있어요. 정치인도 그래요. 국가 권력이나 부자에 억압당하는 약자들을 보호하고자 정치인이 된 사람이 몇 명이나 될까요? 우리 사회는 어떤 직업을 막론하고 권력 지향적입니다. 의사협회 회장 하면 다음엔 국회의원 하고, 간호사협회 회장도 다음에 국회의원 하고, 노동조합 전국위원장도 다음엔 국회의원 하고, 장애인 단체 회장도 다음에는 국회의원을 합니다. 이렇게 권력지향적인 사람들만 모여 있으니까 일반인보다 훨씬 더한 해바라기들이어서 이런 문제가 생기는 거예요. 이것은 제도 문제만으로도 해결이 안 되고, 개인을 욕하는 것으로도 해결이 안 돼요. 우리 사회 전체가, 우리 모두가 다 공범이에요.

예수님이 십자가에 못 박혀 돌아가시고 나서 몇 백 년 동안은 예수를 믿는다고 하면 손해를 보는 세상이었습니다. 손해 보는데도 믿는 것이 신앙이에요. 200년 전 조선에 천주교가 들어왔을 때 천주교를 믿으면 손해 보는 정도가 아니라 죽었어요. 그런데 지금 천주교 믿으면 재산 몰수당하고 직장 쫓겨나고 죽는다고 하면 믿을 사람이 얼마나 되겠어요. 하나도 없진 않겠지만 거의 없을 거예요. 반면에 천주교든 불교든 그걸 믿으면 공부 못 해도 좋은 대학에 들어가고, 국회의원에 당선되고, 돈 많이 벌린다고 하니까 대다수가 그리로 쫓아갑니다. 이건 신앙과 아무 관계가 없습니다. 언제부터인가 이렇게 되어버렸습니다.

이렇게 하나님의 은총이 신도 수와 돈으로 표현되니까 교회를 크게 지어야 성공한 목사이고 교회가 작으면 하나님의 은총이 없는 교회가 되는 것이지요. 큰 교회에 신도가 더 많이 가는 것은 거기가 하나님의 은총이 있는 곳이라고 생각해서 그런 거예요. 일부 기독교인들이 작은 교회에는 구원이 없다고들 하잖아요. 종교마저 성전을 크게 짓고 사람들이 구름떼처럼 몰려와야 하나님의 은총을 받았다는 식으로 지금 접근하고 있습니다.

그러니 참되게 사는 가치를 회복해야 해요. 제가 보기에는 천주교, 개신교, 불교를 떠나서 지금 세상에는 '돈교'라는 딱 하나의 종교만 있는 것 같아요. 종교는 돈교 하나인데 그 밑에 종파가 여럿 있어서 '우리 교회에 오면 돈 잘 벌린다' 하며 서로 경쟁하는 거예요. 북한에는 김일성 주체사상이라는 유일교가 있고, 남한에는 돈교가 유일교이지요. (청중 웃음)

그런데 이런 사회 흐름에 거슬러 나타나는 현상이 세 가지 있다는 이야기를 얼마 전 어디선가 읽은 적이 있습니다. 그 첫 번째가 프란체스코 교황입니다. 이분은 전부 다 돈을 따라 가는 로마카톨릭 교회 내에서 아웃사이더였는데 주류로 올라왔어요. 그래서 교황님이 좋은 말씀 많이 하시지만 여러분들 입장에서 받아들이려면 불편한 이야기도 있잖아요. 두 번째가 미국 민주당 대선 주자 중 힐러리 클린턴에 도전하는 버니 샌더스 의원입니다. 이 사람은 미국 사회에서 오랫동안 사회주의 운동을 해온 아웃사이더입니다. 옛날 같으면 명함도 못 내밀 사람이 민주당 대선 후보로 나와서 높은 지지를 받았지요. 세 번째는 '구식 좌파'라고 불릴 정도로 성향이 뚜렷한데도 영국 노동당의 당수가 된 제레미 코빈입니다. 특정한 사상이 정당하다거나 특정 인물이 훌륭하다는 뜻으로 말씀드리는 게 아니에요. 거대한 자본의 흐름에 약간 다른 징조가 지금 나타나기 시작한 반증이라는 겁니다. 이런 면에서 우리가 미래사회를 주의 깊게 예측해볼 필요가 있습니다.

이대로 흘러가서 같이 공멸할지, 아니면 예수님이나 부처님 같은 성인이 또 나와서 이 거대한 흐름을 바꿀 수 있을지 지금은 모르겠습니다만 어쨌든 지금은 사회의 흐름이 이렇기 때문에 정치인들 개개인만을 나무랄 수는 없어요. 여러분들이 생각하듯 순수하게 나라와 민족을 위해서 정치하는 사람은 거의 없습니다. 말만 그렇게 하지요. 그런데 정치인만 그런 게 아니에요. 스님, 목사, 신부도 다 말만 그렇게 하잖아요. 어떤 목사님이 주일 헌금을 공중에 집어던지면서 '하나님의 것이거든 하늘로 가고 내 것이거든 땅으로 떨어져라'라고 한다는 농담이 있을 정도입니다.(청중 웃음)

여러분들의 신앙을 흔들려고 하는 이야기가 아니라, 이만큼 우리가 물질적 가치에 치우쳐 있다는 거예요. 물질적 가치가 잘못 됐으니 아예 중세 사람들이나 청교도처럼 살자는 게 아닙니다. 물질적 가치에 너무 치우쳐버려서 신앙의 근본까지도 잃어버렸다는 말씀을 드리는 거예요.

다른 하나는 제도의 문제입니다. 첫째, 지역주의에 뿌리를 둔 양당 구조가 문제입니다. 지역주의에 뿌리를 둔 양당구조 때문에 제3의 선택을 할 수 없어요. 경상도에서 아무리 새누리당이 미워도 전라도 당을 찍을 수 없고, 전라도에서 아무리 민주당이 미워도 경상도 당을 찍을 수 없으니 비판하다가도 표 찍을 때는 '우리가 남이가' 하고 찍습니다. (청중 웃음)

전라도에서 민주당을 반대하는 사람과 경상도에서 새누리당을 반대하는 사람은 대한민국 국민으로서 권리가 없는거나 마찬가지예요. 주권자로서 자기 투표가 국정에 반영된 적이 없으니까요. 이게 다 사표死票가 돼버리는 거예요. 이런 선거제도가 잘못됐다는 겁니다.

그러니 국민의 다양한 의사가 국정에 반영될 수 있는 다당제가 되어야 합니다. 그리고 정당은 획득한 득표율만큼의 의석수를 가져야 해요. 예컨대 새누리당이 전체 표의 40퍼센트를 얻었다면 국회의원 수도 총 100명이라면 40명이어야 해요. 그래서 지역구에서 이미 40명이 넘어버렸다면 비례 대표는 받지 못하는 거지요. 그리고 지지율 5퍼센트를 얻으면 지역구에서는 한 자리도 못 얻는다 하더라도 비례대표 5명을 배정해줘야 해요. 개인이 나서서 지역에서 경쟁해 올라온 사람과 정당 지지율에 따른 비례대표제로 의원을 배정해줘서 국민의 다양한 의견을 수렴해줘야 해요.

옛날에는 자본가 계급과 노동자 계급, 둘로 딱 나누어서 자본가의 이익을 대변하는 게 보수당이고 노동자의 이익을 대변한 게 진보당이라고 말했는데 지금은 자본가 계급과 노동자 계급으로 나누기 어려워요. 자본가 안에서도 재벌 기업과 중소기업의 이해관계는 완전히 달라요. 자영업자와도 또 이해가 다르고요. 자영업자는 노동자가 아닌 자본가인데도 재벌기업 노동자보다 수입이 적어요. 노동자 중에서도 재벌기업에서 일하거나 민노총에 소속된 노동자들은 연봉이 1억 가까운 경우가 많아요. 말은 노동자인데 학력이나 수입은 자본가인 자영업자보다 훨씬 높고, 중소기업 노동자와는 임금 차이가 배 가까이 나요. 또 노동자들 중에서도 정규직과 비정규직 사이에 임금 차이가 배 가까이 나고요. 이제는 자본가니까, 혹은 노동자니까 이해관계가 같다고 말할 수 없습니다.

사회가 이렇게 다양해졌어요. 그러니 어느 한 당이 전 국민의 이익을 대변한다는 말은 거짓말입니다. 현재 여당이라면 재벌기업의 이익을 대변한다, 즉 국민의 1퍼센트를 대변한다고 해야 맞아요. 야당은 소위 진보당까지도 민주노총의 이익을 대변한다고 보면 10퍼센트의 이익을 대변하는 셈입니다. 나머지 90퍼센트의 이익을 대변하는 정당은 대한민국에 없는 셈입니다. 지역주의에 뿌리를 둔 양당 구조에서는 우리 피부에 와 닿는 생활 개선 정책이 나올 수 없어요. 또 이게 승자독식 구조다 보니까 죽기 살기로 서로 싸워요.

그러니 다당제로 가서 연정을 해야 해요. 지역 정당을 하고 싶으면 지역 정당을 하게 하고, 이념 정당을 하고 싶으면 이념 정당을 하게 하고, 환경 정당을 하고 싶으면 환경 정당을 하되 연정을 통해 이해관계를 조율해야 합니다. 정치가 이해관계를 조율하는 역할을 못 하니까 강정 마을이나 밀양 송전탑 등에서 보듯이 공권력과 주민이 직접 충돌하는 거예요. 원래는 주민들의 이익을 대변하는 정치인이 의회 내에서 그 이해관계를 조율하고, 다시 현장에 내려가서 주민을 설득해야 합니다. '주민들의 이익을 다 수용할 수는 없지만 60퍼센트 정도는 받아들일 수 있다고 한다.' 이런 식으로 설득하고 타협해서 조율해 나가야죠.

그런데 현재 한국 사회는 갈등이 극심해서 한국의 갈등지수가 OECD 가입국 중 2위입니다. 1위인 터키는 종교와 민족이 엄청나게 섞여 있어서 당연히 갈등이 심할 수밖에 없는데, 그런 나라 다음으로 갈등이 극심한 나라가 대한민국이에요. 이 갈등으로 인한 손실이 연간 수백 조에 이른다고 합니다. 어떤 통계에서는 248조라고 계산해놨어요. 이런 막대한 손실이 발생하는 것도 국민의 의사를 제대로 대변하는 정치세력이 없기 때문에 생기는 문제입니다.

제왕적 대통령제도 문제입니다. 권력이 대통령에게 지나치게 집중되어 있는데 이게 대통령에게도 좋은 게 아닙니다. 대통령의 권한은 너무 크고 내각의 장관은 권한이 너무 없어요. 또 삼권분립이 되어야 하는데 의회에게도 사법부에게도 권한이 별로 없어요. 그러다보니 뭐가 잘못되면 장관이 책임지고 물러나야 할 텐데, 장관이 아무 권한이 없으니까 죄다 대통령을 탓해요. 그러니 이건 대통령 개인에게도 불행이에요. 우리 역대 대통령들 중 성공한 대통령이 한 분도 없잖아요. 지금 대통령도 당연히 나쁜 결과가 나올 거예요. (청중 웃음)

이렇게 너무 큰 권력이 한 사람에게 몰려 있으니까 그 주위의 책임 없는 사람들이 권력을 행사하잖아요. 이런 일은 권한이 너무 비대해서 생겨나는 거예요. 장기 독재를 막기 위해 단임제 하는 것만 생각하고, 대통령의 막강한 권한을 줄일 생각은 못하고 헌법을 만든 게 지금까지 30년을 이어왔어요. 그래서 역대 대통령들이 다 불행해졌습니다. 외교, 안보, 국방, 통일이라는 외교·안보 권한만 대통령이 갖고 나머지는 내각이 가져서 각부 장관이 책임지고 집행해야 국가가 제대로 유지되고 관리됩니다. 그래서 삼권분립을 다시 제대로 해야 하고, 행정부 안에서도 대통령의 권한을 내각으로 많이 이전해야 해요.

그리고 권력이 너무 중앙에 많이 집중되어 있으니 지방 분권을 추진해야 합니다. 중앙권력이 지방 정부로, 지방 정부에서 다시 기초자치단체로, 기초자치단체에서 다시 주민자치센터로 권력이 분산되어야 해요. 돈이 분산되는 게 경제민주화, 권력이 분산되는 게 정치민주화예요. 이렇게 권력이 분산이 돼야 국민에게 그 권리가 가까이 다가오고 또 국민이 고루 잘 사는 세상이 되어서 국민의 행복지수도 높아집니다. 지금 이게 안 되니까 국민의 행복도가 자꾸 떨어져요.

그러니까 이걸 질문자 말대로 바꿔줘야 해요. 여당 정치인들을 만나서 제가 질문자 같은 비판을 하면 대부분 답하기를, 현행 정치 구조에서는 줄서기 잘하는 것 외에는 개인이 어떻게 해볼 수가 없대요. 야당과 만나면 야합했다면서 배신자 취급을 하니 줄 서는 것 빼고는 다른 선택이 없다는 거예요. 정치인들의 그런 자세도 문제지만, 개중 괜찮은 정치인마저도 이런 체제 안에서는 운신할 폭이 없다는 겁니다. 그래서 오히려 밖에서 변화를 좀 도모해줬으면 좋겠다고 해요. 우리는 '정치인들이 어떻게 좀 잘해봐라' 하는데 자기들은 '밖에서 어떻게 좀 변화를 만들어줘야 어떻게 해볼 수 있겠다'라고 해요.

이런 점을 이해해서 여러분들도 앞으로 권한이 시장과 도지사, 기초자치단체장, 또 그 아래 주민자치센터까지 내려올 수 있도록 하는 지방분권에 힘써야 합니다.

또 국가는 통일성을 가져야 하니까 연방에 준하는 체제를 갖춰야 해요. 또 다당제로 가서 국민의 다양한 의견들이 수렴되고, 또 내각은 상시적으로 국민 각계 각층의 이해를 조정할 수 있는 연정을 해야 해요. 그런데 지금은 국민의 51퍼센트 지지를 받은 대선 후보가 대통령이 되어 전권을 갖고 49퍼센트 지지를 받은 후보는 그냥 떨어져 아무런 영향력도 없는 승자독식구조입니다. 국민의 전체가 아닌 절반이 찍어준 거니까 절반의 대통령이에요. 그러나 대통령으로 당선되었다면 나를 찍어주지 않은 절반도 국민이니 그들의 권익도 보장해줘야 합니다. 그러면 적어도 떨어진 사람을 국무총리로 임명하든지 해서 전체 국민의 의사를 최대한 반영해줘야 하는데 우리나라는 지금 그렇게 안 돼 있다는 것이 저렇게 계속 싸우는 원인 가운데 하나입니다.

첫째는 사람의 문제, 개인의 참여 동기 문제이고, 둘째는 제도의 문제도 함께 있다는 말씀을 드리고 싶습니다."

우리 사회는 어떤 직업을 막론하고 권력 지향적입니다.

이는 개인의 문제, 제도 문제만으로는 해결이 안됩니다.

우리 사회 전체가 참되게 사는 가치를 회복해야 합니다.

닫는 글

인생이라는 게 참 복잡해 보이지만 찬찬히 들여다보면 별로 복잡할 것도 없습니다.

누에가 자기 입에서 나온 실로 고치를 만들고 그 속에 갇혀 답답하다고 아우성치는 것처럼 우리도 자기가 일으킨 한 생각에 갇혀서 속박 받으며 살고 있습니다. 자기 생각에서 못 벗어나는 이것을 아집 또는 사로잡힘이라고 합니다. 자기가 한 마음, 한 생각 일으킨 거기에 딱 사로잡혀서 철벽보다 더 두꺼운 감옥을 만들고 그 속에 갇혀 살고 있지요.

그런데 고치 안에 들어간 애벌레는 나중에 스스로 고치에 구멍을 내고 나와 나비가 되어서 날아가잖아요. 나비가 고치에서 나와 자유롭게 날아가듯이 우리가 자기 생각에 사로잡힌 여기로부터 벗어나는 것이 해탈입니다. 해탈을 해야 여러분들의 삶에 자유와 기쁨이 주어집니다. 현재 주어진 상황 속에서도 얼마든지 자유로워지고 행복해질 수 있으며, 살아있는 것만으로도 행복하다고 느낄 수 있어요.

지금 이 순간에도 부처님의 가피 혹은 하느님의 은총이 마치 비 내리듯 내리고 있습니다. 우리는 다 자기 그릇 따라 그 빗물을 받는데, 바가지를 거꾸로 쥐고 있는 사람은 아무리 오래 기다려도 물 한방울 고이지 않아요. 지금은 바가지를 거꾸로 쥐고 있는 형국입니다. 그러니 바가지를 뒤집듯이 자기 생각을 조금만 바꾸면 이 세상에 태어난 사람은 누구나 다 행복할 수 있습니다.

누구나 다 행복할 수 있다는 말은 곧 모든 중생은 다 부처의 성품을 갖고 있다, 즉 불성이 있다는 이야기예요. 기독교식으로 말하면 '모든 사람은 하나님의 똑같은 아들딸이다'라고 합니다. 모든 사람은 하나님 앞에서 평등하다, 다시 말해 누구나 다 자유롭고 행복할 수 있는 신성을 가지고 있다는 뜻입니다. 이걸 우리가 자각해서 자기의 소중함을 알고, 자신의 삶을 함부로 팽개치지 않고, 어떤 상황에 처하든 자기를 늘 아름답게 가꿔가면 좋겠습니다. 감사합니다.

2017년 3월 5일

법륜

지금, 여기서 행복하라

1판 1쇄 발행 | 2017년 3월 15일
1판 5쇄 발행 | 2019년 12월 31일

지은이 | 법륜

펴낸이 | 김정숙
기 획 | 이상옥, 임혜진
편 집 | 이정민, 이현정, 이준길
사 진 | 스티브, 스님의 하루
마케팅 | 박영준
제작처 | 금강인쇄

펴낸곳 | 정토출판
등 록 | 1996년 5월 17일(제22-1008호)
주 소 | 06653 서울특별시 서초구 효령로51길 7 (서초동)
전 화 | 02-587-8991
전 송 | 02-6442-8993
이메일 | jungtobook@gmail.com

캘리그라피 | 강병인
디자인 | 김미성 Good-hada

ISBN 979-11-87297-05-5 04080
(세트) 979-11-87297-04-8 04080